广视角·全方位·多品种

皮书系列为"十二五"国家重点图书出版规划项目

皮书系列

皮书系列
皮书系列
皮书系列

权威·前沿·原创

皮书系列
皮书系列
皮书系列
皮书系列
皮书系列

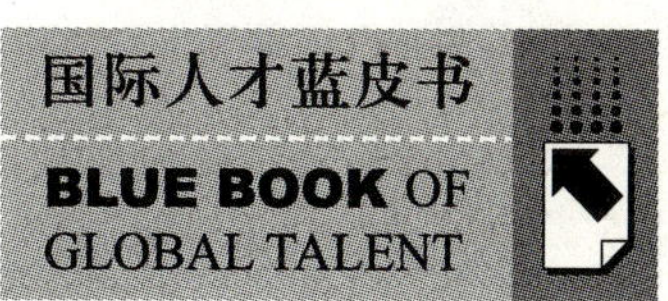

中国留学发展报告（2012）

No.1

ANNUAL REPORT ON THE DEVELOPMENT OF CHINA'S STUDY ABROAD(2012) No.1

主　编／王辉耀
副主编／郭　娇

社会科学文献出版社
SOCIAL SCIENCES ACADEMIC PRESS (CHINA)

图书在版编目(CIP)数据

中国留学发展报告. 1，2012/王辉耀主编．—北京：社会科学文献出版社，2012.9
(国际人才蓝皮书)
ISBN 978-7-5097-3692-0

Ⅰ.①中… Ⅱ.①王… Ⅲ.①留学生教育-研究报告-中国-2012 Ⅳ.①G648.9

中国版本图书馆 CIP 数据核字（2012）第 192501 号

国际人才蓝皮书
中国留学发展报告（2012）No.1

主　　编／王辉耀
副 主 编／郭　娇

出 版 人／谢寿光
出 版 者／社会科学文献出版社
地　　址／北京市西城区北三环中路甲 29 号院 3 号楼华龙大厦
邮政编码／100029

责任部门／皮书出版中心（010）59367127　　责任编辑／郭　峰　周映希
电子信箱／pishubu@ssap.cn　　责任校对／王翠艳
项目统筹／邓泳红　　责任印制／岳　阳
经　　销／社会科学文献出版社市场营销中心（010）59367081　59367089
读者服务／读者服务中心（010）59367028

印　　装／北京季蜂印刷有限公司
开　　本／787mm×1092mm　1/16　　印　　张／18.75
版　　次／2012 年 9 月第 1 版　　字　　数／323 千字
印　　次／2012 年 9 月第 1 次印刷
书　　号／ISBN 978-7-5097-3692-0
定　　价／59.00 元

《中国留学发展报告（2012）No. 1》
编 委 会

本书出版得到了中国留学人才发展基金会的大力支持，特此致谢！

主要编撰者简介

王辉耀 中国与全球化研究中心主任，哈佛大学肯尼迪学院资深研究员，国内外多家大学客座教授，欧美同学会/中国留学人员联谊会副会长及商会会长，人力资源与社会保障部中国人才研究会副会长，商务部中国国际经济合作学会副会长，国务院侨办海外专家咨询委员会经济组召集人，中国留学人员回国创业专家指导委员会副主任，中国华侨历史学会副会长，国家外专局国际人才与合作研究会常务理事，中国人事科学研究院博士生导师。先后担任中组部中央人才工作协调小组“国际人才战略”专题研究组组长，《国家中长期人才发展规划纲要2010~2020》起草组特聘专家，国务院侨办《海外华人华侨专业社团的现状与发展趋势》专题研究组长，人力资源与社会保障部《改善中国绿卡制度与机制创新研究》专题研究组组长，统战部《中国海归与民营企业合作研究》专题研究组组长，向中央和国家有关部委提交多项专题政策研究和建言献策报告。

王辉耀博士在人才战略、国际人才、华人华侨、中国海归群体与海归创业管理及中国企业国际化和智库研究等领域著作颇丰，在国内和国际上出版相关中英文著作20多部和相关专业及期刊文章100多篇，包括《中国海归创业发展报告（2012）No. 1》、《海归时代》、《创业中国》、《当代中国海归》、《缤纷海归》、《人才战争》、《中国留学人才发展报告》、《国家战略——人才改变世界》、《建言中国》、《人才竞争》等一批有影响的人才与海归研究著作。

郭　娇 麦可思研究院执行院长，哈佛大学教育学博士，北京大学教育学硕士和文学学士。主要研究方向是教育经济学、教育政策和统计数据分析。曾为教育部、世界银行等组织机构提供咨询。擅长采用随机试验或者其他干预方法来设计、实施和评估教育项目。曾获哈佛大学校长学者奖和北京大学－宾夕法尼亚大学中美未来领袖奖，曾任哈佛中国教育论坛主席。

研究机构简介

中国与全球化研究中心（Center for China & Globalization，www. ccg. org. cn），简称CCG，是由中国欧美同学会建言献策委员会所发起，由中国侨联、国侨办海外专家咨询委员会、中国人才研究会、中国国际经济合作学会、国际人才与合作研究会等单位作为战略合作伙伴的中国国际化智库研究机构。中国与全球化研究中心汇聚传播中国及国际精英的优秀思想和理念，致力于国际化、影响力和建设性，为中国在全球化时代提供战略性、独立性和可行性的研究，用全球视野为中国建言，以世界眼光为中国献策。中心通过研究、出版刊物、开办论坛和讲座等一系列方式，研究中国政府与企业在全球化的进程中所面临的机遇和挑战，提出相应的研究和政策对策，为政府、企业和公共机构等有关部门决策提供参考，成为中国与全球化发展进程中高层次的智囊团和思想库。中心重点的研究领域包括国际人才、留学与发展、海归创业、华人华侨、企业国际化、经济全球化和有关国际问题等领域。

麦可思数据有限公司（www. mycos. com. cn）是一家专业的，得到政府、学术界、商业机构和社会公众共同认可的，具有良好公信力的中国第三方教育数据咨询和质量评估机构。麦可思公司承担了国家、省级的重大研究项目，与国内近三百所高校有稳定的长期研究合作，是中国社会科学院、世界银行等国际研究机构的合作单位，是年度《中国大学生就业报告》（就业蓝皮书）的唯一作者，也是江苏、湖北、天津、重庆等十个教育大省市的高等教育跟踪系统的承建单位，是世界银行在中国职业技术教育与培训改革项目的唯一评估机构。麦可思数据库已经被中国的众多高校、各级政府教育和人力资源主管部门、各企事业单位、各级学术研究机构、高校毕业生和高考生等广泛参考。

摘　要

为反映我国留学发展的最新情况及特点，分析我国留学发展过程中的热点问题，我们组织编写了《中国留学发展报告（2012）No. 1》。全书由总报告、区域篇、专题篇、综合篇和附录五大部分组成。

总报告回顾了近代以来中国留学事业的发展历程，着重总结了21世纪以来我国留学发展的特点：留学人数剧增、留学成为大众化教育、留学日益低龄化、留学选择多元化。同时，对2010～2011年本科生和高中生留学现状进行了较为清晰的阐述，在此基础上预测留学热将继续升温。

区域篇介绍了中国赴北美、欧洲、大洋洲和亚洲等各个热门区域的留学生现状，包括留学人数、专业选择和留学理由以及相关国家教育情况、最新留学政策等，为留学人员提供参考。

专题篇对我国加入WTO以来留学热升温的原因及问题进行了深入的剖析，并对海外留学给留学生带来的挑战以及近年来出现的留学安全问题进行了介绍和分析。同时，也分析了留学生回国发展的就业现状，以及留学回国发展的优劣势等热点问题。

综合篇介绍了我国现行留学政策的主要内容、存在的问题，分析了留学中介机构发展的现状、问题及评估框架，中外合作办学的现状及存在的问题，以及来华留学生的现状及主要问题，并提出了完善留学政策、规范管理中介机构以及提升合作办学水平的相关建议。

附录介绍了大陆学生赴港台求学现状、理由和相关政策，作为区域篇的补充，供留学者参考。其中，《中国出国留学大事记（1978～2011年）》供读者系统全面地了解中国留学发展的历史和政策。

Abstract

Annual Report on the Development of China's Study Abroad (*2012*) *No. 1* is intended to reflect the newest situation and characteristics of the development of China's study abroad and to analyze the hot issues appearing in that process. This report includes five parts: the general report, the regional reports, featured reports, comprehensive articles and appendix.

The general report reviews the history of the development of China's study abroad, focusing on its characteristics in the new century, including the dramatic increase in the number of students, the popularization of study abroad, study overseas at younger ages, the diversity of study choices, etc. This part also elaborates the situation of China's study abroad from 2010 to 2011, and forecasts the continuous heating of China's overseas study.

The regional report introduces the situation of Chinese students in the popular study abroad countries and regions in North America, Europe, Oceania and Asia, which includes the students number, the choice of specialities, the reason for going abroad, and the education situation, the newest study policies in each regions mentioned above as references to help students make better decision.

In featured report, we make thorough analysis on the reasons and possible results of the "study abroad heat" as well as other issues such as the challenges and safety issues of study abroad. We also analyze the current working situation for returned overseas students, their competitiveness and insufficiency to self-develop in the domestic society.

The comprehensive report explains the major contents and existing problems of China's current study abroad policies, analyzes the situation, problems and the evaluation framework of the study abroad agencies, indicates the current situation and the problems of Chinese-foreign cooperations in running schools, and introduces the current situation and problems of foreign students studying in China. Proposals of improving the policies for studying abroad, standardizing the management of agencies and raising the level of cooperative school running are pointed out at the end.

In the appendix, *Mainland Students Study Situation in Hong Kong and Tai Wan*, as a supplement of regional part, presents the current situation, study reasons and the policies related for mainland students studying in Hong Kong and Tai Wan, The appendix also includes China's study abroad memorabilia from 1978 to 2011, which presents to readers a thorough picture of the history and policies of China's study abroad.

序

2001 年中国加入 WTO 后，逐步与国际接轨，中国留学群体数量急剧上升。2000 年中国出国留学人数为 3.9 万人，而加入 WTO 当年，出国留学人数骤增至 8.4 万人，增长了 115.38%。2011 年，中国出国留学人员为 33.97 万人，占当年全球留学人数的 14%，为 2000 年出国留学人数的 8 倍，接近 1978 ~ 2000 年累计出国留学人数的总和 34 万。

进入 21 世纪以来，我国留学事业出现了很多新现象和新特点。最为突出的是我国自费出国留学人数激增，留学热潮兴起。同时，留学日益低龄化、大众化，留学生的选择也愈加多元化，表现在目的地分布广、专业选择更实用、出国方式多样化、学生层次多元化、经费来源多样化和就业选择多元化等方面。这些现象与我国经济社会的发展紧密相连、息息相关，其深层次原因值得探究。

虽然 2011 年我国出国留学人员接近 34 万人，创下历史纪录，但出国留学市场仍未饱和。在未来的 5 ~ 10 年，留学热仍将持续，世界一流大学的竞争会更加激烈。家庭收入的增加和对高质量教育需求的提高将使低龄化现象加剧。随着留学信息越来越充分，留学渠道会更通畅，留学生对于专业、学校的选择也会更加理性。此外，在中国持续增长的经济和国家引智政策的双重吸引下，新一轮“回国潮”即将兴起。

留学潮方兴未艾，也存在着一些问题，如低龄化过程中的非理性留学问题、海外留学的挑战和安全问题等。这些问题均影响了留学质量，甚至使学生偏离了留学的初衷。如何应对这些问题，保障海外留学生的安全，已成为国家和社会共同关注的问题。

自费出国人数增加，申请和办理留学过程中“信息不确定、手续繁杂、经验不足”成为多数人面临的棘手问题，由此催生了为自费留学申请者提供全面或综合服务的留学中介市场。目前，教育部公布的合法留学中介机构达 448 家，主要分布在东部地区 15 个省及直辖市。但是，非法中介欺骗消费者和国外院校的情况也时有发生。

如何整顿留学服务市场，成为当前我国留学事业健康发展的又一重要命题。

改革开放以来，从国家到地方，从高等院校到科研院所和大中型企业，我国已逐步建立起一整套与国家、社会和个人发展相适应的留学服务综合体系。公派留学、合作办学、自费留学三条渠道优势互补、相得益彰。近些年，中外合作办学的兴起，为我国国际化人才培养做出了贡献，然而，合作办学中不规范运作等问题也同时产生，亟待解决，值得进一步地思考和探讨。

从清末中国留学历史的开始，无数留学归国人才对中国发展起到了不可替代的关键性作用。如今，新一轮的留学生回国浪潮正在涌起。1978～2011 年，留学回国人员总数达到了 81.84 万。他们回国既是出于响应国家号召、回报祖国的热情，也是出于看好中国的经济发展机遇以及实现事业梦想的激情。对于数目庞大的留学生群体来说，回国发展的优劣势在哪里，如何避免由“海归”变成“海待”，如何更好地发挥作用，都是他们最关心的问题。

国家人才强国战略和千人计划等政策的提出，给留学人员带来了发展机遇，也提出了新的历史使命。对于准备出国留学的人员及学成回国的留学生而言，了解和把握国家留学相关政策，非常必要。

本书是我国第一本系统研究留学发展现状、特点及热点问题的蓝皮书。本书既概述了中国百年留学的历史，也深入分析了 21 世纪以来留学发展的新特点和新趋势，并且对美国、加拿大、英国、法国、澳大利亚、新西兰、日本、新加坡、香港、台湾十个热门留学国家及地区进行了特别关注。书中既关注了留学出现的热点问题，如中国入世后留学热的原因、留学低龄化、留学安全等问题，同时阐述了留学中介市场、中外合作办学的现状和问题以及留学回国发展的机遇及影响，希望能对留学生出国留学规划起到较好的指导作用。

在人才全球化时代，出国留学已经成为培养国际化人才的必要过程。海归人才一直对我国的经济建设起着重要推动作用。留学潮方兴未艾，促进留学事业的健康发展，吸引具有国际竞争力的留学人才回流和环流，将会在中国崛起的过程中留下不可磨灭的历史功勋。

2012 年 7 月

目录

ⅠB Ⅰ　总报告

B Ⅱ　区域篇

B Ⅲ　专题篇

𝔹Ⅳ 综合篇

𝔹Ⅴ 附录

皮书数据库阅读使用指南

CONTENTS

Ⅰ General Report

Ⅱ Regional Report

Ⅲ Feature Report

BⅣ Comprehensive Report

BⅤ Appendix

总　报　告

General Report

B.1

新世纪、新留学、新趋势*

摘　要： 1872年以来，我国的出国留学事业经历了不同的历史发展阶段。进入21世纪以来，我国留学事业出现了很多新现象和新特点。最为突出的是我国自费出国留学人数激增，留学热潮兴起。留学生的选择愈加多元化，表现在目的地分布广、专业选择更实用、出国方式多样化、就业选择多元化等方面。留学潮方兴未艾，但留学也存在着一些问题，如留学生安全问题突出、留学生缺乏职业规划、部分海归就业难等。

关键词： 留学　新特点　现状　新趋势

* 本报告执笔人：王辉耀、郭娇。报告中把留学（Study Abroad）的概念界定为：一个人到母国以外的国家接受各类教育。在中国大陆，到香港、澳门、台湾等地区学习也称为留学。留学的时间可以分为短期或长期（几个星期到几年）。一般把留学的这些人称之为“留学生”，由留学生形成的群体称之为“留学群体”。根据留学发展的历史脉络，留学群体可从留学经费来源、留学学历和留学国别三个维度去分析。从留学经费来源来看，留学群体可分为公费留学生和自费留学生；从留学学历来看，留学群体可分为出国读硕士及以上的大学留学生以及出国读本科和高中的中学留学生等；从留学的国别来看，留学群体可分为留学欧美各国、留学大洋洲各国、留学亚洲各国的留学生等。

一　中国留学发展历程

（一）清末的留学（1872～1911年）

1. 留学第一人与第一批留美幼童

中国近代第一个留学生是容闳。容闳1847年赴美留学，后毕业于耶鲁大学，获得荣誉博士学位。1870年，容闳向曾国藩建议，选派热爱学习的有志青年留洋，造就优秀人才。1872～1875年，清政府先后派遣120名12～14岁的幼童赴美留学，开创了中国官费留学的先河。这批学生在美国主要学习当时国内办洋务急需的开矿、机械、造船、工业技术等工科专业。其中涌现了“中国铁路之父”詹天佑、“中华民国”第一任国务总理唐绍仪、晚清外交家及民初交通总长梁敦彦、清华大学第一任校长唐国安、北洋大学校长蔡绍基等优秀人才。①

2. “学以致用”的欧洲留学

为兴建现代海军，李鸿章于1875年选派留学生赴欧洲留学。到19世纪80年代末共派出留欧学生88名，他们大多为20岁左右的青年，能独立生活和学习，出国前具备较高的文化水平，及外语、航海、操作、制造等基本技能。清政府对这批欧洲留学生要求严格，留学期限一般为三年左右，主要学习军事科学、海军技术等。② 他们回国以后在海防和海军建设、武器设计、培养海防人才、民主思想启蒙方面等方面发挥了巨大的作用，其中最杰出的代表为严复。

3. 留日热潮

中日甲午战争失败后，清政府大臣张之洞、张百熙、康有为、梁启超等知识分子一致倡导留学日本。1898年，清政府向日本呈递派遣留学生的决议，同时，随着科举制度的废除，中国和日本纷纷创设专门为出国留学和接受留学生准备的特殊学校，留学日本的热潮逐渐弥漫全国。③自1896年派出第一

① 舒新城：《近代中国留学史》，上海文化出版社，1989。

② 孙世岳：《李鸿章与欧洲留学》，载《纪念〈教育史分析〉创刊二十周年论文集（2）——我国教育思想史和人物分析》，2009。

③ 李喜所：《近代中国的留学生》，人民出版社，1987。

批官派留日学生共13人开始，1905年，留日人数达到高潮，有8000多人，详见表1。

表1　19世纪初留日人数变化

单位：人

年　份	人　数	年　份	人　数
1896	13	1905	8000
1898	77	1906	7283
1899	143	1907	6797
1900	159	1908	5216
1901	266	1909	5266
1902	727	1910	3979
1903	1242	1911	3328
1904	2557		

资料来源：《在本邦支那留学生关系杂纂第一》，日本外务省档案，日本外交史料馆。

留日大潮回来的学生，在促进辛亥革命的爆发、五四运动的启蒙等诸多方面功不可没。其中包括“难酬蹈海亦英雄”的陈天华，“我以我血荐轩辕”的鲁迅，“光我神州完我责”的蒋介石，“拚将十万头颅血”的秋瑾，还有“面壁十年图破壁”的周恩来，以及王若飞、夏衍、田汉、黄兴等。他们在宣传革命思想、启发民智等各方面起到了重要的作用。

（二）民国的留学（1912～1948年）

民国时期，由于社会动荡不安、经济发展不平衡，留学教育发展也呈现波浪形的起伏状态。这个时期留学方式主要有三种：第一，由中央政府及地方政府出资选派；第二，利用庚子赔款选派留学生；第三，由社会民间团体及学校选派留学生。

1. 民国初期的留学小高潮

1912年“中华民国”刚刚建立，留学生在政界、实业界和教育界的地位举足轻重。同时，受新文化运动的推动，1914年掀起了第二次留日高潮，仅1914年留日学生就达到5000多人。一战后，中德签订协约，德国政府同意接收中国学生并提供奖学金，引发小规模留德热。据统计，1924年柏林有中国留学生近千人，①

① 周一良：《中外文化交流史》，河南人民出版社，1989。

1925～1928 年，留学生每年保持在 2500 人左右。

民国时期的留学生，一方面继承了中国的传统文化，另一方面亲身感受了美国等国的西方文化，涌现出了胡适、费孝通等一大批学界精英，也有朱德等军事英才，他们对中国出路的思考，对于中国革命的指导思想的探索，起了奠基的作用。

2. 抗战期间的留学潮

1927～1937 年是国民政府经济建设的“黄金建设十年”，南京国民政府向欧美各国派遣了一批批官费留学生，每年 100 人左右，最多时每年 1000 人左右。1938～1945 年由于抗战及战时留学政策的影响，留学人数锐减，1938～1941 年仅有 300 人左右出国留学。抗战胜利后，一方面由于受到抗战中武器落后的刺激，另一方面抗战胜利带来的全国渴望进行和平建设和加速国家工业化进程的使命，催生了新的留学思潮，1945～1949 年赴美留学的中国学生在 5000 人以上。

20 世纪 30 年代到新中国成立前的留学生，在科技文化方面成就比较高，回国后奠定了中国现代科学技术的发展基础。

（三）新中国的留学（1949～1978 年）

新中国成立初期，西方对中国实行了全面封锁，中国只能向苏联和东欧等社会主义国家派遣留学生和进修生，当时的出国留学政策是“严格选拔，宁少毋滥”（1950～1953 年）；“严格审核，争取多派，理科为主，兼顾全面”（1954～1956 年）；“多派研究生，一般不派大学生”（1957～1959 年）。当时鼓励在外中国留学人员回国的主要政策要点是“不论先后，一视同仁，来去自由”（1957 年）。

1. 新中国成立后留苏高潮

1950 年 9 月，我国分别向波兰、捷克斯洛伐克、罗马尼亚、匈牙利、保加利亚 5 国派出留学生 35 名，开新中国派遣留学生之先河。1950～1965 年，经过教育部（高教部）选派，共向苏联、东欧、朝鲜、古巴等 29 个国家派出留学生 10698 人，平均每年约 1000 余人，其中向苏联派遣留学生 8320 人，约占派出留学生总数的 78%。① 如果算上 1958 年前后因与苏联援建的工业项目相关联而派出

① 王辉耀：《中国留学人才发展报告》，机械工业出版社，2009。

的约6000名技术实习生，中国大陆在1950～1965年总共派出约1.6万人。

2. “文化大革命”期间留学几乎停滞

1966～1971年，由于“文化大革命”，国家停止向外派遣留学人员。1972年起恢复向西方国家派遣留学生的政策。据统计，1972～1978年，国家共向49个国家派出1977名留学人员。

（四）改革开放后的留学（1978～2000年）

1. 改革开放后公派留学逐步成体系

1978年，邓小平做出了扩大派遣留学生的重要部署。1978年10月周培源教授带领中国教育代表团访美，经过艰苦谈判，达成谅解，双方互派留学生，当年底，改革开放后第一批国家公派访问学者赴美留学。此后派赴日本、英国、德国的公派出国留学人员，均需要通过政府间签订双边的留学生交流协定，还要通过政府部门来安排留学人员的学习机构。① 1996年起，国家公派留学的选派工作进行全面改革，成立国家留学基金委员会，实行“个人申请，专家评审，公平竞争，择优录取，签约派出，违约赔偿”的新办法，逐步以法律和经济手段取代过去以行政和思想教育为主的管理方式。

2. 20世纪80年代末期起自费留学高潮不退

1984年12月，国务院《关于自费出国留学的暂行规定》出台，规定公民个人凡通过正当合法手续取得外汇资助或国外奖学金，且办好入学许可者，不受学历、年龄和工作年限的限制，均可自费留学，开始打开自费留学之门。1986年，我国第一次公开发表了出国留学政策性规定107号文件，标志着我国出国留学政策走向法制化轨道。1986～1990年的五年间，自费出国学习达13万多人，1990年一年即有5.6万多人。② 1992年出台的“支持留学、鼓励回国、来去自由”12字方针，对出国留学、归国工作起了很大的推动作用。1978～2000年，据教育部统计，有34万多人在80多个国家和地区留学，其中未包括大批通过亲友和其他渠道出国留学的青年。

---

① 苗丹国：《出国留学六十年——当代中国的出国留学政策与引导在外留学人员回国政策的形成、变革与发展》，中央文献出版社，2010。

② 于富增：《教育国际交流与合作史》，海南出版社，2001。

二 21世纪以来中国留学的新特点

21世纪以来，随着经济全球化、科技一体化的发展及中国经济条件的提升，越来越多的人选择出国留学。根据教育部国际司调研员苗丹国的归纳，21世纪以来的留学活动呈现“四个态”，即：（1）国家级政策性文本文件的发布，呈现少而稳定的状态，即不再频繁发布文件，不再有限制性政策；（2）2000年以后出国留学与留学回国人员的数量呈现稳步增长状态；（3）国内对出国留学的心态，越发地呈现较理性的心态；（4）在外留学人员的学习、生活、就职以及参加社会活动都表现出比较稳定与和谐的形态。① 具体而言，主要有以下几个特点。

（一）留学人数剧增，规模空前

21世纪以来留学人数剧增。1872～1978年百余年间，中国出国留学人员总数不过13万。1978～2000年，中国总共送出34万留学生。进入21世纪之后，随着中国加入WTO，与国际接轨日益增多，许多人都把出国留学作为提升竞争力的必要过程，中国留学人员数量急剧上升。2006年，中国出国留学人员突破了百万大关。21世纪以来的十余年间有190多万中国人出国留学。1999年一年只送出2万多留学生，2000～2010年，留学人员年均增长28.2%。2011年中国出国留学人数比上年增长19.32%左右，留学人数达33.97万人，达到历史上最大规模，具体数据见表2。

中国留学生规模空前，是世界上最大的留学生生源国。教育部数据统计，1978～2011年，中国共送出了224.51万留学生，我国成为全球最大留学生输出国。根据联合国教科文组织统计资料显示，中国出国留学人数占全球总数的14%。② 在主要留学人员派出国家中，中国留学生数量高居榜首，2010年中国超越印度成为赴美留学人数最多的国家。此外根据加拿大、俄罗斯、日本等国的统计，中国已经成为这些国家最大的留学生生源国。

---

① 苗丹国：《新中国留学人才政策若干问题的考证与研究》，节选自王辉耀《中国留学人才发展报告2009》，机械工业出版社，2009。

② 新东方留学：《中国成为世界上出国留学人数最多的国家》，http://usa.xdf.cn/201109/858700.html，2011年9月9日。

表 2　2000 ~ 2011 年我国出国留学人数及其年增长率

单位：万人，%

年份	1978 年以来累计出国总人数	当年出国总人数	增长率
2000	34.00	3.90	62.50
2001	46.00	8.40	115.38
2002	58.50	12.50	48.81
2003	70.00	11.73	-6.16
2004	81.40	11.47	-2.22
2005	93.30	11.85	3.31
2006	106.70	13.40	13.08
2007	121.20	14.40	7.46
2008	139.00	17.98	24.86
2009	162.00	22.93	27.53
2010	190.50	28.47	24.16
2011	224.51	33.97	19.32

资料来源：2000 ~ 2009 年的数据来自《中国教育发展报告 2011》，社会科学文献出版社，2011，第 61 页；2010 年、2011 年的数据来自中国教育部公布的数据。

（二）留学从精英教育演变成大众化教育

21 世纪以前的留学潮通常分为两类，一类是知识精英，其自身非常优秀，能够考取公费奖学金或者获得国外高校的奖学金；另一类是财富精英，其家庭富裕，有能力支付出国费用。随着中国经济的发展以及科学研究的国际化发展，出国留学的经费资助渠道将由公费和自费渠道向多样化方向发展。一些金融机构包括外国的金融机构、外国的跨国企业集团也将加入自费出国留学资助的行列，一些外国的经济贸易机构和跨国企业集团将根据自身发展的需要，拨出资金资助人员出国。留学也逐渐从精英教育演变成大众化教育，最典型的体现是自费留学的规模日益扩大和工薪阶层留学人数的增加。

一方面，自费留学比例达 90% 左右。20 世纪 80 ~ 90 年代，中国一年只有几千人出国留学，而且大部分是公费留学生。进入 21 世纪后，国家公派留学人数只是小幅攀升，而自费出国留学的人数则大幅增长。2000 ~ 2011 年，中国海外留学生总数为 191.13 万，自费留学人数占 91.3%，达到 174.57 万人。自 2001 年开始，自费留学比例不曾低于 89%，2009 年自费留学生比例达到 91.63%，

2010 年达到 91.32%，2011 年则达到 92.67%，详见表 3。麦可思所做的中国大学毕业生社会需求与培养质量调查表明，自 2009 年开始，大学毕业后出国留学人员中有 85% 以上学生的留学费用来源于父母。①

表 3 2000～2011 年公费和自费留学人数

单位：万人，%

年份	年度留学总人数	年度国家公派留学人数	年度单位公派留学人数	年度自费留学人数	年度自费留学比例
2000	3.90	0.30	0.40	3.20	82.05
2001	8.40	0.30	0.50	7.60	90.48
2002	12.50	0.35	0.45	11.70	93.60
2003	11.73	0.35	0.46	10.92	99.09
2004	11.47	0.35	0.69	10.43	90.93
2005	11.85	0.40	0.80	10.65	89.87
2006	13.40	0.56	0.77	12.07	90.07
2007	14.40	0.89	0.61	12.90	89.58
2008	17.98	1.14	0.68	16.16	89.88
2009	22.93	1.20	0.72	21.01	91.63
2010	28.47	1.20	1.27	26.00	91.32
2011	33.97	1.28	1.21	31.48	92.67
合计	191.00	8.32	8.56	194.12	—

资料来源：根据教育部公布的各类留学人员情况统计。

另一方面，自费留学中的工薪家庭比例日益增加。从出国留学普查数据来看，2009 年下半年，前几年出国并且已回国的中国留学生群体中，来自普通工

① 数据来源：麦可思－中国 2009～2011 届大学毕业生社会需求与培养质量调查。麦可思于 2012 年 3 月初完成对 2011 届大学生毕业半年后社会需求与培养质量的抽样调查。抽样达到 59.6 万余人，回收问卷约 25.6 万份，回收率约 43%。共覆盖 2093 所高校、分部、分院，其中“211”院校为 110 所，非“211”本科院校（部）为 971 所（包括分校、二级学院本科），高职高专院校为 1012 所（部）（包括本科院校的高职高专部），不包括成人高等教育、军事学院和港澳台院校的毕业生。共调查了 1114 个专业，其中本科专业为 604 个，高职高专专业为 510 个；调查覆盖了全国 31 个省、直辖市和自治区。对于样本中与实际比例的明显差异可能带来的统计误差，这项研究采用权数加以修正。从以上回收后的抽样数据中，获得了 2011 届大学生毕业半年后“正在港澳地区及国外读研”的群体信息，有效答卷共 1906 份。本报告中，关于本科毕业生出国留学意愿、需求和趋势方面的数据，如不特殊标明，均来自麦可思的这项调查研究。

薪家庭的只占2%，而在2010年赴海外留学的学生中，来自普通工薪家庭的比例占到了34%左右。[①] 随着人民币升值，中国人均收入在全球逐步提高，出国留学将越来越平民化，工薪家庭自费留学的比例还会增加。

（三）留学日益低龄化[②]

过去，中国的年轻人习惯大学毕业后出国深造，现在，更多的人开始从高中甚至是初中开始就选择出国留学，留学低龄化成为新特点。

留学低龄化主要体现在以下三个方面。

第一，高中毕业直接出国读本科的人数骤增。美国国际教育协会2009年统计，中国赴美本科生人数多年来维持在每年9000人左右。2009年，中国有2.6万名学生赴美读本科，比2008年多两倍。根据美国国际教育协会2011年底公布的《门户开放报告》显示，2010~2011学年，在美留学的中国学生达15.76万人，其中赴美攻读本科的学生占36.5%，较2010年增长42.7%，远高于赴美就读研究生15.6%的同比增幅。

第二，出国读中学的人数大幅增长。美国国土安全部统计，2006年我国仅有65名赴美中学生，2011年赴美中学生人数增长100倍，达到6725人。2010年我国出国留学生中，高中及以下学历学生占19.8%，而2011年我国仅高中生出境学习人数就占我国总留学人数的22.6%。[③]

第三，高考弃考人数增加。据教育部统计，2009年高考弃考人数达到84万，2010年接近100万人，其中因出国留学而选择弃考者达21.1%。2010年以来，北京、上海、南京等城市中放弃高考选择出国留学的学生以每年20%左右的速度递增。[④] 根据北京教育考试院的统计数据，2012年北京高考统考生人数为70857人，而

---

① 中国商报网：《中国自费留学工薪家庭抬头》，http://www.cb-h.com/news/ls/2010/820/108202890HA0CB6F331629.html，2010年8月20日。

② 美国威斯敏斯特学院招生主任帕特·柯比（Pat Kirby）认为，留学低龄化的这个“龄”是指心理年龄，也就是一个孩子的心智是否成熟。本报告认为，“低龄留学”是指大学本科以前出国留学。

③ 向楠：《高中生出国学习人数已占我国留学生人员总人数的22.6%》，2011年12月9日《中国青年报》。

④ 黄修毅、郑文、刘林、孙炯：《国内出现低龄学生留学潮，百万考生弃考留学》，http://news.eastday.com/c/20100714/u1a5329151.html，2010年7月14日。

高考语文等学科评阅的试卷总量为6.8万多人，近2000名高考生选择放弃高考，弃考的主要原因是出国留学。高中毕业生直接到国外高校留学的增长趋势加快，从侧面反映了我国留学的“低龄化”。

（四）留学选择多元化

留学选择多元化体现在目的地国家选择多元化、专业选择多元化、留学方式多样化、留学层次多样化等。

1. 目的地国家选择多元化

21世纪以来，我国留学人员分布广泛，同时大部分集中在美国、日本、英国、澳大利亚、加拿大、德国、法国等发达国家。据不完全统计，1978～2001年，我国赴国外留学的46万人中，赴美国的约有20万人，占总数的53.3%；赴日本的留学人员数量仅次于美国，约13万人。赴美国和日本的留学人员约占全部留学人员的2/3以上。根据教育部留学服务中心2005年的数据统计，中国留学生在国外的地域分布，在美洲留学的人数达32.1%，在欧洲留学人数达27.9%，在亚洲留学的人数达25.2%，在大洋洲留学的人数则有14.2%。

2009年我国出国留学人员前十位目的国为美国、澳大利亚、英国、韩国、日本、加拿大、新加坡、新西兰、法国和俄罗斯，到以上十国的留学人员总数占当年中国出国留学人员总数的86.3%。

越来越多的留学生关注中等发达国家、发展中国家。意大利、荷兰、马来西亚、韩国、爱尔兰、波兰、西班牙、古巴等相继成了留学新热点，还有不少留学生开始选择印度、阿根廷等新兴发展中国家。根据荷兰“高等教育国际交流协会中国办公室”的信息，截至2011年3月，在荷兰留学的学生共有8000人，2010年申请荷兰留学的中国学生人数大约为3000人，中国学生成为仅次于德国学生的第二大在荷留学生群体。

东盟各国也逐渐成为中国留学生新的留学热点。2006年中国在东盟各国学习的各类留学生总数超过6万人，其中新加坡有3.45万人，泰国约有1.6万，马来西亚约有0.65万人。泰国教育部2009年10月发布的统计数字显示，当年就读于泰国高等教育学校国际教育项目的中国留学生已达7300人，占所有外国留学生总数的45%，成为泰国高等教育项目的最大生源。据马来西亚《南洋商

报》报道，在马来西亚的中国学生从2008年3月的7000多人增加到12月的1.4万人，中国成为马来西亚最主要的生源国。①

2. 专业选择多元化

21世纪以来，留学人员的专业从理工科为主转向以经济管理和人文学科为主。2005年，一项对国内300名海归创业成功人士的调查分析显示，46%的海归在海外学习的专业为理工专业，27%的海归留学专业为经济或工商管理，12%的海归留学专业为法律或其他人文专业，还有9%为医疗卫生专业，其他专业为6%。② 这些人主要是在20世纪80～90年代出国留学的，当时出国留学理工科专业占据接近半壁江山。

2007年，欧美同学会商会和《神州学人》对留学生的专业选择开展随机调查，参加调查的出国留学人员大多是2000年以后出国的。调查的结果发现，留学人员出国学习会选择实用类的学科，经济和工商管理等几乎占到一半以上，人文社会学科和法律专业也占到很大的比例。越来越多的留学人员开始尝试选择新型、实用的专业，如德国基尔大学的牛奶生产专业和杜塞尔多夫大学的为政治家包装的媒体设计专业，英国伦敦艺术大学的时装与环境专业、品牌设计专业、印刷与多媒体专业，新西兰免疫学和全球健康、计算机音乐专业，意大利柏丽慕达时装学院的奢侈品管理专业等。

3. 留学方式多样化

随着我国国际化进程的加快，中国学生的留学方式也越来越多样化。从直接出国留学到可以参加国内高中的国际课程、国内预科、交换生、中外联合培养等多种留学项目。

4. 留学层次多样化

不同层次学校的毕业生出国留学人数均有所增加。“211”院校本科毕业生留学比例上升，非“211”院校本科毕业生留学比例变化幅度较小。如图1所示，2007～2011届的本科院校毕业生中，“211”院校的留学比例逐年上升（2011届与2010届基本持平），且均明显高于非“211”本科院校；2011届

① 苗丹国：《出国留学六十年——当代中国出国留学政策与引导在外留学生人员回国政策的形成、变革与发展》，中央文献出版社，2010。

② 王辉耀：《中国留学人才发展报告2009》，机械工业出版社，2009。

“211”院校毕业生的留学比例为2.02%，比非“211”本科院校（0.72%）高1.3个百分点。

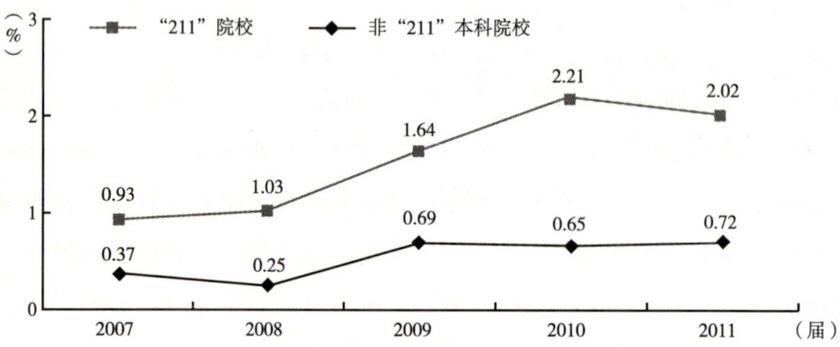

图1　2007～2011届不同类型本科院校毕业生的留学比例

资料来源：麦可思－中国2007～2011届大学毕业生社会需求与培养质量调查。

越来越多非学历教育的学生开始关注留学。据《中国留学行业十年报告》数据显示，近3年来每年自考生留学人数的增幅都在40%以上。预计2012年将有更多的自考生出国留学。2009年在金吉列留学中介机构签约的14000名学生中，约有10%是自考生。与以往只有应届本科生或高中生出国留学相比，现在一些自考、电大、远程教育、民办高校的学生也开始关注出国留学。①

（五）回国人数大幅增长

1978～2000年，我国留学生回国总人数达到13.0万人，而1978～2011年，我国留学生回国总人数为81.84万人，较2000年增长了5倍。截至2011年，72.02%的留学人员学成后归国，其中，国家公派出国留学人员的回归率高达98%。② 2011年我国各类留学回国人员总数18.62万人，其中：国家公派0.93万人，单位公派0.77万人，自费留学16.92万人，回国总人数较2010年增加了5.13万人，增长了37.7%。③

① 中国新闻网：《2010年自考生留学人数持续增长》，http://www.eol.cn/zi_kao_kuai_xun_3503/20100203/t20100203_447251.shtml，2010年2月3日。

② 人民网：《72.02%的留学人员选择回国发展》，http://news.china.com.cn/rollnews/2012-02/10/content_12645961.html，2012年2月10日。

③ 焦新：《教育部发布统计数字显示2011年度我国出国留学生人员33.97万人》，2012年2月11日《中国教育报》。

三 2010~2011年中国留学现状

（一）2011年中国留学概况

1. 留学人数规模大，增长快

根据教育部统计数据，2011年我国出国留学人员达33.97万，较2010年增加5.50万，[①] 我国成为全球最大留学生输出国。自2008年开始，我国出国留学学生人数保持20%左右的年增长速度。2009年增长27.53%，2010年增长24.16%，2011年增长19.32%，详见表4。

表4 2009~2011年我国出国留学人数及其增长率

单位：万人，%

年份	当年出国总人数	增长率
2009	22.93	27.53
2010	28.47	24.16
2011	33.97	19.32

资料来源：2009年的数据来自《中国教育发展报告2011》，社会科学文献出版社，2011；2010年、2011年的数据来自中国教育部公布的数据。

2. 分布呈现“大集中、广分散”

1978~2011年，我国有224.51万海外留学生，他们分布在全世界100多个国家。其中，绝大多数分布在美国、英国、澳大利亚、加拿大、日本、韩国、新加坡、法国、德国、新西兰和俄罗斯等发达国家。2011年，中国已成为美国、英国、澳大利亚、加拿大、日本、新西兰等国家的留学生最大生源国。2011年，我国在美留学生总数为157558人，占美国海外学生总数的22%。[②] 在英中国留学生数量略少于在美留学生。根据英国文化教育协会（British Council）2012年2月29日发布的公告，2011年超过9万名中国学生在英国求学，约占英国全部海

① 焦新：《教育部发布统计数字显示2011年度我国出国留学人员33.97万人》，2012年2月11日《中国教育报》。

② 美国国际教育协会：《门户开放报告2011》，2011年11月4日。

外留学生总数的20%。[①] 根据澳大利亚联邦政府的数据，2011 年中国在澳留学生人数约 16.7 万人，占澳大利亚全部海外学生总数的 30.3%。[②] 据加拿大统计局公布的数据显示，2011 年留学生进入加拿大总人数为 98378 人，其中来自中国的留学生人数增长明显，由 2010 年的 17718 人增加至 2011 年的 21812 人，增长 23.11%，继续保持在留学生人数首位。据日本学生支援机构的最新数据显示，截至 2011 年 5 月，在日本大学就读的中国留学生已达 87533 人，占日本全部海外留学生总数的63.4%。在日本语言学校就读的中国留学生为 17354 人，即在日留学的中国留学生为 104887 人，已突破 10 万人大关。[③]

除上述主要留学目的地国家外，法国、德国、新西兰、荷兰、爱尔兰、意大利、西班牙、阿根廷等国家以及东盟地区也吸引不少中国留学生，我国海外留学生的分布呈现“广分散”。来自荷兰高等教育国际交流协会数据显示，截至 2010 年 11 月，在荷兰接受高等教育的中国留学生人数约为 5450 人，为荷兰高等教育留学第二大生源国。[④] 与此同时，我国赴东盟各国的留学生也在不断增长。2010 年，中国在东盟的留学生总数达 7 万多人，[⑤] 中国还是泰国和马来西亚最大生源国：2010 年中国在泰国有 9000 人以上留学生，马来西亚有超过 1.2 万留学生。[⑥]

（二）2011 年本科毕业生留学现状

1. 留学的主要经济来源仍为家庭资助，申请奖学金资助的比例有所提升

如图 2 所示，2011 届本科毕业出国留学的学生当中，85% 的学生出国留学

---

① 中国新闻网：《中国留英学生去年猛增两成　学生签证通过率逾九成》，http://www.chinanews.com/lxsh/2012/03-05/3717784.shtml，2012 年 3 月 5 日。

② 澳大利亚联邦政府国际教育数据库，http://www.immi.gov.au/media/statistics/study/；澳大利亚商业、创新与就业部网站，http://www.dol.govt.nz/publications/research/migration-trends-1011/04.asp。

③ 日本学生支援机构（JASSO）数据库，http://www.jasso.go.jp/statistics/index_e.html。

④ 荷兰高等教育国际交流协会：《2011 国际学生流动地图报告》。

⑤ 新华网：《东盟高效吸引越来越多中国留学生》，2011 年 10 月 25 日，http://news.xinhuanet.com/edu/2011-10/25/c_111121669.htm。

⑥ 中国新闻网：《中国成为泰国最大留学生生源国，人数达 9000 多》，http://www.chinanews.com/edu/2010/10-03/2568999.shtml，2010 年 10 月 3 日。《中国在马来西亚留学生逾 1.2 万人，将促进中马交流》，http://www.chinanews.com/lxsh/2011/03-01/2874968.shtml，2011 年 3 月 1 日。

主要经济来源是依靠父母亲友资助，与 2010 届相比略有下降。与此同时，依靠申请国外大学机构的奖学金资助的比例有所提高，从 2010 年的 10% 上升到 2011 年的 12%。

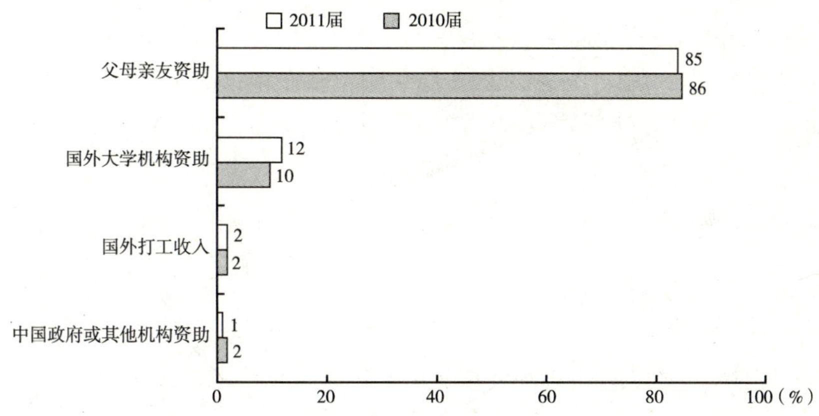

图 2　2010～2011 届本科毕业生留学的经济来源

资料来源：麦可思－中国 2009～2011 届大学毕业生社会需求与培养质量调查。

家庭经费资助减少的主要原因有以下三个方面。

第一，在国外接受教育，无论是学费还是生活费都比较昂贵，而且出国留学生中工薪阶层家庭增多，普通的工薪阶层家庭不能完全负担昂贵的留学费用，申请国外大学、机构的奖学金以及申请国内留学项目经费的留学人员越来越多。

第二，国外机构、大学为吸引优秀海外学生，大部分留学热点国家及学校皆设有奖学金，并且随着每年招生比例扩大，奖学金的发放力度也加大，品种也越来越多。例如，美国有 3000 多所高校，各高校每年发放的奖学金总额超过 680 亿美元。

第三，近几年中国政府给予出国留学人员的资助有所增加。一方面是增设国家优秀自费留学生奖学金，每人 5000 美元标准；另一方面，扩大了公费留学选派规模，公派留学生的人数从 2011 年的 12000 人扩大到 2012 年的 16000 人，而且创新了选派机制，从原来只是面向 60 所院校选派研究生到 2012 年面向全国的高校以及各个行业选拔留学生，资助金额达 1600 万美元。

2. 留学的目标学历以硕士为主

如图 3 所示，2011 届出国留学的本科毕业生中，81.1% 的人学历目标是硕士，16.2%的人学历目标是博士，计划完成MBA、法学博士、医学博士学历的人群所占比例很小。

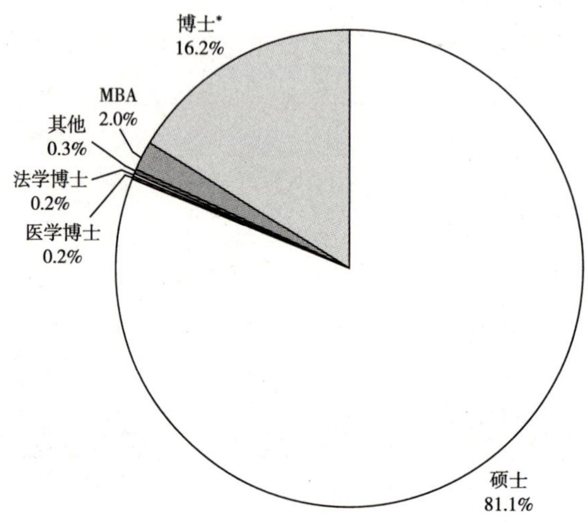

图3 2011届本科毕业生留学的学历目标分布

* 此处博士仅指学术博士，与法学博士、医学博士不同。

资料来源：麦可思－中国2011届大学毕业生社会需求与培养质量调查。

3. 本科毕业生留学热门专业仍首推工商管理，社科及艺术类选择比例上升

商科仍为最热门的留学专业。2011年本科毕业留学生选择的最热门的专业仍然是工商管理，34.7%的人选择工商管理学作为研究生专业类，其次为工程科学，占总数的10.3%，详见图4。根据美国教育联盟的数据，2011年赴美留学生专业选择的比例，最高的是商业与管理，占当年赴美留学总数的28%，其次为工程，占19%。[①] 英国文化教育协会（British Council）2012年2月29日发布的公告显示，中国赴英学生中大约44%的人选择商务和管理相关的专业。[②] 根据澳洲联邦政府的统计数据，2011年管理和商科课程依然是我国留学生最为集中的专业。

① 美国教育网：《美国教育联盟总结2011年在美留学生数据分析》，http：//www.edumg.com/content/00022342.html，2012年2月24日。

② 中国新闻网：《中国留英学生去年猛增两成　学生签证通过率逾九成》，http：//www.chinanews.com/lxsh/2012/03－05/3717784.shtml，2012年3月5日。

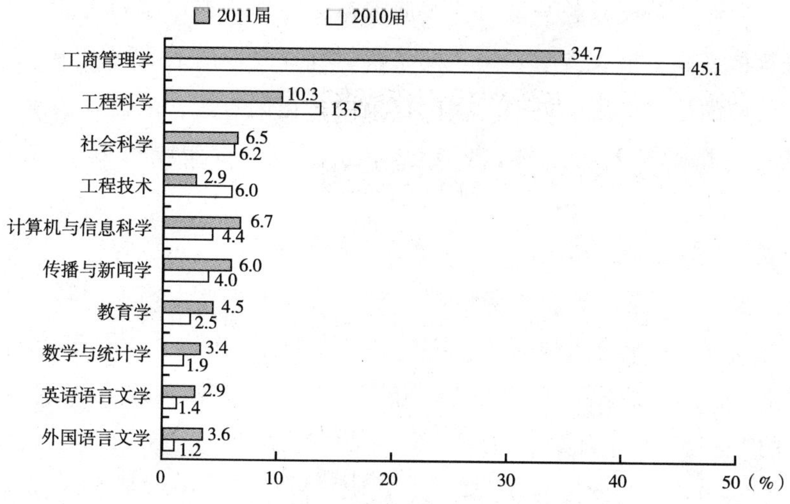

图4　2010～2011届本科毕业生留学的前10位研究生专业类

注：个别专业类因为样本不足，没有包括在内。

资料来源：麦可思－中国2011届、2010届大学毕业生社会需求与培养质量调查。

热门专业越来越分散，社科及艺术类选择比例上升。在接受调查的学生中，选择工商管理学的比例从2010届的45.1%下降到2011届的34.7%，选择工程科学和工程技术的人数比例也明显下降，分别从2010年的13.5%和6.0%降到2011年的10.3%和2.9%。计算机与信息科学、外国语言文学、英语等传统热门留学专业的选择比例有所上升，详见图4。社会科学、新闻学、艺术类等新兴专业也开始受到本科毕业生的喜欢，2011年这几个专业的选择比例总和达到17%，较2010届的12.7%增长了4.3个百分点。

根据美国教育联盟的数据，2011年赴美留学生专业选择的比例为：商业与管理占28%，工程科学占19%，物理与生命科学占12%，数学与电脑占11%，社会科学占7%，英语占4%，艺术占3%，健康管理占2%，教育占2%。① 选择社会科学、艺术等专业的人数比例有所上升。2011年中国在日留学生攻读的专业，学习社会科学专业的最多，其次为工学、艺术、教育、农学、保健、家政和理学。②

---

① 美国教育网：《美国教育联盟总结2011年在美留学生数据分析》，http://www.edumg.com/content/00022342.html，2012年2月24日。

② 中国新闻网：《日本公布外国留学生调查结果中国留学生已超六成》，http://www.chinanews.com/lxsh/2012/03-05/3719100.shtml，2012年3月5日。

热门专业分布越来越分散，主要原因在于近年来网络平台发达，学生对国外教育体系和专业设置有了更多的了解，选择专业时心态更成熟，不再一味青睐所谓的热门专业；同时，国际范围内文化创意产业的迅速发展，也对本科毕业生选择社科、文科、艺术类专业作为出国留学的专业有积极的影响。

4. 美、英等主流英语国家仍为主要留学目的国

选择去美国、英国等主流英语国家留学的学生仍然占绝大多数。如图5，2011届本科毕业生最感兴趣的留学热点国家或地区依次为：美国或加拿大、英国、香港、日本、法国、澳大利亚、德国、新加坡、韩国及意大利。其中，28.6%的人选择美国或加拿大，[①] 有24.0%的人选择英国，13.3%的人选择香港等。相比2010年，赴澳大利亚、英国、法国、德国、瑞典、韩国等国家留学的人数比例有所下降，其中降幅最大的为韩国，下降了2.1%，其次为澳大利亚，下降了1.9%。赴香港、澳门留学的本科生比例有所提升，分别从2010年的10.7%和1.5%提升到2011年的13.3%和1.7%，详见图5、图6。

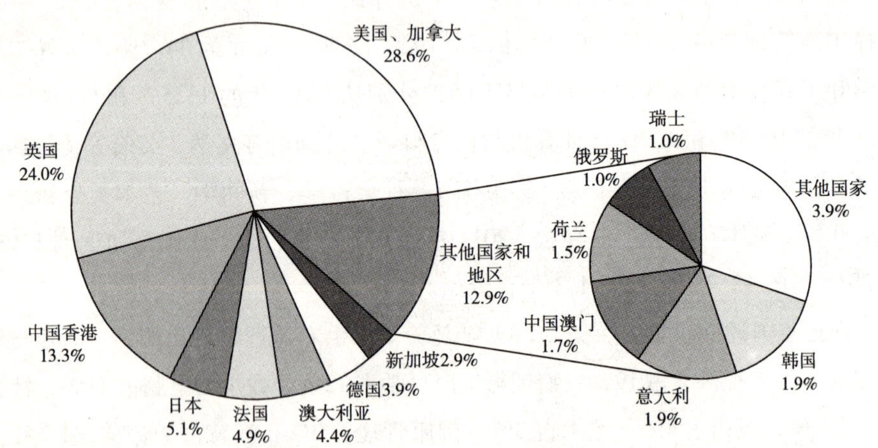

图5　2011届本科毕业生留学选择国家和地区的分布

资料来源：麦可思－中国2011届大学毕业生社会需求与培养质量调查。

① 在进行挂网问卷调研过程中，以电话区号区分国家及地区，而美国、加拿大区号均为“1”，故无法区分两国数据，以下分析涉及美国、加拿大相关数据时均做捆绑处理。

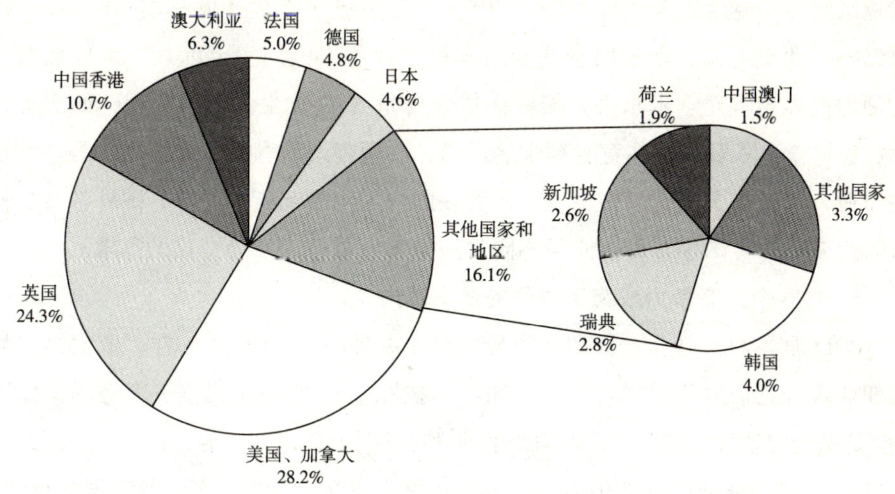

图 6　2010 届本科毕业生留学选择国家和地区的分布

资料来源：麦可思－中国 2010 届大学毕业生社会需求与培养质量调查。

半数以上的本科毕业生选择留学国家或地区的理由是该国或地区整体研究生教育质量好。如图 7 所示，2011 届本科毕业生选择留学国家最看重的是“该国

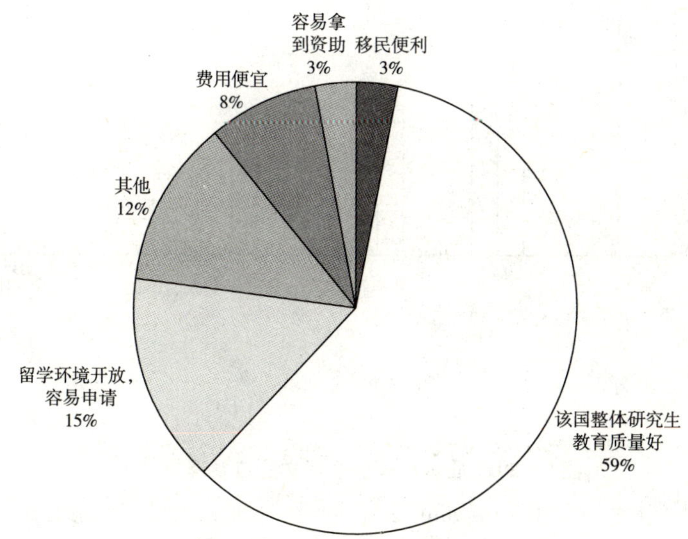

图 7　2011 届本科毕业生留学选择国家和地区的理由分布

资料来源：麦可思－中国 2011 届大学毕业生社会需求与培养质量调查。

或地区整体研究生教育质量好”（59%），其次是“留学环境开放，容易申请”（15%）。由此可知，教育质量是吸引本科毕业生出国的主要因素。国外教育拥有领先世界的研究学术水平，能够提供领先世界的个性化教学课程，如房地产学、犯罪学、景观学、体育管理学、通信、心理咨询教育学、电影制作等。而这些专业，或者在国内大学很少见，或者在国内才刚刚起步。此外，国外教育机构对时代变化非常敏感，可以满足不同目的的留学人员适应社会变化的需求。

5. 提升个人竞争力成为了主要的留学理由

2011 届本科毕业生选择留学的最主要理由排序与 2010 届一样，依次为“增强职业综合竞争力”、“学习先进的知识和技能”、“增加见识，了解他国文化”、“接受先进的教育方式”、“去国外就业和长期居住”及其他，详见图 8。其中 2011 届“增强职业综合竞争力”的选择比例为 29%，“学习先进的知识和技能”占 25%，“增加见识，了解他国文化”占 21%，“接受先进的教育方式”占 18%。因为“增强职业综合竞争力”和“学习先进的知识和技能”而选择留学的共占 54%，可见提升个人竞争力成为留学的主要理由。

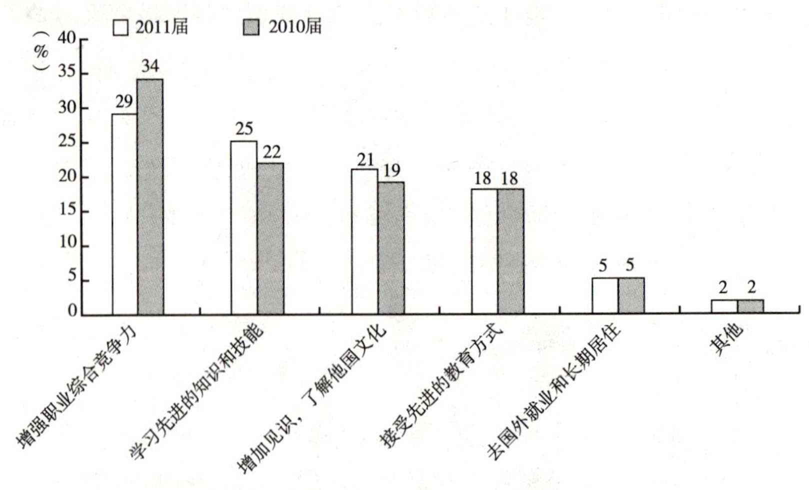

图 8 2011 届本科毕业生留学的首要理由分布

资料来源：麦可思－中国 2010～2011 届大学毕业生社会需求与培养质量调查。

与 2008 届、2009 届本科毕业生比较，2010 届及 2011 届本科毕业生的留学动机更侧重个人职业竞争力的提升。比例最高的留学理由不再是“接受先进教

育方式”和“增加见识，了解他国文化”，而是出于就业考虑，增强职业综合竞争力，详见表5。究其原因是随着经济全球化的进一步加强，我国经济快速发展，急需大量具有国际化视野、掌握着良好外语和跨国文化的人才，这些人才较国内同等教育水平的人才更受到重视、拥有较高的社会地位、丰厚的薪酬和待遇，所以越来越多的准留学生以增强职业综合竞争力为目的。

表5　2008~2011届本科毕业生留学理由的排名变化

留学理由	2011届	2010届	2009届	2008届
增强职业综合竞争力	1	1	3	2
学习先进的知识和技能	2	2	2	3
增加见识,了解他国文化	3	3	4	1
接受先进的教育方式	4	4	1	4
去国外就业和长期居住	5	5	5	5

资料来源：麦可思－中国2008~2011届大学毕业生社会需求与培养质量调查。

6. 留学信息渠道主要来自于国外大学网站及国内留学中介

2011届本科毕业生留学的信息渠道主要是国外大学网站和国内的留学中介网站。如图9所示，2011届选择留学的本科毕业生，留学的首要信息渠道来源为国外大学网站，占35%，其次是国内的留学中介机构，占24%，两者共占59%。其后依次为亲友老师校友推荐（14%）、中国的留学网站（13%）、所读中国大学的国外合作院校（12%）、国外大学在华的留学咨询会（2%）。

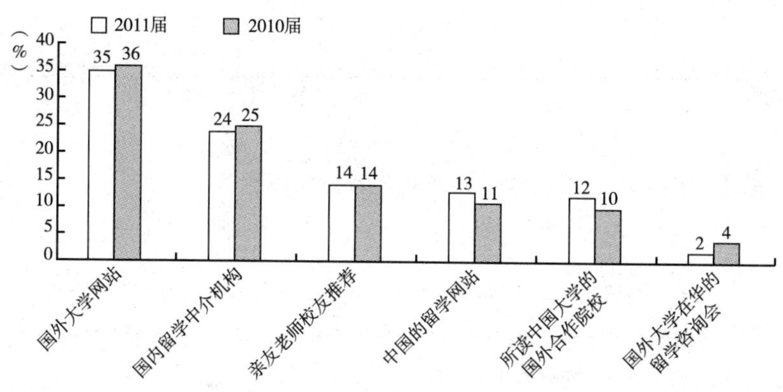

图9　2010~2011届本科毕业生留学的首要信息渠道来源分布

资料来源：麦可思－中国2010、2011届大学毕业生社会需求与培养质量调查。

相比2010届本科毕业生，2011届本科毕业生从毕业前就读的中国大学与国外的合作院校推荐有较大幅度提升，从10%增长到12%，详见图9。这说明，2011届本科毕业生获取留学信息的渠道更为注重来自真实的经验感受。

7. 本科毕业出国留学人群的回国意愿增强

根据教育部统计数据，截至2011年底，我国留学生回国人数达81.84万人。从2009年开始，我国海外留学生的回国率超过30%，并保持三年的持续增长，2011年回归率达到36.5%。

大部分本科毕业出国留学的学生愿意留在国外短期工作，积累工作经验后回国或是直接回国工作，准备长期在国外工作的人很少。如表6所示，2011届选择留学的本科毕业生中，40%的人表示愿意“留在国外短期工作”，34%的人表示愿意留学后“回到中国来工作”，明确愿意留在国外长期工作的只有6%。

从最近5年数据来看，金融危机爆发后，留学生回国的意愿加强了。如表6所示，“留在国外短期工作”以及“回到中国来工作”的比例有所提升，两者合计从2007年的59%，增加到2011年的74%。“留在国外长期工作”的意愿从2007年的12%下降到2011年的6%。不确定去向的比例也从2007年的29%降到2011年的20%。

表6 2007~2010届本科毕业生留学后的回国意愿

单位：%

留学后的计划	2011届	2010届	2009届	2008届	2007届
留在国外短期工作	40	39	36	31	37
回到中国来工作	34	34	31	30	22
不确定	20	17	26	30	29
留在国外长期工作	6	10	7	9	12

资料来源：麦可思－中国2007~2011届大学毕业生社会需求与培养质量调查。

8. 七成本科毕业出国留学生具有高等教育家庭背景

在调查研究中，我们将大学毕业生家庭所处的职业阶层划分为5类：产业与服务业员工、农民与农民工、管理阶层、专业人员、无业与退休。将大学毕业生家庭所处的教育背景划分为5类：小学及以下、初中、高中、大学、研究生，其中大学及研究生为高等教育背景。

2011届选择留学的本科毕业生中，约六成（58%）学生的父母最高教育水平为大学，12%的学生父母最高教育水平为研究生，24%的学生父母最高教育水

平为高中，而来自初中及以下教育水平家庭的人群比例最小，只有6%，详见图10。从2011届本科毕业留学生的家庭教育背景数据中，我们可以看出，一半以上留学人员家庭背景是大学学历，七成的留学人员家庭背景是高等教育，94%的留学人员家庭背景是高中以上学历，由此可见，高学历的父母的眼光更具有前瞻性，能在文化教育方面给予子女更多的支持。

近四年来，本科毕业出国留学生中，具有高等教育家庭背景的学生比例越来越高，从2008届的57%上升到2011年的70%，而初中及以下学历家庭背景的学生越来越少，从2008届的11%下降到2010年的6%，详见表7。

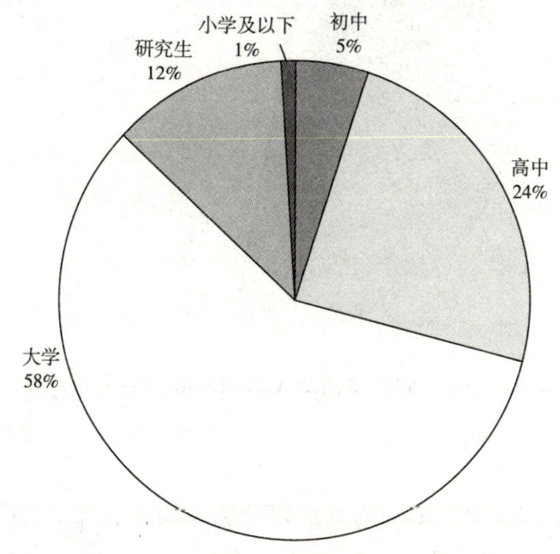

图10　2011届本科留学人群的家庭教育背景分布

资料来源：麦可思－中国2011届大学毕业生社会需求与培养质量调查。

表7　2008～2011届本科留学毕业生的家庭教育背景分布

单位：%

家庭教育背景	2011届	2010届	2009届	2008届
小学及以下	1	1	1	3
初　中	5	6	7	8
高　中	24	26	31	32
大　学	58	54	50	48
研究生	12	13	11	9

资料来源：麦可思－中国2008～2011届大学毕业生社会需求与培养质量调查。

2011 届本科毕业留学人员主要来自于管理层级及高端工薪阶层家庭。2011 届选择留学的本科毕业生中，47% 的人来自于管理阶层家庭；44% 的人来自专业人员、产业与服务业员工等工薪家庭；只有 5% 的人来自于农民及农民工家庭，其余 4% 来自无业及退休家庭，详见图 11。

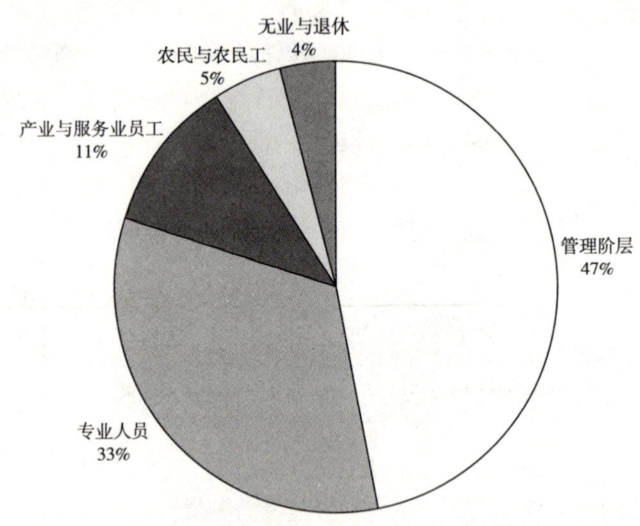

图 11　2011 届本科留学人群的家庭职业背景分布

资料来源：麦可思－中国 2011 届大学毕业生社会需求与培养质量调查。

9. 本科毕业出国留学生出国前专业以语言类专业为主

本科毕业后留学的学生留学之前的专业多数为语言类。留学比例最高的前 10 种专业当中，语言类专业占了 6 种，其中法语专业的留学比例为 7.8%，德语专业的留学比例为 7.6%，俄语专业的留学比例为 4.7%，对外汉语、日语、朝鲜语等专业的留学比例都超过 2%，详见表 8。这类现象的原因是语言类本科毕业生，拥有语言优势，选择出国留学一方面可以提高语言交流性，另一方面可以依靠自己本科四年的语言学习，尽快融入留学目的国，进而学习其他专业，使自己成为综合性人才。

除了语言类专业，金融类、信息类、环境类、物理类的专业留学比例也比较高。金融工程留学比例为 6.3%，金融学留学比例为 2.2%，信息安全专业的留学比例为 3.3%，信息管理与信息系统专业的留学比例为 1.8%，环境工程及环境科学的留学比例都超过 1.5%。国内就业比较热门的计算机、经济管理等专业留学比例相对小，详见表 8。

表 8　2011 届留学比例较高的前 20 位本科专业

单位：%

主要本科专业名称	留学比例	主要本科专业名称	留学比例
法　语	7.8	金融学	2.2
德　语	7.6	保　险	2.1
金融工程	6.3	环境工程	2.1
俄　语	4.7	英　语	2.0
审计学	4.0	药　学	1.8
信息安全	3.3	信息管理与信息系统	1.8
对外汉语	3.1	环境科学	1.7
社会学	2.6	光信息科学与技术	1.7
日　语	2.4	物理学	1.7
朝鲜语	2.3	自动化	1.7

注：毕业生规模过小的专业不包括在此排序中。某专业的留学比例 = 该专业毕业后留学的毕业生人数/该专业毕业生总数。

资料来源：麦可思 - 中国 2011 届大学毕业生社会需求与培养质量调查。

（三）2010 ~ 2011 年高中生留学现状

新浪教育频道联合教育部留学服务中心和麦可思共同推出“高中生出国留学跟踪调查”，以高中生为调查对象，从 2010 年 9 月开始，通过跟踪调查，了解高中生留学意向及现状。调查从 2010 年 9 月 19 日开始，到 2011 年 4 月 12 日结束。收回独立 IP 地址的高中生有效答卷共 3550 份。调查方式是挂网调查，无抽样及其检验，调查结果仅代表被调查的高中生人群的状态。

1. 高中生留学目的地以美国、加拿大、澳大利亚、英国为主

在有出国意向的被调查高中生中，五成学生最希望留学美国，其他热门国家依次是加拿大（15.1%）、澳大利亚（10.0%）、英国（9.5%），详见图 12。希望前往这 4 个国家留学的高中生占被调查的高中生的 85% 以上。

选择留学美国和英国的高中生留学的最主要理由是“教学质量好，国内对其学历认同度高”。希望去加拿大和澳大利亚留学的高中生，选择的理由更多基于这些国家工作和移民容易。另外，德国、法国、日本等国家，也比较受高中留学生的欢迎。选择到这些国家留学的理由除了该国“教学质量好，国内对其学历认同度高”之外，更多的是考虑学费因素，详见表 9。

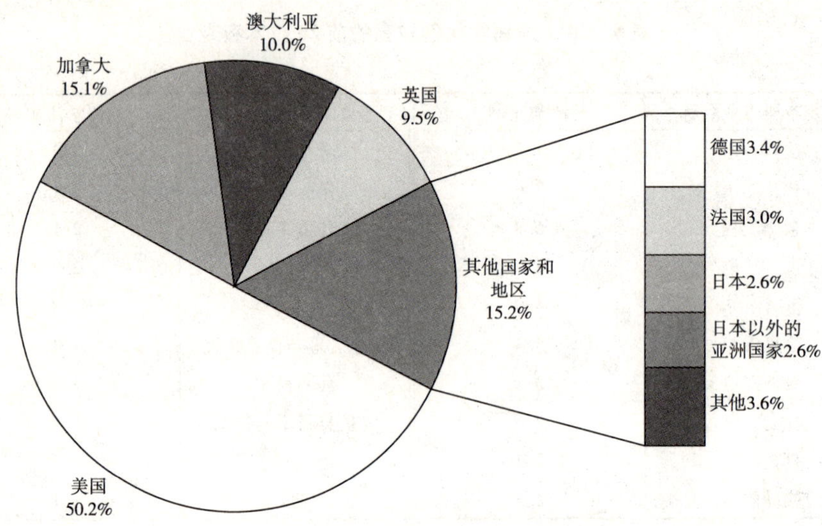

图12　被调查高中生最想留学的国家分布

资料来源：新浪－中留服－麦可思高中生出国留学跟踪调查（2010 年 9 月 19 日至 2011 年 4 月 12 日数据）。

表9　被调查高中生最想留学国家的主要原因（多选）

单位：%

留学国家	留学原因	所占比例
美　国	教学质量好，国内对其学历认同度高	85
加拿大	教学质量好，国内对其学历认同度高	52
	工作和移民容易	48
澳大利亚	工作和移民容易	44
	教学质量好，国内对其学历认同度高	40
英　国	教学质量好，国内对其学历认同度高	90
法　国	费用低	53
	教学质量好，国内对其学历认同度高	50
德　国	教学质量好，国内对其学历认同度高	71
	费用低	34
日　本	费用低	48
	教学质量好，国内对其学历认同度高	40
日本以外的亚洲国家	费用低	72
	容易被录取	32

资料来源：新浪－中留服－麦可思高中生出国留学跟踪调查（2010 年 9 月 19 日至 2011 年 4 月 12 日数据）。

2. 接受更好的教育为高中生留学的主要理由

在有出国意向的被调查高中生中，排在首位的留学理由是“接受更好的教育”（67%），其次是“增强职业综合竞争力”（37%），再次是“想去国外就业和长期居住”（21%）以及“逃离国内升学压力”（18%），详见图 13。相比于 2011 届本科毕业出国留学生出国的理由，高中生出国留学的理由更偏重于教育。

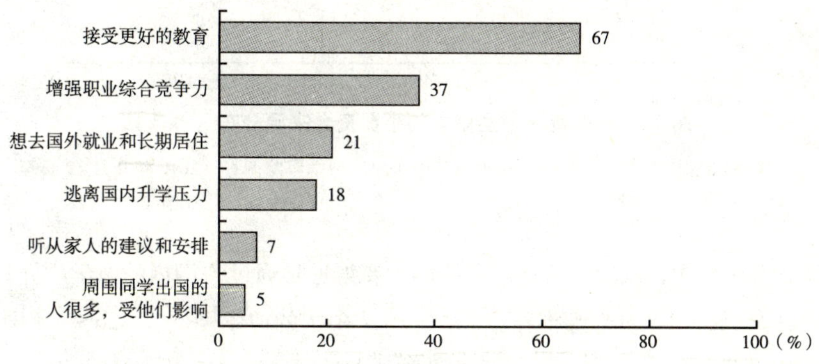

图 13　被调查高中生的留学理由（多选）

资料来源：新浪 – 中留服 – 麦可思高中生出国留学跟踪调查（2010 年 9 月 19 日至 2011 年 4 月 12 日数据）。

高中生出国留学的理由与本科毕业生出国留学的理由有两方面明显不同。一是高中生出国留学受到升学压力的影响；二是高中生更容易受家庭因素的影响，在接受调查的高中生中，21% 的高中生留学的原因是想“到国外就业和长期居住”，而本科毕业生因为想“到国外就业和长期居住”而选择留学的只有 5%。

3. 家庭资助是高中生留学的首要经济来源

在有出国意向的被调查高中生中，留学的最主要资金来源是“家庭资助”，占 88%；申请国外大学的部分或全额资助占 17%，勤工俭学占 16%，留学贷款占 5%，详见图 14。

4. 高中生留学的主要信息渠道为国内留学中介

有别于大学毕业生的留学信息渠道主要来自于国外大学网站介绍，高中生出国的留学信息渠道主要来自国内，包括中介、亲友、国内网站等。2011 届本科毕业留学生的留学信息主要来源为：国外大学网站（35%）、国内留学中介机构（24%）、亲友老师校友推荐（14%）、中国的留学网站（13%）。而在有出国意向

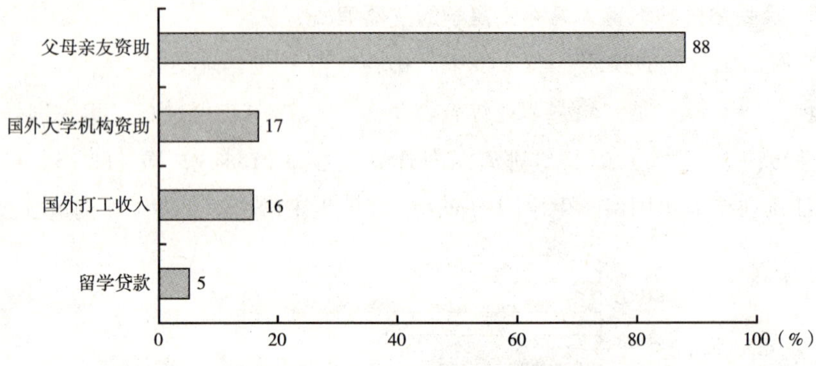

图 14　被调查高中生留学的主要资金来源分布（多选）

资料来源：新浪－中留服－麦可思高中生出国留学跟踪调查（2010 年 9 月 19 日至 2011 年 4 月 12 日数据）。

的被调查高中生中，其获得留学信息的最主要渠道是通过“国内的留学中介机构”（46%），其后是“亲友老师推荐”（26%）、“中国的留学网站”（26%）、国外大学在华的留学咨询会（15%），最后才是国外大学网站（14%），详见图 15。

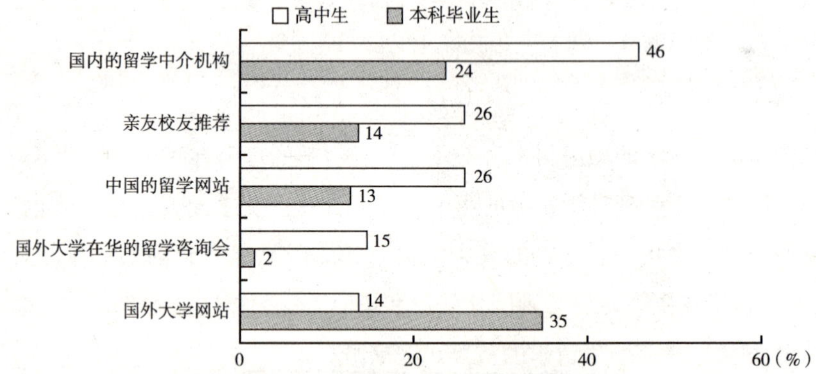

图 15　被调查本科毕业生及高中生留学的信息渠道分布（多选）

资料来源：新浪－中留服－麦可思高中生出国留学跟踪调查（2010 年 9 月 19 日至 2011 年 4 月 12 日数据）；麦可思－中国 2011 届大学毕业生社会需求与培养质量调查。

5. 高中生留学人群对未来的去向不太明确

如图 16、图 17 所示，在有出国意向的被调查高中生中，过半数学生对其留学后的去向持“不确定”态度，此比例明显高于本科毕业出国留学的学生（20%）；有 33% 的高中生明确表示回国，此比例与本科毕业出国留学生的回国意愿比例差不多；明确不回国的有 15%，比本科毕业生高一倍多。

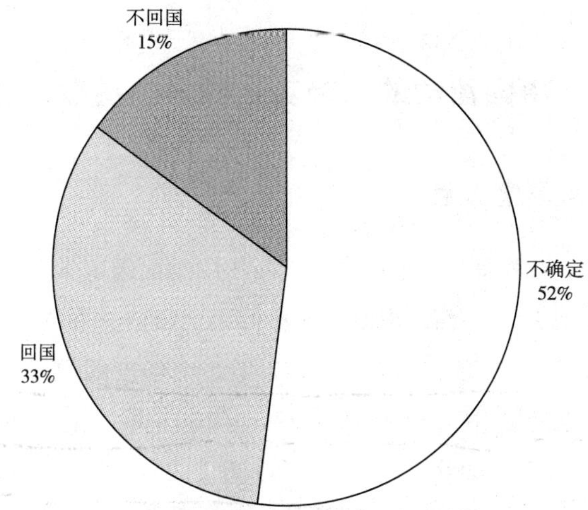

图 16　被调查高中生留学后去向意向分布

资料来源：新浪－中留服－麦可思高中生出国留学跟踪调查（2010 年 9 月 19 日至 2011 年 4 月 12 日数据）。

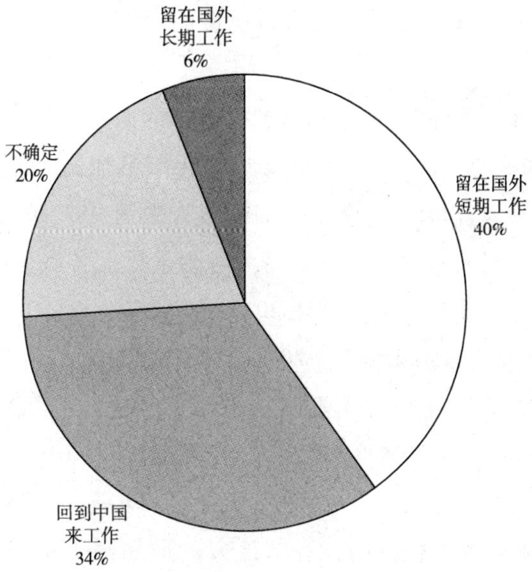

图 17　被调查本科毕业生留学后去向意向分布

资料来源：麦可思－中国 2011 届大学毕业生社会需求与培养质量调查。

四　中国留学的新趋势：留学热继续升温

（一）留学市场潜力巨大

进入21世纪，留学潮在全球涌现，近两年中国出国留学人数位居世界第一。从全球范围来看，印度、巴西、南欧、非洲等地出国留学人数都大幅增长。根据联合国教科文组织网站发布的2003～2007年5个年度的《全球教育要览：全球教育统计数据比较》中可以看到，2003～2007年，全世界留学生总数是181.07万、200.85万、228.02万、245.53万和272.28万，同期中国出国留学人员数是11.73万、11.47万、11.85万、13.38万和14.4万。中国出国留学人员数所占比例是6.47%、5.70%、5.20%、5.44%和5.30%。2011年，中国出国留学人数已经居世界首位，占全球总数的14%。虽然留学市场看似达到了高峰，但从我国13亿人口以及每年近1000万高考生、数百万大学毕业生的基数来看，每年30万人的留学人数所占的比例还很小，我国的留学市场还有很大的潜力。

高考人数连续四年下降，放弃高考选择留学的人数增加。2009～2012年连续四年，全国参加高考的人数逐年递减，2009年参加高考人数为1020万人，比上年减少约30万人；2010年全国参加高考人数为957万人，比上年减少约65万人；2011年全国大约有933万名高考考生，比上年减少约24万人；2012年报名参加高考的人数为915万，比2011年再降18万。2009年录取人数约629万，2010年录取人数约657万，2011年录取人数约675万，也就是说，这三年约有941万高中生或就业或复读或出国留学。教育部的披露数据显示，2009年中国高考弃考人数达到84万，2010年接近100万人。其中，因出国留学而弃考者数量不少于20万人。值得注意的是，与前些年因成绩不够好担心高考不利而出国读书不同，目前，许多地方的应届高中毕业生，特别是名校“尖子生”放弃高考准备留学的人数激增，并且已经从过去的个案凸显成一种现象。①

① 《全国高考“弃考一族”破百万　不合算是主因》，2010年7月16日《青年时报》。

人民收入水平的提升以及国内教育资源的不足为留学热升温奠定了基础。近10年，我国经济强劲发展，人民币不断升值，国民收入水平持续提升，越来越多的家庭有实力送孩子出国学习。我国城镇居民的家庭人均可支配收入从2000年的6280元上升到2011年的21818元；农村居民家庭人均可支配收入从2000年的2253.4元上升到2011年的6977元，都增长了两倍多。人民生活水平的提高，拉动了留学需求。另一方面，目前中国高等教育质量相对落后，高校毕业生就业形势严峻，而且短期内无法得到根本改善。因此，未来一段时间，留学热还会继续。

除此之外，受金融危机的影响，各国留学政策持续利好，也为中国学生出国留学提供了客观条件。国际金融危机发生之后，留学生在刺激消费、提振经济方面的贡献逐渐显现，外国政府更加注重通过吸引留学生，特别是高素质的留学生来刺激经济的复苏。

在澳大利亚，2009年中国留学生在澳大利亚的消费约为299亿元人民币，占澳大利亚GDP的0.4%。2011年国际学生为澳大利亚经济贡献近38亿元，其中，中国留学生贡献过半。①留学行业同时带动了澳大利亚旅游业的发展。澳大利亚旅游及交通论坛首席执行官沃斯表示：留学生市场往往成为经济萧条时期旅游市场的缓冲器。② 在美国，2009年中国留学生在美国消费245亿元人民币，占当年美国GDP的0.02%。③ 2011年《门户开放报告》显示，2011年外国留学生为美国创收210亿美元。按照2011年中国留学生人数约占美国海外留学生总数的22%的比例折算，在美中国留学生至少为美国经济贡献46亿美元。④ 因此，西方国家积极推进教育出口，通过招收国外学生谋求经济利益。尤其是澳大利亚、新西兰等教育资源相对过剩的国家，其中的大学希望通过招收外国留学生缓解招生压力。

2009年，澳大利亚政府开展了关于中国高考制度的研究，形成《关于中国

---

① 中国新闻网：《2011年留学生为澳洲高校贡献38亿，中国学生贡献过半》，http://www.chinanews.com/lxsh/2011/11－16/3463678.shtml，2011年11月16日。

② 陈小方：《澳国际教育产业逆市繁荣》，2009年3月2日《光明日报》。

③ 《中国留学生对外国GDP贡献调查，澳大利亚最受益》，2010年1月6日《法制晚报》。

④ 新华网：《2010～2011学年外国留学生为美国创收210亿美元》，http://www.chinanews.com/lxsh/2011/11－15/3460947.shtml，2011年11月15日。

高考的专题调研报告》，此报告向澳大利亚高校阐述了中国高考是作为一种有效的选拔学生的方式，可以作为澳大利亚高校录取中国学生的标准。在此报告影响下，自2009年开始，澳大利亚悉尼大学、麦考瑞大学、南澳大学、西悉尼大学、西澳大学等大学在一定范围内采取以高考成绩作为标准录取中国学生，吸引中国学生赴澳留学。

（二）留学人数将进一步增加

中国的留学热还在加剧，出国人数依旧会保持逐年递增的势头，将不断刷新历史纪录。2000～2011年我国海外留学生每年出国人数从3.9万人涨至33.97万人，年平均增长率为21.75%。2008～2011年，我国出国留学人数快速增长，每年出国留学人数依次为17.98万、22.93万、28.47万、33.97万，同比增幅依次为24.86%、27.5%、24.2%、19.32%，连续四年稳定增长。2011年9月28日国家留学基金管理委员会透露，2012年中国公派留学人数将从2011年的1.2万人增加至1.6万人。① 公派留学的加强将促使2012年我国海外留学生总数的增长。英国理事会（British Council）公布的“学生流动”（Students in Motion）研究报告预计，2012年到美国、加拿大和澳大利亚的中国学生人数约为30万人。到加拿大的中国学生，将从2008年的5.13万人增至2015年的6.81万人，增幅超过30%。到澳大利亚的中国学生，将从2010年的9.16万人增至2015年的11.08万人。②

按照2000～2011年我国海外留学生21.75%的年平均增长率进行估算，2012年我国出国留学人员将达41.36万人次，2017年将达到110.64万人次。

（三）留学渠道更为通畅，留学选择更理性

相比十年前，留学变得越来越普及，互联网成为一个很重要的推手。如今很多留学信息在网上都可以找到，留学渠道较以前更加畅通。留学中介行业兴起并迅速发展，从指导性政策到具体的中介市场的整顿，支持留学的各个环节都在日

---

① 中国新闻网：《中国公派留学人员回国率逾98%　明年选派16000人》，http://www.chinanews.com/lxsh/2011/09-28/3360798.shtml，2011年9月28日。

② 英国留学网：《赴美热潮或降温，加澳升温》，http://www.ygliuxue.com/news/00053202.html，2012年4月8日。

趋规范。留学生被骗、就读野鸡大学的案例已经变得越来越少。

同时，更多的留学生将专业选择和就业紧密联系，留学变得越来越理性。过去很多留学生陷入“名校误区”，一味要求进入世界名牌大学。而现在留学生的留学取向则更为理性，近期由于国内的就业压力增加，学生们更应该注重如何根据自己的学习状况和今后的就业取向来选择合适的专业。如表 10 所示，2007 届、2008 届本科毕业生留学的第一理由均为“增加见识，了解他国文化”，2009 届的第一理由为“接受先进的教育方式”，20 10 届、2011 届均为“增强职业综合竞争力”。可见，毕业生的留学动机已经开始转向对回报力度的关注，考虑为未来的职业发展竞争力加分。随着留学信息的透明化，更多的学生对于留学国家前期的考察和准备更加充分，他们已经开始关注专业的选择，并已开始进行多个国家留学性价比的对比，理性选择留学国家、学校、专业的现象越来越明显。

表 10　2007 ~ 2011 届本科毕业生留学理由的排名变化

留学理由	2011 届	2010 届	2009 届	2008 届	2007 届
增强职业综合竞争力	1	1	3	2	2
学习先进的知识和技能	2	2	2	3	3
增加见识，了解他国文化	3	3	4	1	1
接受先进的教育方式	4	4	1	4	4
去国外就业和长期居住	5	5	5	5	5

资料来源：麦可思 - 中国 2007 ~ 2011 届大学毕业生社会需求与培养质量调查。

（四）留学奖学金的申请更加激烈

各国采取积极措施吸引留学生，刺激出国留学需求。如 2009 年以来欧元贬值、人民币升值，使得留学欧盟国家的花费较以前节省 40% 左右，留学欧盟各国性价比相对越来越高。而 2010 年日本规定条件符合的外国学生，读完语言学校后可在日就职，并有望获得就职签证，此举成为吸引中国留学生的重要举措。澳大利亚 10 多所名校承认中国高考成绩，争夺中国高考优秀生源。

随着出国留学需求的日益强烈，院校申请难度以及奖学金的申请会更加激烈。准留学生需要提前做好申请准备，除了关注院校动态与留学趋势以外，更重要的是不断提升自身的综合素质，尤其是个人语言能力、学习能力等。

（五）地域分布持续“大集中、广分散”格局

2012 年，我国出国留学的目的地仍然主要集中在四大主要留学国：美国、英国、澳大利亚、加拿大。启德教育集团发布的《2012 中国学生留学意向调查报告》显示，留学目的地国家选择人数的比例分别是：美国 33.86%，英国 16.14%，澳大利亚 12.72%，加拿大 12.68%。前往美国的留学生将持续增长，英国则将伴随伦敦奥运会迎来一轮小高潮。澳大利亚虽然历经风波，但依旧是最受中国学生欢迎的留学目的地国家。加拿大的种种利好政策将促使更多学生赴加深造。除了四大热门留学国，法国、德国、荷兰等欧洲国家随着留学机构开发更多资源与项目，将更为人们所熟知。新西兰、新加坡、日本、韩国、中国香港因为升学优势明显，中国留学生数量也会增加；中国台湾因为政策利好因素，中国内地赴台留学人数也将稳步增加。因此，随着国际交流的加强和各国或地区国际教育的拓展，我国海外留学生将在集中分布的基础上更加分散。

（六）“低龄化”加剧

2010 年我国出国留学的高中及以下学历学生人数为 7.64 万，占当年出国留学总人数的 19.8%。2011 年高中生出境学习人数为 7.68 万，占当年我国总留学人数的 22.6%。[①] 在 2011 年《高中生出国留学意向分析》中，在有出国意向的被调查高中生中，70% 计划高中毕业后出国读大学，24% 计划出国继续高中学习，6% 计划在国内完成大学学业后出国读研究生。启德教育集团发布的《2012 中国留学生意向调查报告》显示，在“拟申请学历”中申请大学的人数比例为 18.37%，预示着我国低龄留学仍将持续。按照 20% 的增长率估算，我国 2012 年的低龄留学生将接近 9.21 万人，2017 年的低龄留学生将接近 23 万人。

（七）留学安全问题凸显

随着我国出国留学规模的迅速扩大，在外留学人员的安全问题频繁发生，

---

① 向楠：《高中生出国学习人数已占我国留学生人员总人数的 22.6%》，2011 年 12 月 9 日《中国青年报》。

留学安全越来越受到社会各界的关注和重视。2008 年金融危机以后，部分国家经济滑坡、政局不稳，罢工、游行等政治性风险以及一般的犯罪风险都有所增加，使得“留学安全”超越“留学申请”，成为留学生家长最关心的话题之一。

根据新通国际 2011 年对 6000 名学生家长进行的问卷调查结果，目前家长最关心的留学安全问题包括居住安全、学习安全、就业安全、心理安全、签证安全以及突发事件安全等。

（八）“归国潮”涌起

据澳大利亚新快网报道，最新的国际学生招生和流动性的研究表明，更多的海外留学生将回到各自的国家。加拿大、澳大利亚、英国和法国加大技术移民的难度，只为海外留学生中的高层次人才提供技术移民资格。[①] 尤其是 2011 年 7 月初，加拿大对联邦投资移民、技术移民等政策调整加大了外国留学生在留学国的就业难度，客观上为其回国创造了条件。

国家出台各种政策吸引优秀留学人才回国发展。2008 年 12 月 25 ~28 日，中央人才工作协调小组召开“海外高层次人才引进工作会议”，明确要积极引进海外高层次人才。温家宝总理在 2009 年全国人大政府工作报告中也提到要“积极引进海外高层次人才和智力”。2010 年 6 月，国务院发布《国家中长期人才发展规划纲要（2010 ~2020）》指出，要实施更加开放的人才政策，其中十二项重大人才工程中，有两项涉及派送优秀人才出国深造，而其中一项重要的工程是“海外高层次人才引进计划”，其重要任务是吸引海外优秀留学人才回国。同时，国内不断加大对我国海外留学生的吸引力度，为其提供出入境、在华长期居留便利，以及回国以后在薪酬、户籍、医疗、社保、子女就学、家属就业方面的照顾。这一系列政策将持续吸引海外留学生的理性回归。

在内外双重原因的作用下，我国海外留学生将掀起新的“回国潮”。2011 年，我国留学人员回国人数为 18.62 万人，比上年增长 37.7%。从 2005 年开始，我国海外留学生的回归率开始回升，2009 年超过 30%，并保持三年稳定增长，

---

① 中国新闻网：《留学热门国移民政策频收紧，留学生回国趋势难挡》，http：//www.chinanews.com/lxsh/2012/01 -10/3594031.shtml，2012 年 1 月 10 日。

达到 2011 年的 36.5%。截至 2011 年底，以留学身份出国，在外的留学人员有 142.67 万人，其中 110.88 万人正在国外进行相关阶段的学习和研究，他们成为潜在的留学归国人员。2000～2011 年，海外留学生回归人数的平均年增长率为 23.66%，按照此增长率估算，2012 年我国海外留学生回国人数将增长到 23.03 万人次，累计回国人数达到 104.87 万人次。2017 年海外留学生回国人数将增长到 66.6 万人次，累计回国人数达到 332.55 万人次，详见图 18。

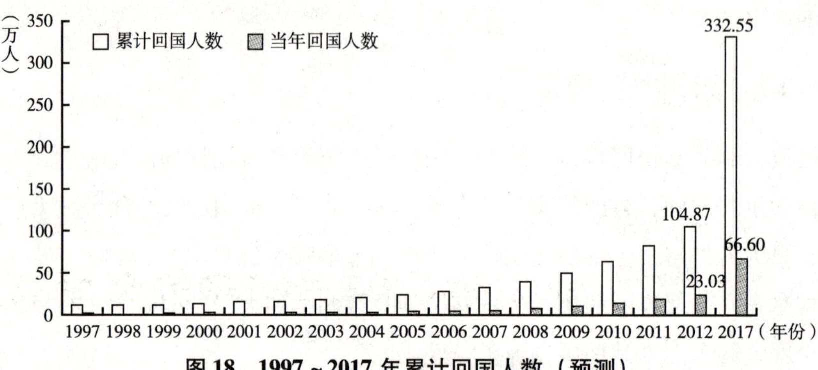

图 18　1997～2017 年累计回国人数（预测）

资料来源：1997～2010 年数据来源于《中国统计年鉴 2010》；2011 年数据来源于教育部公布的《2011 年度我国出国留学人员情况统计》；2012 年、2017 年数据是根据 2000～2011 年海外留学生回归人数的年均增长率 23.66% 估算。

区 域 篇

Regional Report

B.2

中国赴北美热门留学国家的留学现状

摘 要： 中国是美国和加拿大的最大留学生生源国。近两年来，奔赴美加留学的中国学生急剧增长，每年人数分别在2万~3万，增长率都在20%以上。中国学生赴美加留学以攻读硕士学位为主，工商管理学是最热门的专业。美国和加拿大世界一流的高等教育是吸引中国学生前往留学的最重要原因。经济发达、技术水平先进和移民便利，也是中国学生选择美加留学的重要原因。而近年来不断优化的留学政策使得美国和加拿大在中国学生眼中更具吸引力。

关键词： 留学美国　留学加拿大　现状　留学新政策

一 中国赴美国、加拿大的留学概况

（一）中国连续两年超过印度成美国留学生第一大生源国

近几年中国赴美国留学人数激增，成为美国第一国际生源国。中美两国建交以来，美国成为中国开展教育对外交流最重要的国家。过去30年中，中国各类公派赴美留学人员约占公派体系内的一半以上。2008年，中国在美留学生总数为81127人，比2007年增长了13404人，2009年的人数增长了21.1%，在美留学生人数达98235人。2010年较之2009年增长了30.0%，在美留学人数达127628名。当年中国在美留学生总数首次超过印度，成为美国大学第一大国际生源地。2011年在美留学生总数为157558人，占美国全部留学生总数的22%以上（见表1）。

表1　2006～2011年中国在美留学人数情况

单位：人，%

年份	在校人数	增加人数	年增长率	在美学生来源国排名
2006	62583	—	1.3	2
2007	67723	5140	8.2	2
2008	81127	13404	19.8	1
2009	98235	17108	21.1	1
2010	127628	29393	30.0	1
2011	157558	29930	23.3	1

资料来源：美国国际教育协会（IIE）发布的《2011美国门户开放报告》。

《2011美国门户开放报告》显示，2011年中国留美的学生仍以读研究生为主，达到76830人，占2011年我国留美人数的48.8%，较2010年增长16%；本科生为56976人，占36.5%，较2010年增长43%。

（二）中国留学加拿大人数稳中有升

中国是加拿大最大的留学生源国，近年来中国学生留学加拿大的人数持续增长。1998年中国到加拿大的留学生只有1000多人，2007～2008年，中国赴加拿大留学人数出现较大幅度增长，从9453人增至13695人。据加拿大统计局公布的数据显示，2010年世界各国进入加拿大的留学生总人数为95236人，2011年为98378人，与2010年留学生人数接近，但中国留学生的人数增长明显，由2010年的17718人增加至2011年的21812人，人数增长23.1%，占加拿大留学生总数的比例也有所提升，从18.6%上升至22.2%，上升了3.6个百分点。2011年中国留学生在加拿大所有学生中位列首位，印度和韩国以11988人和8175人继续维持在留学生人数的第二和第三位。截至2010年，中国在加留学生数量为56906人，详见表2。

表 2　2006～2011 年中国赴加及在加留学人数

单位：人，%

年份	赴加留学人数	年增长率	在加留学人数	年增长率
2006	9126	—	39775	—
2007	9453	3.58	41044	3.1
2008	13695	44.87	42124	2.6
2009	16010	16.90	49907	18.4
2010	17718	10.67	56906	14.0
2011	21812	23.11	—	—

资料来源：中国教育在线－2011 出国留学趋势调查报告、加拿大国家统计局公布数据。

二　中国本科毕业生赴美国、加拿大留学的调查情况

（一）工商管理学成为留学美国、加拿大的热门专业

2010 届赴美国、加拿大留学的本科毕业生选择就读研究生专业意向，40.7% 选择工商管理学，其次是工程科学，占 19.7%，其他为工程技术 5.6%、教育学 5.1%、计算机与信息科学 4.3%，详见图 1。2011 届赴美国、加拿大留学统计数据显示，选择工商管理学比例略有下降，但仍占 34.4%；工程科学仅上涨 1.1%，数学与统计学（7.5%）、社会科学（4.8%）为新入围 5 项排名最多的专业，详见图 2。可见，随着社会发展，专业选择逐渐趋于多元化、多样化，但由于传统专业对就业仍然有一定的影响力，工商管理学仍然是目前选择的最热门专业。

（二）绝大多数以硕士研究生为学历目标

2010 届、2011 届赴美国、加拿大留学的本科毕业生选择以硕士研究生为学历目标的占 2/3 以上，分别为 73% 和 68%。博士、MBA 分别位居其次，但比例明显低于硕士，详见图 3。

（三）教育质量高成为选择美国、加拿大留学的主要理由

从 2010 届、2011 届赴美国、加拿大留学的本科毕业生选择的留学理由统计数

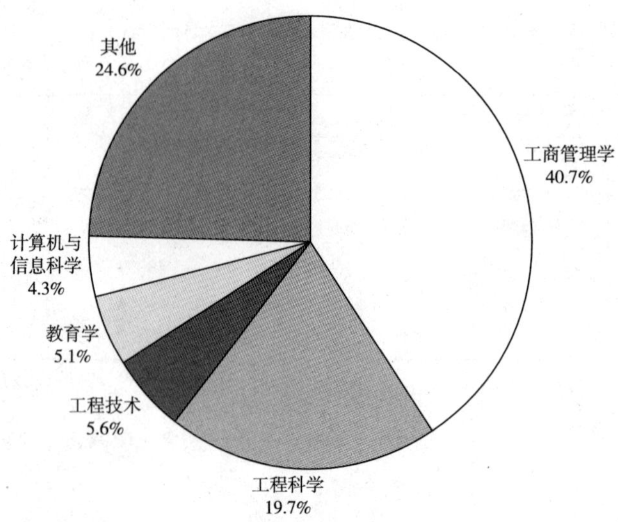

图1　2010届赴美国、加拿大留学的本科毕业生选择最多的5项研究生专业类别对比

资料来源：麦可思－中国2010届大学毕业生社会需求与培养质量调查。

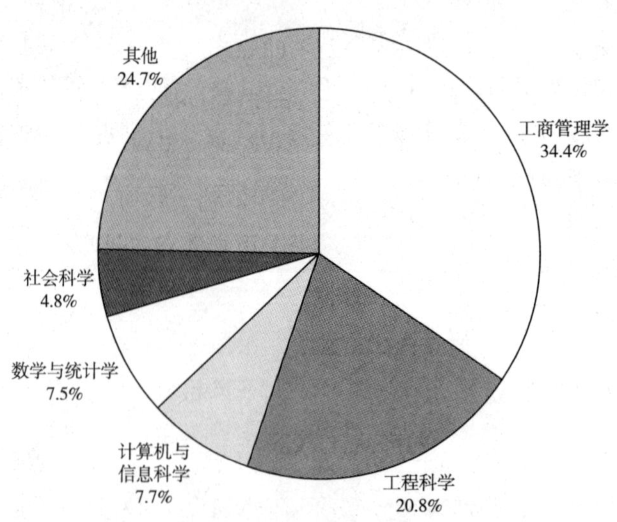

图2　2011届赴美国、加拿大留学的本科毕业生选择最多的5项研究生专业类别对比

资料来源：麦可思－中国2011届大学毕业生社会需求与培养质量调查。

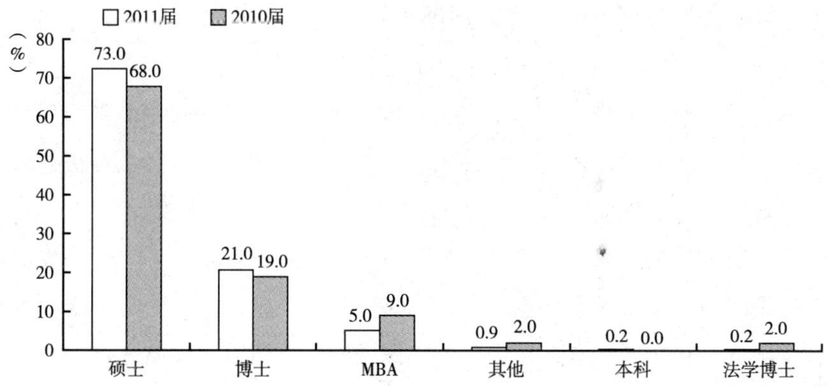

图 3　2010 届、2011 届本科毕业生赴美国、加拿大留学的学历目标

注：图中小于 1% 的数字保留一位小数点，故加起来可能不等于 100%；此处博士指学术博士。

资料来源：麦可思 – 中国 2010、2011 届大学毕业生社会需求与培养质量调查。

据来看，“该国研究生整体教育质量好”成为绝大多数选择留学目的国的理由，分别占了 86% 和 89%。很显然，“容易拿到资助”、“费用较低”、“移民便利”对大多数中国学生来说不太现实，加起来占不到 15% 的比例，具体数据详见图 4。

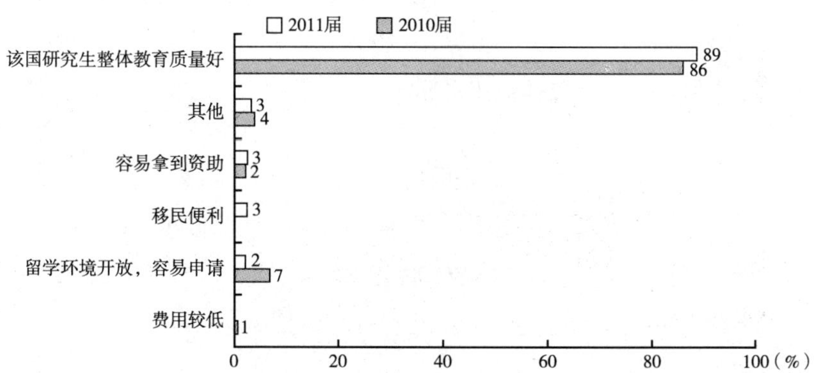

图 4　2010、2011 届本科毕业生选择赴美国、加拿大留学的理由

注：图中小于 1% 的数字保留一位小数点，故加起来可能不等于 100%；

资料来源：麦可思 – 中国 2010、2011 届大学毕业生社会需求与培养质量调查。

2008 年以来，美国金融危机逐渐加深，人民币对外币大幅升值，而留美热潮却进一步加速。如表 1 所示，2009 ~ 2011 年，中国赴美国留学人数年增长率均为 21% 以上。许多学生把美国作为第一留学目的国，有诸多的考虑因素：（1）美国有着世界领先的教育质量；（2）美国教育体制多样性和灵活性，有利于培养学生独特的个性和创新能力；（3）美国留学生在就业方面颇具竞争力；（4）美元持续贬值，留学费用下降，被越来越多的家长所接受；（5）2005年起，美国政府放宽学生签证政策，美国院校也加大了在中国的招生力度，提供的优惠政策也较以往更具吸引力。因此2012年又将是留学美国的一个新热潮。

同样，我国赴加拿大学生人数之所以能够保持快速增长，也有一些客观因素：首先是因为加拿大大学在世界名列前茅，92所公立大学提供了国际生高质量的教育服务；其次，加拿大作为一个移民国家，其所有的加拿大公民里，每六个人里就有一个是国外移民，其在文化上具有较强的包容性，给留学生提供了和谐安全的学习环境。

（四）期望"学习先进知识和技能"成为主流

2010届赴美国、加拿大留学的本科毕业生，留学的最主要理由是"学习先进的知识和技能"（30%），其次是"增强职业综合竞争力"、"接受先进的教育方式"（均为23%），"增加见识，了解他国文化"以及"去国外就业和长期居住"的依次排后。2011届调查结果与上年相同，"学习先进的知识和技能"占31.7%，比上年略有上升，而"增强职业综合竞争力"、"接受先进的教育方式"依次为22.8%和22.3%，具体数据见图5。

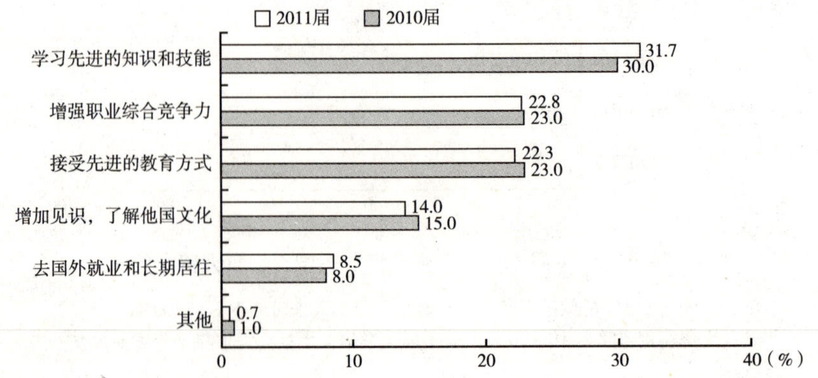

图5　2010、2011届选择赴美国、加拿大留学的本科毕业生留学期望

注：图中小于1%的数字保留一位小数点，故加起来可能不等于100%；

资料来源：麦可思－中国2010、2011届大学毕业生社会需求与培养质量调查。

（五）依靠家庭资助是留学最主要的经济来源

如图6所示，2010届本科毕业生留学的最主要经济来源是依靠“父母、亲友资助”（84%），其他经济来源（“依靠国外大学或外国机构资助”、“依靠国外打工收入”、“中国政府、高校或其他机构资助”、“银行留学贷款”）约占15%左右。2011届本科毕业生留学的最主要经济来源依然是依靠“父母、亲友资助”（85%），与上年几乎持平，来自大学或相关机构资助的比例较小。

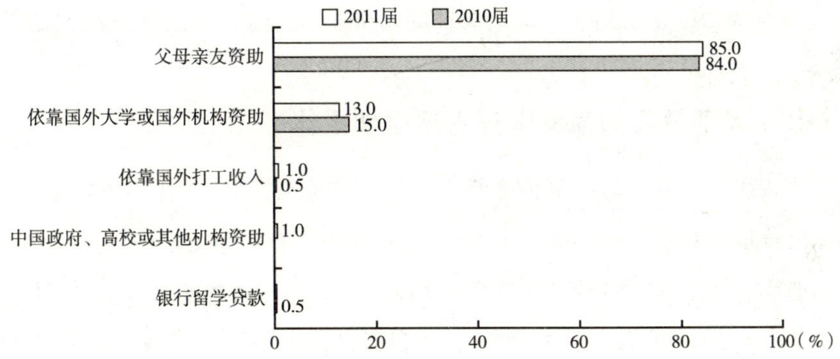

图6　2010、2011届本科毕业生赴美国、加拿大留学的首要经济来源

注：图中小于1%的数字保留一位小数点，故加起来可能不等于100%；

资料来源：麦可思－中国2010、2011届大学毕业生社会需求与培养质量调查。

（六）国外大学网站是获取留学信息的第一渠道

如图7所示，2011届出国留学的本科毕业生，主要通过“国外大学网站”（42%）获得留学信息，其次是“国内的留学中介机构”（26%）。对比2010届及2011届被调查的中国赴美国、加拿大的本科毕业生，其获得留学信息的最主要渠道是通过“国外大学网站”，其次是“国内的留学中介机构”、“中国的留学网站”。可见，留学本科毕业生获取留学信息渠道更加独立，不完全依赖“国内的留学中介机构”第三方提供的服务。

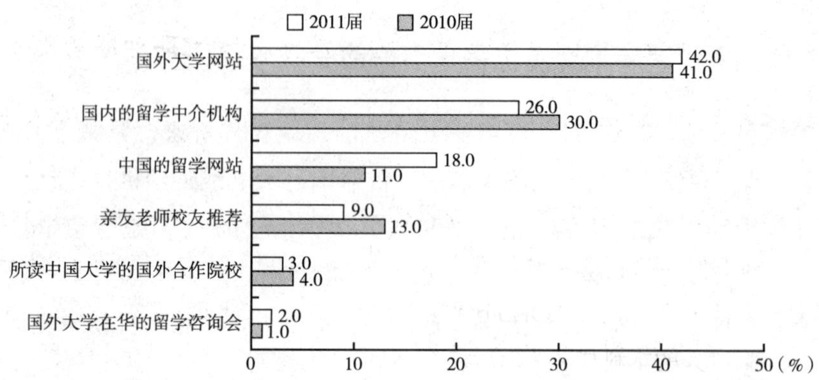

图7　2010、2011届本科毕业生选择赴美国、加拿大留学的首要信息渠道

资料来源：麦可思－中国2010、2011届大学毕业生社会需求与培养质量调查。

（七）大学教育的家庭背景占据留学主体

根据麦可思2010、2011届调查结果显示，赴美国、加拿大留学的中国本科毕业生家庭背景主要集中在具有大学家庭教育背景的群体。如图8所示，2010届赴美国、加拿大留学的本科毕业生中，77%的人其父母最高教育水平为大学或研究生，18%的人其父母最高教育水平为高中，而来自初中及以下教育水平家庭的人群比例最小（5%）。2011届赴美国、加拿大留学的本科毕业生中，父母最高教育水平为大学的比例仍占主体（57%），研究生与高中为父母最高教育水平的比例基本持平，分别为19.4%和19.2%，来自初中及以下教育水平家庭的人群比例（4%）仍为最低。

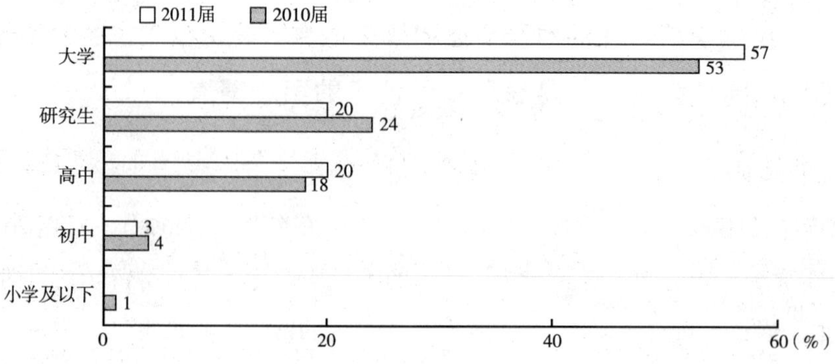

图8　2010、2011届本科毕业生选择赴美国、加拿大留学的家庭教育背景

资料来源：麦可思－中国2010届大学毕业生社会需求与培养质量调查。

（八）半数以上赴美、加留学的本科毕业生家庭职业属管理阶层

2010 届赴美、加留学的本科毕业生中，84% 的人来自管理阶层与专业人员的家庭，是其他家庭职业阶层（产业与服务业员工、无业与退休、农民与农民工）出身人群的 5. 25 倍。对比 2011 届赴美、加留学的本科毕业生，其家庭职业阶层中，来自管理阶层的家庭仍占半数以上，86% 的人集中在管理阶层与专业人员家庭，其他家庭职业阶层所占比例仅为 14%，与 2010 届基本一致。可见，留学美国、加拿大的本科毕业生家庭教育背景及职业阶层比较集中，且群体分布基本保持稳定（见图 9）。

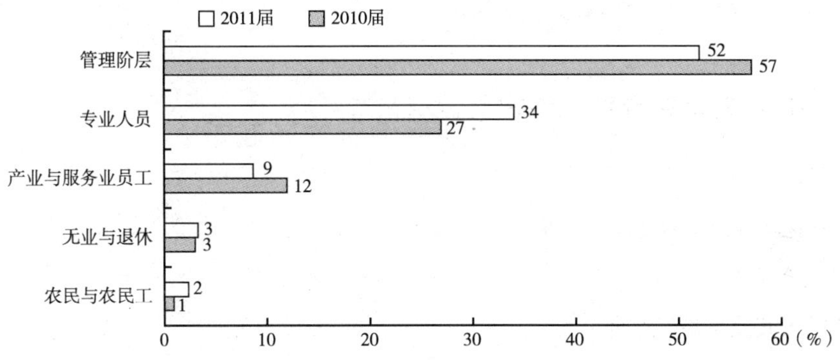

图 9　2010、2011 届选择赴美国、加拿大留学的本科毕业生家庭职业阶层

资料来源：麦可思 – 中国 2010、2011 届大学毕业生社会需求与培养质量调查。

（九）留学美、加的本科毕业留学生留在国外短期工作的意愿强烈

在对留学本科毕业生回国意愿的调查中，明确愿意毕业后直接回国工作的不足 1/5。如图 10 所示，2010 届赴美、加留学的本科毕业生中，43% 的人表示愿意“留在国外短期工作”，仅 16% 的人表示愿意留学后“回到中国来工作”；2011 届赴美、加留学的本科毕业生中，愿意“留在国外短期工作”比例增加了 6. 7%，而愿意回国就业的仍为 17. 7%，同上年相差甚微。此外，有 1/5 以上的留学生并不确定将来的去向，持观望态度。分析可见，北美热门留学国家因其经济发达，各项硬件设施健全，并且拥有配套的移民政策及吸引海外留学人才策略，因此，使得留学这些国家的留学生们愿意接受并学习体验实际工作，以便将来更好地发展。

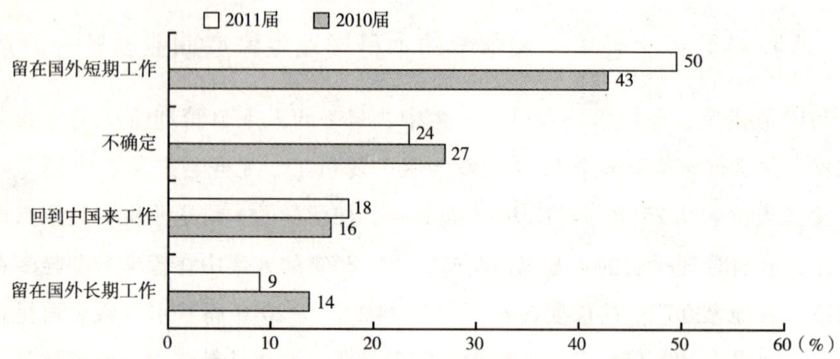

图 10　2010、2011 届选择赴美国、加拿大留学的本科毕业生留学后的回国意愿

资料来源：麦可思－中国 2010、2011 届大学毕业生社会需求与培养质量调查。

三　美国、加拿大留学新政策

（一）美国留学新政策

2011 年中国赴美国留学人数没有受到金融危机的影响而有所下降，同期增长了近 23%，而美国的各大院校也相应加大了招生的力度，在留学的政策方面也更加具有吸引力。①

2011 年，美国移民执法局（ICE）扩大可延长实习期限的外国留学生范围，除了以往的科学、技术、工程、数学四个领域外，2011 年又新增农业学、牧学、心理学、动物学、灌溉科学、食品科学、教育学等领域，涉及 50 个专业，并且此类专业的毕业生可在美国实习长达 29 个月。这对于想去美国留学的学生来说无疑增加了就业机会，将吸引更多优秀人才到美国深造。

（二）加拿大留学政策放宽优势更突出

1. SDS 计划放宽留学门槛

加拿大为吸引更多的留学生，出台了各种利好的签证政策以及移民政策。

① 《明年美国留学政策抢先看》，http：//www. wiseway. com. cn/liuxuerexun/meiguo/23430. html，2011 年 11 月 10 日。

2012 年 4 月 28 日，加拿大驻北京领事馆新颁布了一项留学生附加签证政策——SDS（Study Direct Stream），即学习直入计划，以取代及优化原来的资金简化计划（GIC）。相比较之前的 GIC 计划，主要有以下几个方面的变化：增加承认的语言成绩种类，放宽录取通知书的要求。由原来只允许雅思达到 6 分的学生申请，增加承认法语 TEF 成绩（达到 B2/Level 4 即可）及拥有在华加拿大海外高中学历的学生语言能力，无需他们额外提供语言成绩。另外，新规定还放宽对录取通知书的要求，不再只接受直接入读专业课的录取通知书，有条件录取通知书（即双录取或预备课录取）也被纳入可申请的条件内。

2. 新工作政策促进留学生就业

工作政策利好促进留学生在加就业。加拿大政府欢迎更多留学生来加拿大，并希望他们留在加拿大。① 加拿大移民部部长在 2012 年 4 月 18 日宣布了以下有关留学生在加拿大工作政策的最新决定。

（1）在公立大学和学院学习的留学生，在学习期间，可在校园外打工（以前是只能在校园内工作）。据可靠消息来源，此项新政策从 2012 年 5 月 3 日正式开始实行，学生打工的时限是每周 20 小时。

（2）留学生在加拿大大学完成学位后，可在加拿大合法工作两年（以前是一年）。这将大大有利于那些希望移民加拿大或获得更多外国工作经验的学生，从中也可以看出加拿大政府移民政策进一步开放的态度。

（3）留学生从一所加拿大大学或学院转到另一所加拿大大学或学院，不再需要重新申请学生签证。转学就此变得更加容易，至少不用再去办那些麻烦的手续了。

（4）在中学读书的留学生，可获取比以前更长的学生签证。应该说，加拿大政府对于中学生留学的态度，有了更好的改变，已经从几年前的拒绝变为现在的鼓励。

① 出国留学网：《关于留学生在加拿大工作的最新政策》，http：//www.liuxue86.com，2012 年 6 月 18 日。

B.3
中国赴欧洲热门留学国家的留学现状

摘　要：在留学热浪潮中，赴欧洲的英国和法国留学人数也迅速增加。自2006年以来，赴法国留学的中国学生每年递增20%～30%，英国近年也达到10%。良好的高等教育和开放的留学环境使英国和法国备受中国学生青睐。同北美国家一样，大多数学生赴英法攻读的是硕士学位，商科和经济类专业是最热门的专业。但是，由于留学生就业政策严格，就业状况不甚理想，有半数以上的留学生都选择回国工作。本文从中国留学生赴英、法留学现状，留学英、法的理由以及两国相关留学政策这三个方面介绍留学英、法的情况。

关键词：英国留学　法国留学　热门专业　知名大学　留学理由

一　中国赴英国的留学现状

（一）中国学生留学英国概况

1. 赴英国留学人数增长快速，中国成英国第一海外生源国

世界各国赴英国留学人数增长迅速。据英国高等教育统计局的数据显示，2006～2010年，英国海外学生数量大幅增长32%，2011年英国校园内的海外学生超过40万。[①] 尽管英国政府不断收紧欧盟以外海外学生签证的发放，但赴英国留学的海外学生增长势头仍持续不减，海外学生的增长幅度远超过英国本土学

---

① 教育中国：《国际学生赴英国留学人数持续增长》，http：//www.china.com.cn/education/2011－09/29/content_23514703.htm，2011年9月。

生。近5年来，英国本土本科学生小幅增加5%，而就读相应学历的海外学生增幅达27%之多；本土研究生增加近9%，而海外学生增幅高达37%。①

2011年，英国（本文所述的英国指大不列颠及北爱尔兰地区）国际留学生总数为42.8万人，占总学生人数的17%；如图1所示，英国留学生主要分布在英格兰。英格兰拥有国际学3.5万人，占当地学生总数的17%。

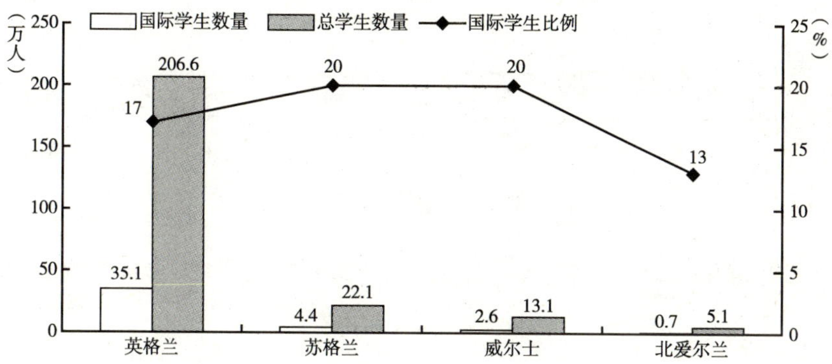

图1　2011年大不列颠及北爱尔兰地区各个国家接收留学生情况

资料来源：UK Council for International Student Affaires。

中国赴英国留学人数增长快速。1998年中国在英留学人数为2003人，到2006年中国在英国留学人数超过2万，是1998年的10倍多；2009~2010学年在英国高等教育院校学习的中国大陆学生人数已达60705人，中国赴英国留学的人数在过去五年里增长了2倍多。2011年，在英中国大陆留学生为67325人，②比2010年增长了10.9%。

中国成英国第一海外生源国。根据英国文化教育协会（British Council）2012年2月29日发布的公告，2011年超过90000名中国学生在英国求学，约占英国大学全部44.5万名国际学生的1/5。在众多生源国中，中国排在第一位，已经成为英国最大的留学生源国。③ 图2是非欧盟生源国2010年和2011年在英国留

① 中国新闻网：《签证紧缩增势不减，英国海外人数五年增长32%》，http：//www.chinapn.com/onticle-242029-1.html，2011年9月26日。

② 教育中国：《国际学生赴英国留学人数持续增长》，http：//www.china.com.cn/education/2011-09/29/content_23514703.htm，2011年9月。

③ 中国新闻网：《中国留英学生去年猛增两成，学生签证通过率逾九成》，http：//www.chinanews.com/lxsh/2012/03-05/3717784.shtml，2012年3月。

学生对比，从图中可得知，中国在过去一年内赴英国留学生增长迅速，其他国家并未有太多变化。

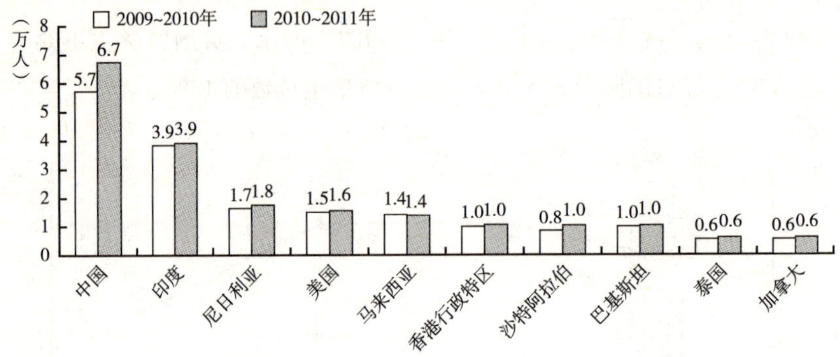

图2　英国外国留学生生源国（非欧盟）前十位（2010年和2011年留学生对比）

资料来源：英国国际学生理事会。

2. 留学专业以商科和社科为主，硕士学历受青睐

中国留英学生首选的专业为工商管理，占总数的49%。[①] 其次为理工科（工程类建筑类专业）、IT专业，所占比例为27%。此数据与2008年英国文化协会提供的专业分布情况相近，当年中国学生在英国学习的课程主要集中在商科（如工商管理）、理工科（工程类专业）、IT专业。其中，管理、商务、金融和工商管理相关专业占49%，应用科学和工程技术占20%，计算机和信息技术占7%。近年来也有越来越多的学生选择文科专业。得益于英国发达的媒体行业，不少中国学生选择赴英攻读媒体与国际交流专业，同时，国际政治、历史等文科专业也收到越来越多留学生的青睐。

本科毕业生赴英国留学主要就读硕士学历。2011届赴英国留学的大部分学生申请的学位是硕士（93%），博士占少数（5%），其他类型则更少。

根据英国国际学生理事会的数据，工商管理、工程与技术、社会研究是国际学生选择英国留学时的最青睐的专业，分别占当地学生总人数的35%、33%和17%。由图3可以看出，工商管理、工程与技术、社会研究、计算机技术和医药科学是国际留学生最多的学科。

① 麦可思－中国2011届大学毕业生社会需求与培养质量调查。

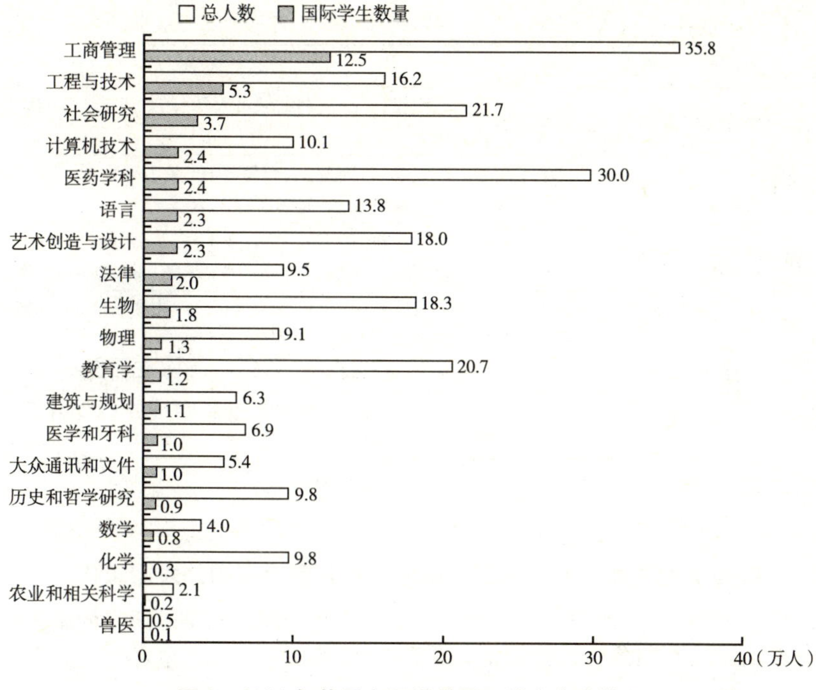

图 3 2011 年英国主要学科国际学生分布情况

资料来源：英国国际学生理事会。

对于赴英国留学的学生来说，除了热门的经济管理专业外，英国自身也有其特色的专业和享誉国际的大学，如谢菲尔德大学、爱丁堡大学的建筑学、剑桥大学、爱丁堡大学的计算机专业等。具体的专业和代表性大学介绍参见表 1。

表 1 英国留学热门专业及代表大学

热门专业	特点	代表性大学
建筑学	国际声誉和地位极高	谢菲尔德大学、爱丁堡大学、曼彻斯特大学、女王大学贝尔法斯特、利兹城市大学、卡迪夫大学
教育学	实力强大	布里斯托、谢菲尔德、剑桥、华威大学、莱斯特、利兹城市、埃克塞特、加的夫、巴斯、国王学院、龙骨、邓迪大学、金史密斯学院
计算机与 IT	国内需求大	剑桥、纽约、因佩里亚学院、布里斯托、华威大学、牛津大学、圣安德鲁斯、爱丁堡、南安普敦大学、萨里、诺丁汉、苏塞克斯、英国伦敦大学学院
旅　游	旅游休闲运动管理专业有名	谢菲尔德大学、埃克赛特大学等、利兹城市大学、谢菲尔德哈勒姆大学
医　学	—	曼彻斯特大学

续表

热门专业	特点	代表性大学
艺术与设计	在英国教育中分量很重	伯明翰艺术设计学院、利兹城市大学、诺森比亚大学、诺丁汉特伦特大学
电　子	国际声誉突出	南安普敦大学、帝国理工、布里斯托、爱丁堡大学、谢菲尔德大学及贝尔法斯特大学、曼彻斯特大学
法　律	—	剑桥、牛津、杜伦、诺丁汉大学、爱丁堡、伦敦、斯特拉斯克莱德、曼彻斯特、伦敦大学亚非学院、国王学院、布里斯托尔、邓迪
商　科	金融、管理、会计等资历高	诺丁汉、巴斯、杜伦、约克、圣安德鲁斯、南安普顿、曼彻斯特、贝尔法斯特皇后、兰开斯特
传　媒	培养逆向思维能力	拉夫堡大学、斯特灵大学、金史密斯学院、谢菲尔德大学
工程学	传统选择方向	布里斯托大学、谢菲尔德大学、曼彻斯特大学（曼大理工）、南安普敦大学、帝国理工等

资料来源：《英国大学热门专业汇总》，美加百利，2012 年 6 月。

3. 六成留学生预计学成后归国，接近 1/4 有意留在国外短期工作

根据麦可思对中国 2010 ~ 2011 届本科毕业生社会需求与培养质量的调查，赴英国留学的本科毕业生中，60% 的留学生有意在学业完成后回国工作，有超过 1/5 的人选择先在国外工作一段时间，只有 2% 的人打算长期居住英国生活工作，详见图 4。

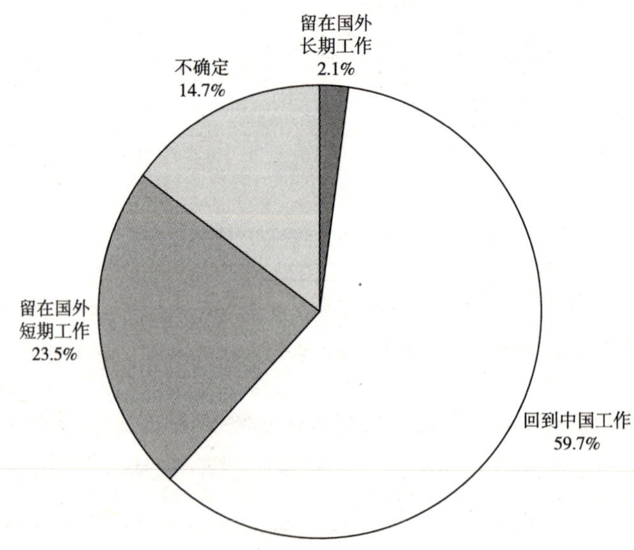

图 4　2011 届选择赴英国留学的本科毕业生留学后的去向意愿分布

资料来源：麦可思－中国 2011 届大学毕业生社会需求与培养质量调查。

（二）中国学生留学英国的主要原因及障碍

1. 高质量的高等教育成为赴英国留学的最主要原因

我国学生选择去英国的首要原因包括：英国教育资源丰富、学术背景深厚、教学精益求精。在此教育背景下，英国科研实力世界有目共睹，获得了世界范围内认可的科学奖项中的10%，并在过去的50年中产生了67位诺贝尔奖获得者。其教育不仅秉承了严谨和传统的历史，同时又容纳了很多创新方法和思维。因为高质的金字招牌，英国高校所颁发的学历一般都能获得全世界的认可，因此也广受留学生青睐。

根据麦可思 2011 年对赴英国留学的本科毕业生的调查，良好的教育质量（67%）和开放的留学政策（22%）是我国学生选择赴英国留学的主要理由，选择比例占 89%，详见图 5。

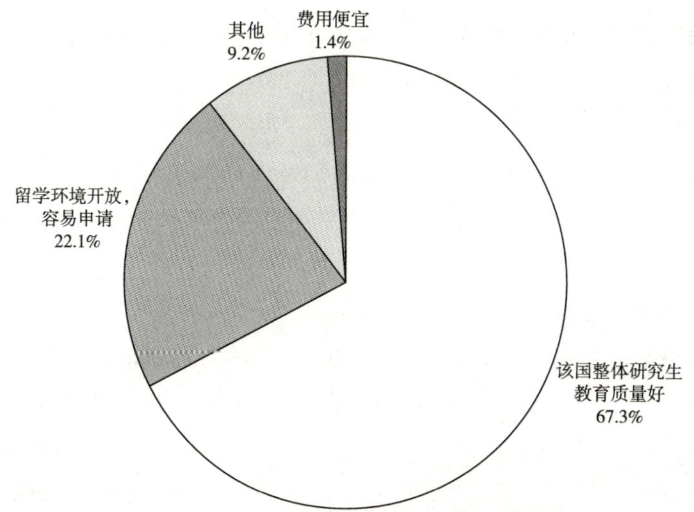

图 5　2011 届本科毕业生选择赴英国留学的理由分布

资料来源：麦可思 – 中国 2011 届大学毕业生社会需求与培养质量调查。

对于赴英国留学的个人动机，根据麦可思对 2011 届大学生的调查，增强职业综合竞争力（36%）和增加见识、了解英国文化（25%）是选择去英国留学的最主要的动机，而想要接受英国先进的教育方式（21%）也是留学生去英国的一大理由，详见图 6。

2. 学制短，投入产出比高

英国的大学学制比较短，一般为大学 3 年，硕士研究生 1 年，博士 3 ~4 年。

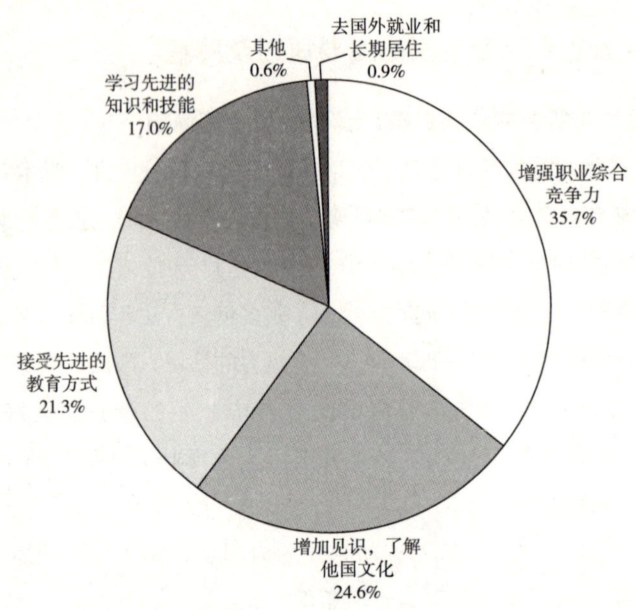

图 6　2011 届选择赴英国留学的本科毕业生留学的个人动机分布

资料来源：麦可思－中国 2011 届大学毕业生社会需求与培养质量调查。

虽然英国学费、生活费较为昂贵，但由于学制较短，总的留学花费仍然有一定的竞争力。

3. 英国在中国的教育推广工作很成功

英国政府的高层领导人亲赴各国，在开展外交活动的同时大力宣传、推介英国的高等教育，吸引各国潜在生源。2005 年，时任英国财政大臣的布朗在访华时说："我要做的是进一步加强双方在已有领域的合作，一是金融服务，二是教育合作，在教育方面中英两国目前的合作是历史上前所未有的。"他在北京访问的 9 个地方中有两个与教育有关。他表示，海外教育市场未来将给英国带来每年超过 20 亿英镑的经济收益。2006 年，伦敦市长访问北京和上海期间，伦敦多所高校校长一同来华，他们都希望能吸引更多中国学子到伦敦学习。①

近年来，英国文化协会进一步加大了在中国推介英国教育品牌的宣传力度。仅 2008 年，英国文化协会就举办了教育展和校园讲座等英国教育宣传活动 350 多场，足迹遍布了中国的 37 个城市。同年，英国文化协会还协助 104 所英国高

① 王辉耀：《中国留学人才发展报告》，机械工业出版社，2009。

校在中国建立了伙伴学校关系，使中英伙伴学校达到544对，即有1088所中英院校互结伙伴。2009年5月，英国举办了为期一年的“体验2009中英国际教育节”大型活动，以此加深中英两国学生、家长、学者、媒体、企业家、科研机构和政府之间在教育方面的相互了解。通过这些活动，更多的中国学生获得了赴英留学的信息，从而使得英国成为众多学生出国的目的地。

4. 高额费用使留学难度增加

去英国留学年均花费较高。包含生活费和学费，公立高中每年10~15万元，私立高中每年20万~35万元，本科留学每年15万~20万元，研究生20万~30万元。①

对于将要去英国留学的人来说，留学费用是一大考虑因素。根据麦可思2011年对赴英国留学本科生的调查，99.4%的留学生都是自费，靠家里资助，0.3%的留学生靠留学贷款支持完成学业，可见英国的留学费用并不低廉，靠打工并不能完全应对，或者打工机会并不普遍。

其次，支持赴英国留学的家庭3/4以上是中产阶级以上，普通家庭的学生去英国有一定的难度，见图7。

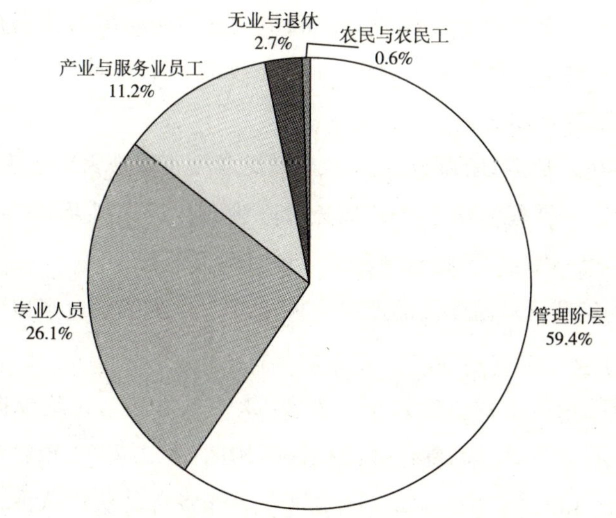

图7　2011届本科生留学英国家庭职业分布

资料来源：麦可思－中国2011届大学毕业生社会需求与培养质量调查。

---

① 数据来源：笔者在英国的访谈。

（三）英国的留学新政策

英国签证通过率较高，2011 年学生签证通过率达到了 96%。但是英国的签证政策变动较为频繁，准备赴英的留学生需要及时关注签证信息。

2007 年，英国签证系统增加了电子生物指纹扫描技术。该技术的采用进一步保障了签证申请人的身份安全，在护照等身份证件丢失的情况下也不会被盗用身份，补办身份证件也比较容易。该技术采用后，申请人入境英国的时候有专门通道，赴英更加快捷。

2009 年初，英国开始实行新的计点积分制签证申请系统。在这一新的透明签证系统下，学生只需证明他们已被由英国边境管理署认可的教育机构录取，并有能力担负其留英期间的学习和生活费用，得到相应的分数即可获得签证。

2011 年，英国出台了下列签证政策。

（1）所有学习本科及以上阶段课程的学生都必须拥有中上的英语水平。申请大学将自行对学生的英语水平进行判断。

（2）在英国大学和公立继续教育学院学习的学生将继续他们在课余时间工作的权利，但其他学生将不可以工作。同时，英国政府将对专科院校学生及高中生的实习加以限制。

（3）只有在大学学习的研究生及政府资助学生可以带家属陪读。

（4）本科以下课程的学生签证最长时限为 3 年，本科及研究生课程则为 5 年，博士、医学、建筑学等特殊课程的签证时间可延长。

延续 2011 年英国对留学生的严格要求，2012 年英国出台了以下一些新的留学政策。

（1）担保院校需获得法定认证。从 2012 年 4 月起，为院校提供担保服务的担保机构必须是获得“高度信任的担保机构”，并在 2012 年底前被法定教育监察机构认证。据悉，大学和公立延续教育学院将自动获得认证，而私立学校则需要申请和审核。私立院校可以与获得资格并愿意承担相应责任的机构合作招生。

（2）对留学生的语言要求有所提高。学习本科及以上阶段课程的学生的语言能力必须拥有中上英语水平（雅思≥5.5），而且英国边境事务管理署将有权

拒绝在没有翻译的情况下，不能用英语交流（即不能满足所需最低要求）的学生入境。“英国边境事务管理署有权拒绝不能满足所需的最低要求的学生入境”的规定，有利于降低留学风险，保护学生利益。因为一个语言水平不能满足其日常交流需要的学生，在英国的生活是成问题的。在学术方面更不能保证他可以完成学业，拿到相应的毕业证书、学位证书。

（3）毕业后的工作签证政策。2008 年 6 月，英国政府规定，在英国留学的本科及以上学历的国际留学生，毕业后可申请获得毕业后工作签证（PSW Post - Study - Work）。有了这一签证，留学生毕业后可在英国本土从事两年的商业活动或工作。2012 年 4 月起英国政府取消了 PSW 签证。该签证取消后，获得学位的国际毕业生只有找到一份合法雇主提供的、最低年薪 20000 英镑的工作，才能获得 T2 工作签证而继续留在英国。

（4）大幅提高外国留学生的生活费用证明金额。赴英留学人员要了解在英国不同城市生活的最低生活费用标准，准备好足够的生活费用并出具合格的证明。英国生活费担保金的提高，是指由伦敦地区 800 英镑/月、非伦敦地区 600 英镑/月，提升到伦敦地区 1000 英镑/月、非伦敦地区 800 英镑/月。但由于英镑对人民币汇率持续偏低，生活费担保金的提高并不会给中国学生带来较大的负担。

二　中国赴法国的留学现状

（一）中国学生赴法留学概况

1. 法国成为世界第三大留学生接收国，中国赴法留学人数剧增

法国已经成为世界第三大接收国，其排名仅次于美国和英国。1999 年以前，法国以输出留学生为主；2001 年法国留学人数仅次于美国而居第二位。2005 年开始，法国为吸引国际留学采取了一系列措施，赴法留学的国际人数自此攀升，如图 8 所示。[①] 2010 年，美国国际留学生为 62.45 万人，英国为 34.18 万人，而

① 安延：《法国近年接受外国留学生的新情况及与其他国家的比较》，《原创地带——留学向导》，2005 年 5 月。

法国超越德国，成为世界第三大留学生接收国，总留学人数为24.34万。[①] 截至2011年底，有27.8万名外国学生在法国留学，占法国全体大学生的12%。

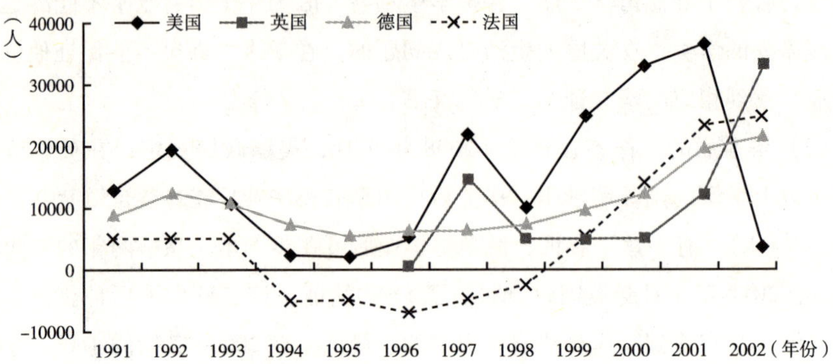

图8　四个国家1991~2002年外国留学生增长情况

资料来源：《法国近年接受外国留学生的新情况及与其他国家的比较》，《原创地带——留学向导》2005年5月。

2006年以来，法国接收中国留学生人数呈增长趋势，每年递增20%~30%。据法国教育服务中心2009年统计数据显示，2009年法国大使馆发放了接近1.5万个中国学生的签证，其中赴法留学生人数超过8000人。[②] 法国驻华大使馆高等教育合作项目主管、法国教育服务中心负责人史力克在接受采访时表示，在2010年有1.07万名中国学生到法国留学，而在2011年，共有超过1万名中国学生选择赴法深造。到2011年底，在法国留学的中国学生总数有3万名左右，预计2015年将达到5万人。[③]

2. 经济管理类专业成为首选，硕士为主要目标学历

如图9所示，根据麦可思2011年赴法本科生的调查结果，绝大部分的本科毕业赴法留学生以硕士为学历目标（86%），博士学位次之（8%）。

法国政府鼓励中国学生赴法学习各种学科，并尝试为他们提供更好的学习环境。近几年来，由于法国经济管理高等院校的知名度较高（在《时代金融》杂志上，法国的经济管理高等院校都是名列前茅），中国留学生很多会选择跟经济

---

① 联合国教科文组织：GLOBAL EDUCATION DEGEST 2010。

② 法国高等教育署网站，http：//www. chine. campusfrance. org/zh－hars。

③ 文新传媒：《中国赴法国留学生每年递增20%~30%》，2009年7月。

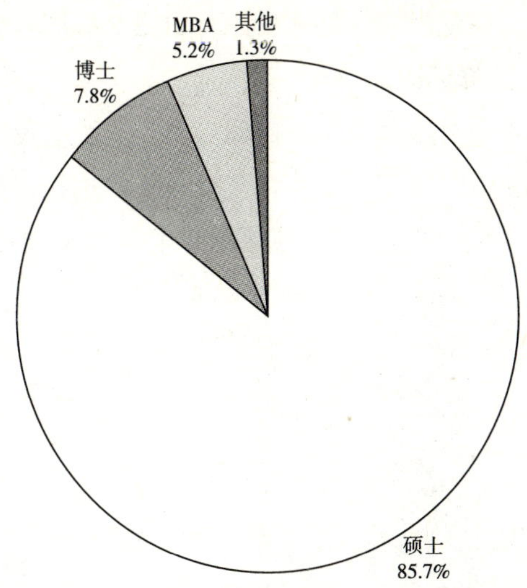

图 9　2011 届赴法国留学的本科毕业生的学历目标分布

资料来源：麦可思－中国 2011 届大学毕业生社会需求与培养质量调查。

管理方面相关的高等院校和大学。法国的高等专业院校规模并不庞大，但一般都会有一个较强大的网络，可以保证学生比较顺利地完成学业。

不管是法国的公立大学还是私立大学，中国学生选择最多的专业主要集中在经济、管理和理科类专业，其中，近一半的学生选择经济和管理类专业，1/4 的学生选择理科类专业。根据麦可思的调查，2011 届赴法国留学的本科毕业生选择最多的研究生专业分别是工商管理学（45.3%）、工程科学（9.3%）和计算机与信息科学（6.7%），见表 2。

表 2　2011 届赴法国留学的本科毕业生选择最多的 3 项研究生专业类

单位：%

研究生专业类	分布比例
工商管理学	45.3
工程科学	9.3
计算机与信息科学	6.7

注：个别专业因为样本不足，没有包括在内。

资料来源：麦可思－中国 2011 届大学毕业生社会需求与培养质量调查。

除了上述热门专业，法国在艺术这一领域也有着悠久的传统。艺术类的高等院校是有着极高水准的公立学校，学生在经过 3～5 年的培训后，将取得法国政府授予的文凭。此外，酒店管理、物流管理等也是法国国际化程度较高的专业。

3. 半数以上学生选择回国工作

图 10 是 2011 年本科赴法留学生的回国意愿，从图中我们可以了解：有一半以上（50.6%）选择回国工作，1/3 左右（32.5%）选择留在国外短期工作，还有接近 1/6 持不确定态度，只有 1.3% 明确表示打算长期留在国外工作。

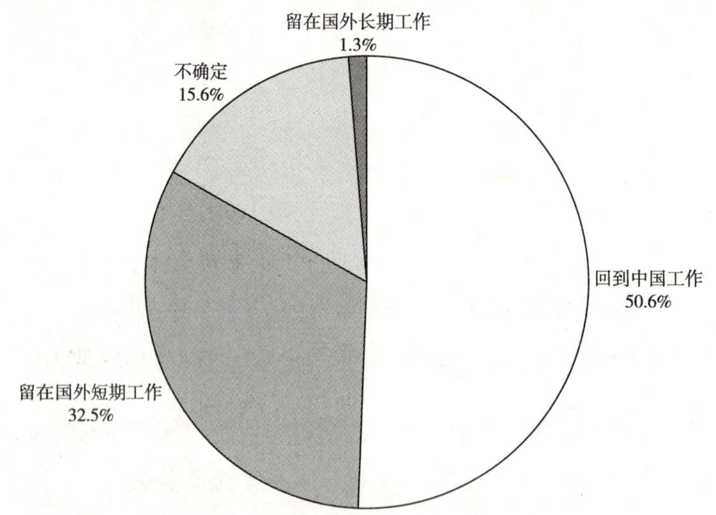

图 10　2011 届选择赴法国留学的本科毕业生留学后的去向意愿分布

资料来源：麦可思－中国 2011 届大学毕业生社会需求与培养质量调查。

4. 大部分留法学生拥有高学历家庭背景，留学经费以家庭资助为主

根据麦可思关于 2011 年赴法国留学的本科毕业生的家庭背景和留学经费来源的调查，85.9% 的留法学生，留学经费主要由家庭承担，7.7% 的学生依靠国外大学或机构资助，依靠中国政府、高校或个人在国外打工的比例比较低，分别占 3.8% 和 2.6%，详见图 11。

2011 届赴法留学的本科毕业生中，接近 2/3 的学生的父母有高等教育背景（本科及以上学历），接近 30% 的学生父母是高中学历背景，而家庭背景为初中及以下学历的仅占 5.6%，详见图 12。

其中，赴法留学本科生家庭职业背景主要分布特点是：管理阶层、专业人员和产业与服务业员工为三大类主要职业群体，分别占总数的 37.5%，30.6% 和 19.4%。此外，一小部分（6.9%）赴法留学本科生的家庭职业背景为农民和农民工，详见图 13。可见，赴法留学生家庭背景覆盖面较广，分布相对均匀。

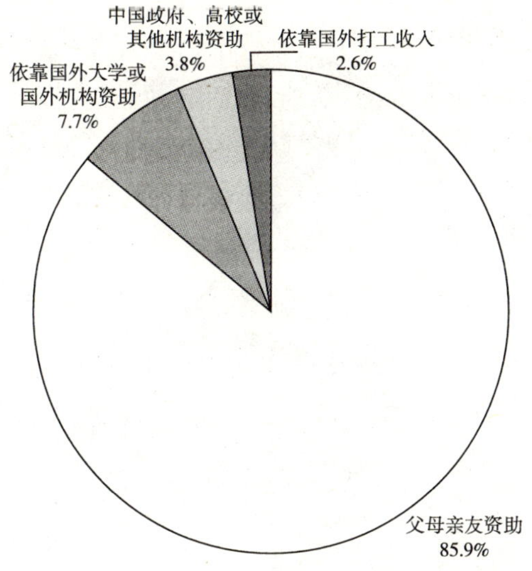

图 11　2011 届选择赴法国留学的本科毕业生经济来源分布

资料来源：麦可思－中国 2011 届大学毕业生社会需求与培养质量调查。

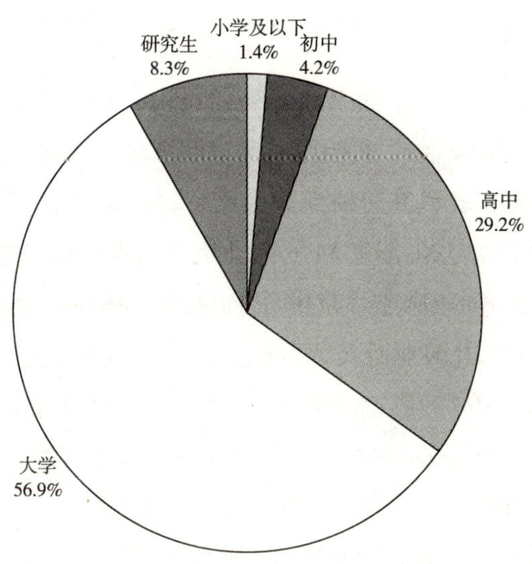

图 12　2011 届选择赴法国留学的本科毕业生家庭受教育程度分布

资料来源：麦可思－中国 2011 届大学毕业生社会需求与培养质量调查。

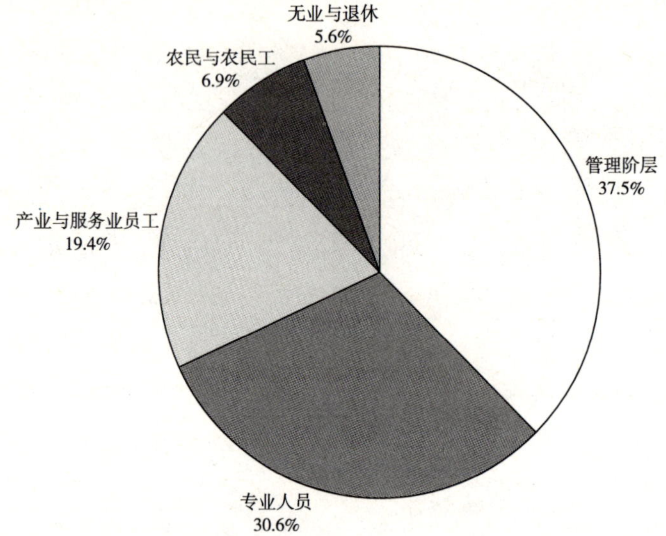

图 13　2011 届选择赴法国留学的本科毕业生家庭职业背景分布

资料来源：麦可思－中国 2011 届大学毕业生社会需求与培养质量调查。

（二）法国吸引中国留学生的主要优势

到法国留学有以下几个优势：（1）法国公立学校学费全免。除了注册费，其他费用由政府代为买单（私立学校除外）。（2）享受同法国公民同等的医疗保险。留学生在其他国家很难享受到这种福利。（3）学生住房享受政府补助。留学生每个月都会得到有关部门的房屋补助，其补助金额一般为 10% ～30%；如果是夫妻学生，最高可以达到 40% 的补助。（4）某些强项专业的优势，比如，法国服装设计专业的教育优势是不言而喻的。（5）安全的留学环境。法国人开放，有较高的素质和修养，待客友好。（6）去法国留学所需存款证明所存数额（大约 8 万元）①与英语国家相比也有很大差别（英国约需 50 万元）②。（7）留学生在法就业政策较为宽松。留学生赴法一年后就可以拿到工作准证，享受与法国人相同的待遇。工作三年后可以拿到长期居留证，相当于美国的

---

① 中华教育网：《2012 法国留学优势：法国留学担保金起点低，公立大学免学费》，http：//kaoshi. china. com/abroad/News/life/News－12－67－73978. html，2012 年 4 月。

② 大家网：《英国留学存款证明——去英国留学必须有 50 万元以上存款》，http：//www. topsage. com/english/2010/0226/abroad_ 42185. html，2010 年 2 月 26 日。

绿卡。①

根据麦可思的对2011年赴法本科留学生的情况调查，中国留学生选择法国留学的原因主要为：法国有良好的国际教育、开放的留学环境以及特色的学科专业。

1. 良好的国际教育是留学生及家长选择法国的主要原因

高校林立的欧洲国家中，法国凭借独特的留学优势脱颖而出：法国公立大学专业阶段目前仍然实行免费教育；法国的精英院校高等商学院的学费低廉，并且有些学校提供带薪实习的机会；此外法国政府在住宿及饮食等生活费用上给予适当补贴，这些都极大地缓解了中国工薪家庭向往留学欧洲却又担心负担过重的尴尬处境。

根据麦可思2010年9月到2011年4月的关于高中生出国的跟踪调查，法国主要由于其留学的费用低（53%）和教学质量好及可获得国内认可的学历（50%），成为高中生最理想的留学国家之一（排第五，前四名依次是美国、加拿大、澳大利亚和英国）。而根据麦可思对2011届大学本科生的社会需求和培养调查结果，良好的教育质量（39.7%）和低廉的费用（21.8%）则是本科生最主要的留法理由，详见图14。

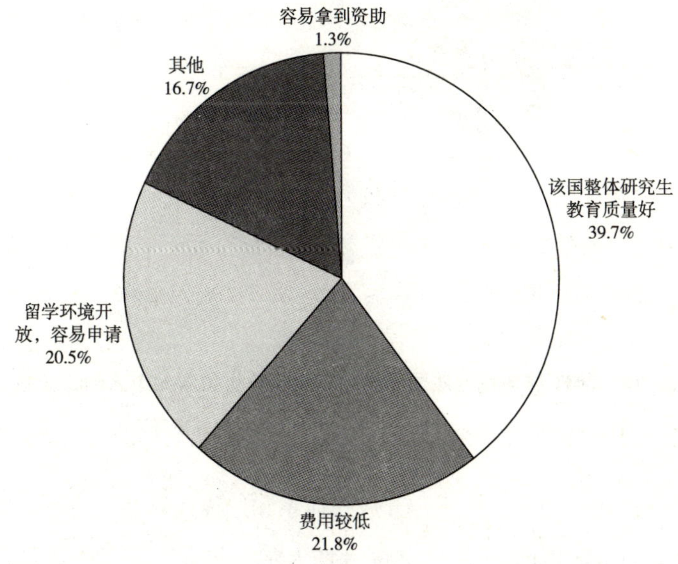

图14　2011届本科毕业生选择赴法国留学的理由分布

资料来源：麦可思－中国2011届大学毕业生社会需求与培养质量调查。

① 根据笔者的留学经验总结（2008～2011年）。

截至2012年初，法国共有87所综合性大学，240所工程师院校，200多所公立高等艺术学院，20所建筑学院，另外还有3000多所特色领域（社会工作、辅助医疗、旅游、体育、时尚、设计等）的高等专业学院。法国没有专门的大学入学考试，中学毕业会考文凭既代表中学教育的结束，也是学生可以接受高等教育的凭证。[①] 如图15所示，在2011届选择赴法国留学的本科毕业生中，认为在法国能够学习先进的知识和技能的学生占16.7%，认为在法国能接受先进教育方式的占14.1%，虽不及“增强职业综合竞争力”（35.9%）、“增加见识，了解他国文化”（29.5%）比例高，但也可见部分学生是慕法国教育质量之名而留法的。

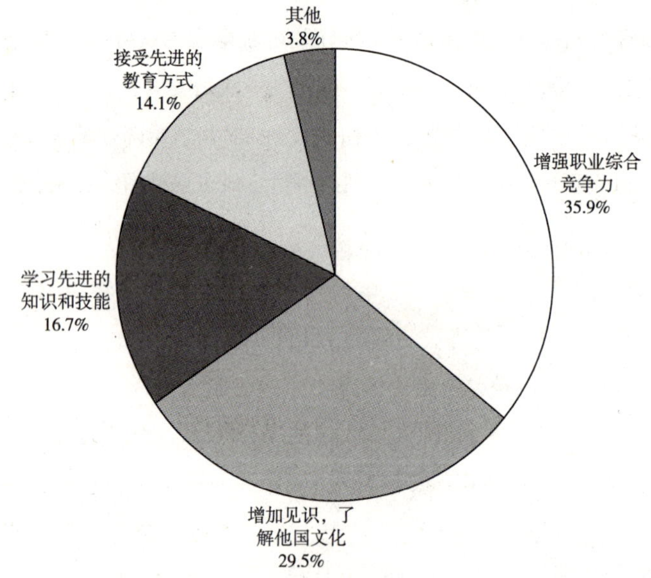

图15　2011届选择赴法国留学的本科毕业生留学的个人动机分布

资料来源：麦可思－中国2011届大学毕业生社会需求与培养质量调查。

法国高等教育分为两大体系：开放式体系和选拔式体系。开放式体系指的是综合性大学，目前法国的87所公立综合性大学，共有学生120余万名，是培养大学生的主要机构。[②] 选拔式体系主要包括高等专业学院（Grande Ecole），要进

① 搜狐网：《法国驻华使馆大使白林：法国留学的艺术之路》，http：//goabroad：sohu. com/20120310/0337310331. shtml。

② 周娟娟、张韦韦：《法国留学攻略：解读法国高等教育,》《留学生》2009年1月。

入这类院校，学生必须经两年预科学习后，参加淘汰性竞争录取入学，或经两年、三年或四年不等的高等教育学习后，凭学历证书（如选拔程序）录取就读。

选拔式体系还包括专业学校（Ecole Spécialisée），其学习内容涉及建筑设计、艺术、新闻、兽医学等，进入这类学校要经过激烈的竞争考试，学生完成学业后，可获得国家文凭或校颁文凭。学生毕业后可获得大学技术证书（DUT）。①

2. 开放的留学市场是吸引留学生的一大因素

由于法国政府一直非常重视本民族文化的保护，而且法国高教界对“高等教育市场”这一概念一直持怀疑和保留的态度，因而1998年以前法国政府没有从战略高度上认识到推广法国教育的重要性，所以并未明确制定出专门吸收外国留学生的宣传政策和措施。经历了20世纪90年代留学生数量的停滞甚至下降以后，法国高教界、工商界人士逐渐意识到由于其在“营销”上的相对沉默，法国在国际高等教育市场上的影响力、知名度和吸引力方面已落后于美、英，甚至德国。针对这一状况，法国政府从1998年开始采取了一系列旨在吸引外国留学生的补救措施，如加强对外宣传，简化签证程序，提高接待质量，推广法语培训，并成立了专门性机构——法兰西教育署（EDUFRANCE），来负责在海外推广法国教育。经过几年的努力，上述措施初见成效。

3. 特色学科设计的吸引也是留学生选择法国的一大原因

法国作为时尚之都，不仅有世界一流的时尚品牌、设计大师，更有久负盛名的顶尖的时装院校。法国的服装设计专业大部分开设了私立院校，辅有少量国立艺术院校和综合性大学。公立学校的此类专业大都偏重理论，而真正批量生产知名设计师和业界精英的，是那些私立的服装设计学院。② 表3展示了法国知名的时尚设计类大学。

除了众所周知的艺术专业、奢侈品专业、商科专业，法国工业教育也是名列世界前茅。法国拥有独立的工程师院校体系，在航天、核电等领域成绩卓著，是中国相关领域学生留学的重要方向。③

① 周娟娟、张韦韦：《法国留学攻略：解读法国高等教育》，《留学生》2009年11月。

② 互应留学网：《法国热点专业除了时尚设计还有酒店和金融》，http://www.ailiuxue.com/info/fr/content-00005583.html，2012年4月1日。

③ 留学无忧：《法国是世界第三大留学生接收国》，http://liuxue.eastday.com/NewsDetail-110511.html，2012年5月10日。

表3　法国时尚类著名大学

条目＼学校	法国 ESMOD 国际服装设计学院	巴黎 Mod'Art 服装设计学院	法国 Studio Bercot 服装设计学院	法国高等艺术设计管理学院（CREAPOLE）
地　位	时装界的哈佛	全球化合作	自创很多新兴品牌	—
创办时间	1841 年	1980 年	—	1981 年
创建人	服装裁剪大师阿列克斯·拉维涅先生	巴黎时装界几位著名人士	—	—
特　点	时装界地位显赫；全球纺织业培训中心之一	年轻活力；广泛合作的艺术教育集团	风格前卫；独树一帜	文化气息浓厚；产品设计和视觉传达

资料来源：《法国热点专业除了时尚还有酒店和金融》，互应留学网，2012 年 4 月。

在法国高等专业教育中，法国的众多商学院教学质量名列世界前茅。巴黎高等商业研究院（HEC），巴黎高等商学院－欧洲商学校（l'ESCP－EAP），格勒诺布尔管理学校（GEM）及里昂管理学校等众多商学院凭借其优异的学术表现，良好的学生就业情况受到留学生的追捧。①法国的商学院主要有以下三个特色。②

（1）与企业界联系紧密，为毕业生就业提供便利。商学院在教学与实践中和企业密切联系与合作，为学生进入一流国际公司工作打下良好的基础。法国的商学院的一大特色是有实习传统（需要实习才可毕业），而各大企业也不断地为商学院的学生们提供丰富的实习机会。通过实习而最终留在公司工作，是各商学院毕业生最主要的就业方式之一。

（2）多元文化双语言，多重成才保障。法国的商学院都十分国际化。在商学院中，学生能有机会接触到来自世界各国的学生和教授，感受到多元化的文化氛围，和来自不同背景的人们交流。另外，所有的一流商学院都提供全英文授课的课程，国际化企业也提供给说英语的学生越来越多的实习机会。同时，商学院一般也提供法语以及其他各种语言课程，有心掌握另外一门外语的学生能有各种渠道学习一门新的语言。

① 中广教育出国：《法国各个高等商学院介绍》，http：//edu. cnr. cn/cglx/rd/201204/t20120427_509521502. html，2012 年 4 月 27 日。

② 科润教育：《法国高商何以翘首世界商学院排名》，http：//www. kerunwh－edu. com/html/information/2012/0419/6756. html，2012 年 4 月 19 日。

（3）致力于培养真正国际性的人才。法国的商学院都为学生提供去国外一流商学院交换学习的机会，还有一些商学院开办了海外分校区，让学生能够认识不同国家的企业环境，能够应对全球化的挑战，培养在不同环境中工作的能力。

（三）法国的留学方面的新政策

1. 法国的留学新政策

2009 年 4 月 27 日法国公布，开始发放等同于居留证的长期签证，每年有 10 万个名额，占持有长期签证（逗留时间超过 3 个月）入境人流的 75%。新签证主要适用于四类人：在法国定居的法国公民配偶，赴法的成年学生，赴法工作者和访问者。他们不用去大使馆，抵达法国后只需在 3 个月内向所在地的移民融入办公室邮寄相关材料，再填写相应的官方文件，接受体检后，其居留就可以获得批准。在签证到期前两个月，这些外国人只要到省府报到，签证就可以获得延长。

在接受留学生上，法国不论综合大学还是高等学校，学生都必须到法国公司实习。根据大多数学校的规定，学生必须在企业实习一个假期或者整整一年，这一年被称为“职业活动年”。从 2006 年开始，新法律对于留学生也放宽了限制，留学生毕业后在法国工作，拿到硕士或相当学历后，可以在法国多居留 6 个月，以寻找或从事与所学专业有关的带薪工作。6 个月结束后，如果已获得工作或受聘承诺，将被允许在法国居住工作。①

另外，法国高等教育署 2012 年初宣布，将扩大接收中国留学生的规模，但在面签审核上将更加严格。对中国学生来说，2012 年赴法国留学有以下三项变化。

（1）放宽留学生工作签证。法国内政部、劳工部以及高等教育署 2012 年初宣布，将向取得法国“高等专业”文凭的中国留学生放宽签发工作证，主要面向拥有至少相当于硕士第二阶段（Master 2）的高等专业文凭、希望在法国获得初次职业经验、符合现行法律规定的中国留学生。

（2）奖学金候选人范围扩大。法国驻华大使馆于 2011 年推出了优秀生奖学金项目“France Excellence”。为吸引更多中国留学生，该项目 2012 年扩大了奖学

---

① 北京考试报：《赴法留学有 3 项变化，中国学生面签审核更严格》，http：//www.chinateacher.com.cn/world/cglx/201205/t20120524_ 494390.html，2012 年 5 月。

金候选人的专业背景范围，增加城市规划、可持续发展、环境经济、新闻、信息学、传媒等专业。候选人范围除了包括已有一定法语基础的学生，还包括希望到法国攻读英文授课课程的学生，以及先到法国参加法语培训再学习专业课程的学生。

（3）面签审核可能更加严格。2012 年 3 月 1 日开始，法国使馆在申请留学签证中增加了口试，即面试官现场出题，申请人现场回答，时间约 20 分钟。目前的口试不是必考项目，而是通过抽测的方式对部分申请人进行口语评估，大概 10% 的申请人会被抽中，考试成绩 5 个工作日后公布，口语考试证明在 3 周后寄给申请人。口试题目统一制定，签证官随机在题库里抽取，题目类似于预签证法语考试的题目，只是以口语方式回答，而不是在电脑上答题。该口试分为 6 个等级，是对申请人口语水平的理性评判。此举旨在更客观地考查申请人的语言水平。①

2. 法国留学个别注意事项

（1）住宿在隶属学校的大学生公寓。在法国，设在大学校园内或市内的大学生公寓，均由大区大学及学校事务管理中心（CROUS）负责管理。这类住所的平均租金为每月 120 ~ 300 欧元，这些住房依照学生社会条件进行分配，获得公立大学生公寓的住房名额非常困难，尤其是在巴黎，因为这些住房名额通常优先为奖学金获得者预留，对于外国留学生，则优先分配给法国政府奖学金获得者。

（2）住宿在私营公寓。这类专供大学生租用的私营公寓分布于法国各大城市。单间套房根据适用于私营部门的租赁法规出租，留学生须签订租约并按要求缴纳押金。如果在离开住房时，房屋设施保持搬入时的原样状况，则可退还押金。另外，在某些私营大学生公寓，电费由学生自付。若居住时间超过一年，还须缴纳居住税，这类住房的月租金在巴黎约需 590 ~ 686 欧元，在外省约需 400 ~ 686 欧元。

（3）家庭寄宿。寄宿也有几种不同的形式，例如包早餐，或者允许使用房东家庭的厨房等。房东对房客在担保以及缴纳房租方面的要求也会因人而异。这种家庭寄宿的租金在巴黎每月大约为 800 ~ 1050 欧元，在外省价格可以减半。

（4）打工。法国大使馆为留学生颁发的签证不包含打工许可。留学生赴法后，需要另行申请才能获得打工许可。另外，法国规定外国学生在法国学习的第一年不能打工，第二年在经过有关部门批准的情况下可以外出打工。法国对于工作者的权益有很好的保护，规定了打工工资的最低标准。

---

① 《赴法留学有 3 项变化，中国学生面签审核更严格》，2012 年 5 月 24 日《北京考试报》。

B.4

中国赴大洋洲热门留学国家的留学现状

摘　要： 澳大利亚和新西兰的高等教育都有着英语母语的优势，再加上两国宽松的留学移民政策和适宜的学习生活环境，使得许多中国留学生选择到大洋洲留学。近年来我国到澳大利亚的留学人数逐年上升。澳大利亚与英国和美国相比，存在入学语言门槛低、移民容易等优势。新西兰凭借其完备的高等教育体制和产业化的高等教育吸引了大量中国留学生。本报告将重点介绍中国留学生在大洋洲的留学现状和大洋洲高等教育的特点。

关键词： 留学签证　留学申请　热门专业　打工签证　高等教育

一　中国赴澳大利亚的留学现状

（一）中国赴澳大利亚留学的现状

1. 留学人数稳步上升

澳大利亚已成为接收中国留学生最多的国家。2005～2010 年，澳大利亚每年新注册的国际学生人数一直在 20 万以上，2008 年金融危机之前，新注册的留学人数持续增长，2008 年达到顶峰，共 36.23 万，注册人数约是 2003 年的两倍，见图 1。

中国在澳大利亚的留学人数持续增长，中国已成为澳大利亚留学生第一生源地。2000～2011 年的人数增长了 15.2 万人，平均年增长率为 85%。[①] 2000 年在

① 澳大利亚国际教育处数据库，https：//aei. gov. au/research/pages/aei%20research. aspx。

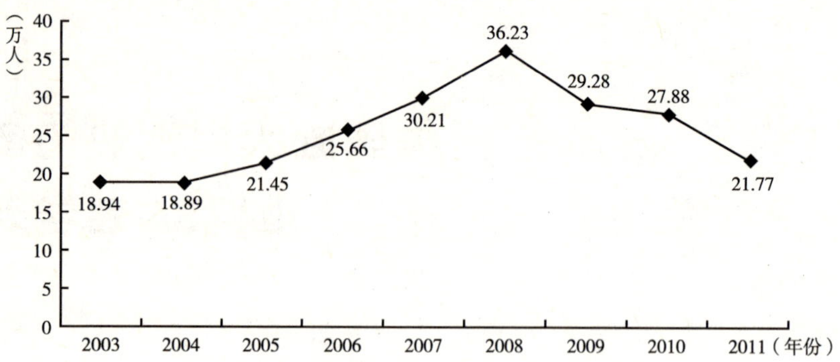

图1　2003～2011 年澳大利亚每年新注册的国际学生人数

资料来源：澳大利亚移民及公民事务部网站。

澳大利亚的中国内地学生人数为 14948 人，2001 年增长了 80%，达到 26844 人，从此，中国成为了澳大利亚海外留学生的第一生源地。2009 年中国赴澳大利亚留学人数为 54541 人，至此中国在澳大利亚的留学生总数达到 15. 48 万人，详见图 2。2011 年在澳大利亚的中国留学生达到 16. 7 万人，占当年澳大利亚国际留学生总人数的 30. 3% 此比例比 2010 年增加 1. 7 个百分比。澳大利亚已经超过美国，成为接收中国留学生最多的国家。①

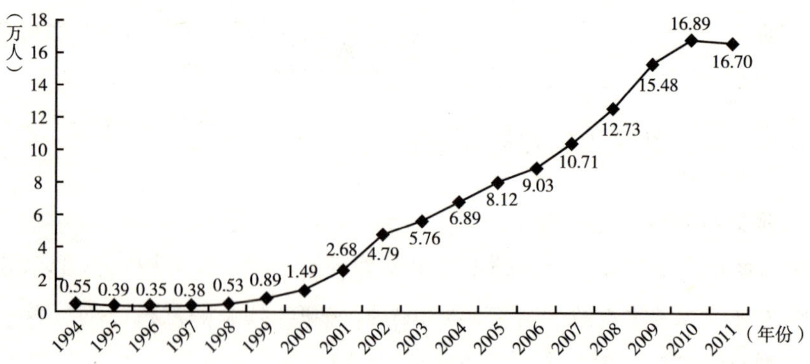

图2　1994～2011 年中国在澳大利亚留学人数

资料来源：AEI－International Education Network。

① 澳大利亚移民及公民事务部网站学生签证事务数据库，http：//www. immi. gov. au/media/statistics/study/。

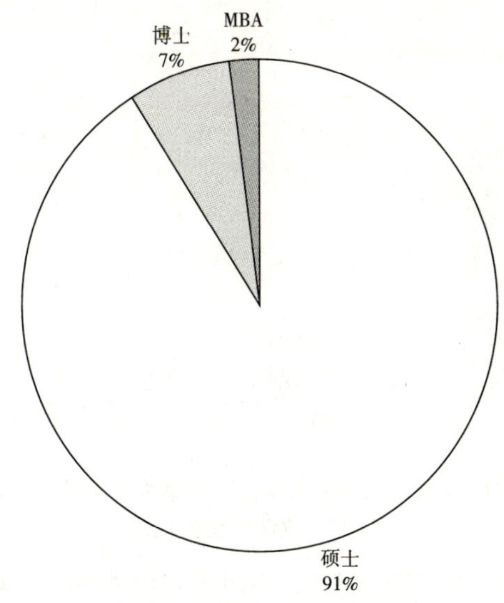

图 3　2011 届赴澳大利亚留学的本科毕业生的学历目标分布

资料来源：麦可思－中国 2011 届大学毕业生社会需求与培养质量调查。

2. 倾向于攻读硕士学位和商科等热门专业

从图 3 可以看出，中国赴澳大利亚留学的本科毕业生中有 90% 以上选择攻读硕士研究生学位，而且有 18.5% 的留学生会选择回国工作。与赴美国和加拿大留学的本科毕业生相比，留学澳大利亚的本科毕业生较少选择攻读博士学位，他们留学的目标主要是找工作和移民，所以在选择专业时会选择澳大利亚大学中的热门专业，详见图 4。

赴澳大利亚留学的中国留学生主要选择工商管理学和工程科学等热门专业就读。65.1% 的澳大利亚中国留学生选择工商管理学，8.1% 的留学生选择工程科学，从专业分布我们可以看出，大多数中国留学生选择了就业形势相对较好且课程难度相对较低的工商管理学专业（见图 5）。除了以上几个专业，创意媒体、动漫设计、矿业和石油专业是澳大利亚的特色专业，这些专业的毕业生在澳大利亚和国际的就业市场上都比较受欢迎。

3. 赴澳留学的本科毕业生大多来自高收入高学历家庭

从图 6 可以看出，赴澳大利亚留学的本科毕业生有 61.5% 是来自管理阶层，26.4% 来自专业人员，而只有不到 10% 来自中低层的劳动阶层。

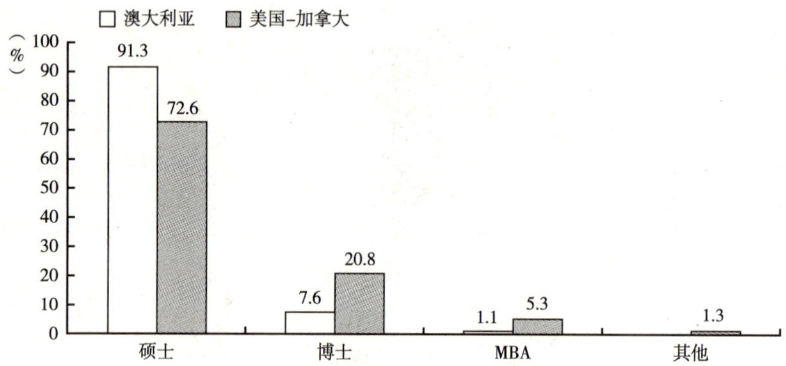

图4　2011届赴澳大利亚与美国－加拿大留学的本科毕业生攻读学位的比较

资料来源：麦可思－中国2011届大学毕业生社会需求与培养质量调查。

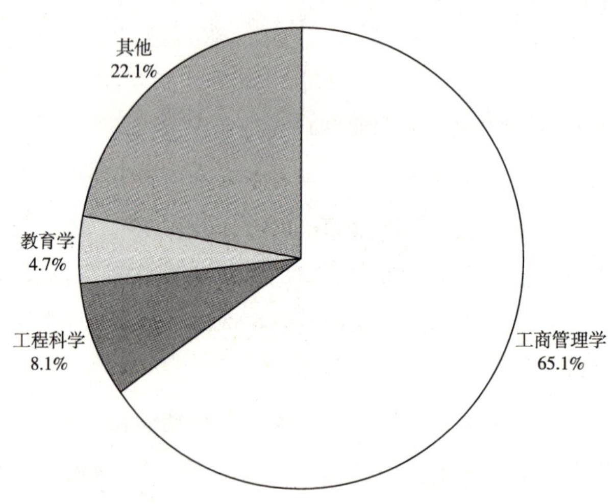

图5　2011届赴澳大利亚留学的本科毕业生的专业分布

资料来源：麦可思－中国2011届大学毕业生社会需求与培养质量调查。

从图7可以看出，赴澳大利亚留学的本科毕业生中有近80%来自有高等教育（大学及研究生以上）背景的家庭，而来自高中以下的教育背景家庭的只有2%，高收入高学历的家庭背景与孩子的出国留学有很大的相关性。

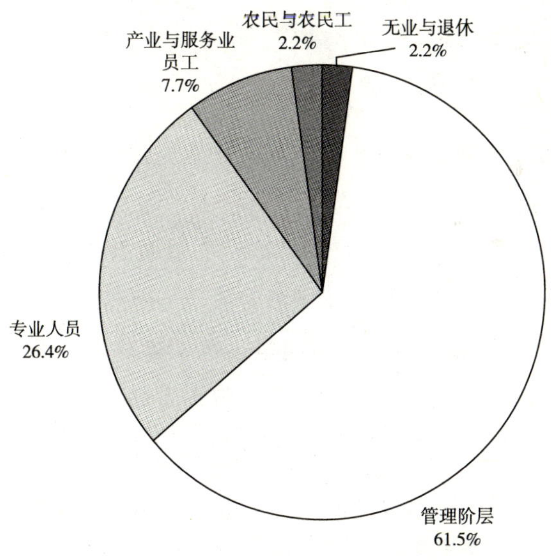

图 6　2011 届赴澳大利亚留学的本科毕业生的家庭职业阶层

资料来源：麦可思－中国 2011 届大学毕业生社会需求与培养质量调查。

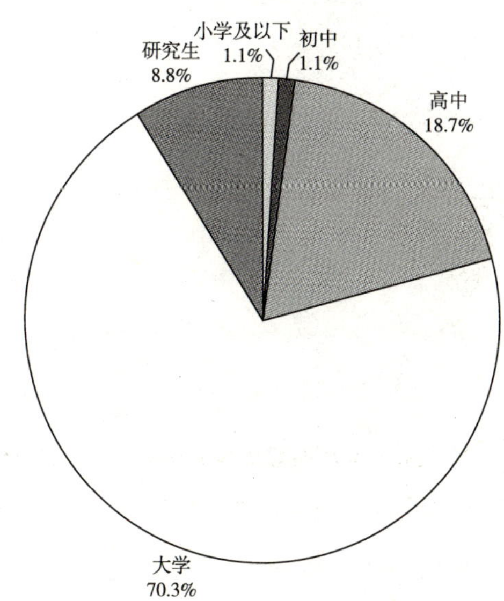

图 7　2011 届赴澳大利亚留学的本科毕业生的家庭教育程度

资料来源：麦可思－中国 2011 届大学毕业生社会需求与培养质量调查。

（二）中国学生选择澳大利亚留学的主要原因

1. 优质的教学质量

近十年，澳大利亚高等教育迅速发展，其教育质量和学术水平在世界上都享有盛誉。澳大利亚有38所大学及230多所专科技术学院。这些大学和专科技术学院几乎都是政府公立学校（一所私立大学除外），其教育体制由所在州政府管辖，虽然行政体系各州略有差别，但基本上教育质量是由澳大利亚联邦政府控制管理，统一按“澳大利亚质量框架”进行衡量，每3年对大学进行一次质量监督和评估。因此各校都能保持均衡量相对较高的教育质量。各学校的学历文凭被各州相互认同。澳大利亚的学历资格，被世界各国包括我国广泛承认。

从麦可思2011年的调查情况来看，赴澳大利亚留学的2011届本科毕业生中，22%的人赴澳留学的主要动机是接受先进的教育，而1/5的人赴澳大利亚留学是为了学到先进的技术知识，详见图8。

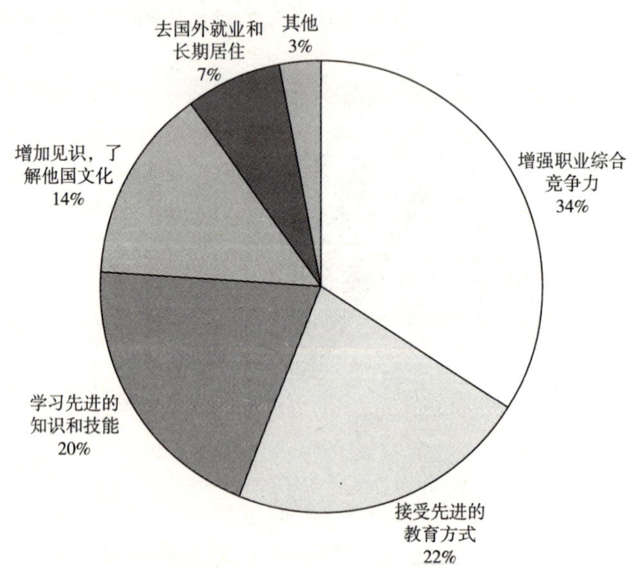

图8 赴澳大利亚留学的2011届本科毕业生的留学动机

资料来源：麦可思－中国2011届大学毕业生社会需求与培养质量调查。

2. 允许毕业后在澳申请移民

自2002年7月份开始，澳大利亚向外国留学生敞开了移民之门，允许他们大学

毕业后在澳国申请移民，而不是必须回本国申请移民，这使许多发展中国家和不发达国家的学生选择赴澳大利亚留学。2003 年，移民和多元文化事务部与教育部门合作，在大学校园内成立了学生签证流动审批办公处，通过互联网与移民局的网络连接，方便了外国留学生办理签证手续。另外，澳大利亚的移民政策还规定，有些专业的外国留学生学习时间满 12 个月，如果学术或专业资格获得 60 分就可申请移民。澳大利亚于 2004 年 7 月在中国大陆开始推广用于中国学生签证申请的电子签证系统，签证通过率远远高于传统签证通过率，同时审理速度大大加快，效率之高很受中国学生的欢迎。①

不过，2011 年，澳政府出台新的政策，对澳移民清单做出大幅调整后移民名额大幅减少，可能会导致很多赴澳留学的学生不能移民。

优质的教学质量和宽松的移民政策是中国留学生选择澳大利亚的主要原因，这可以从麦可思的调查数据中得到验证，中国留学生选择澳大利亚的主要原因包括以下几方面：容易申请的因素占 41%，研究生教学质量高的因素占 33%，移民方便的因素占 17%。除了以上因素外，澳大利亚适宜的气候、自由的生活方式和较低的犯罪率也是吸引中国留学生的重要原因，见图 9。

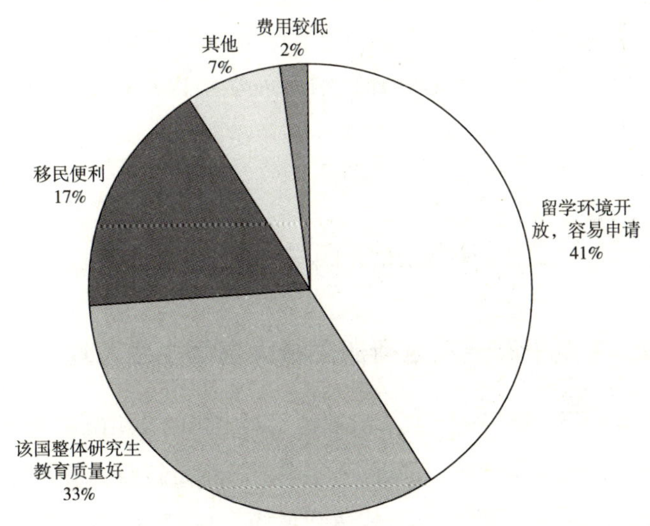

图 9　2011 届本科毕业生选择澳大利亚留学的理由

资料来源：麦可思 – 中国 2011 届大学毕业生社会需求与培养质量调查。

① 李常磊：《IT 澳大利亚文化博览》，世界图书出版公司，2004。

（三）澳大利亚最新留学政策

澳大利亚政府不断出台新政策吸引国际学生。从 2012 年起，到澳大利亚大学攻读大学课程或到大学认可的教育机构攻读与大学课程配套的预科或文凭课程的学生，都将获得更快的签证审理速度，申请赴澳攻读学位课程的学生，不论留学生来自哪个国家，均按一级风险（最低风险级）处理，无需提供担保金。澳大利亚政府放宽了留学澳大利亚高中的留学生的语言要求，取消了对申请单独英语强化课程（ELICOS）和中小学课程（评估等级为 4 级）的英语语言测试成绩的要求。在留学生工作签证方面，澳大利亚政府将会向学士学位、硕士学位和博士学位大学毕业生发放毕业后工作签证，该签证将允许他们毕业后在澳大利亚最多工作四年，这项新签证无论何种专业课程都可适用，对从事何种职业也没有特别限制。澳大利亚对于留学生的资金担保要求大幅减少，Level 3 签证，如大学预科、本科、硕士的担保金计算由 2 年变成 1 年半，Level 4 的高中、专科签证担保金计算由 3 年变成 2 年，减少了 30%。①

同时，为了保证每一位留学生顺利完成学业，澳大利亚政府规定所有持学生签证的国际学生在留学期间必须要缴纳海外学生医疗保险（Overseas Student Health Cover，OSHC），这样就能保障学生在留学期间的基本的医疗需求。②

二 中国赴新西兰的留学现状

（一）近 10 年中国一直是新西兰最大留学生生源地

自新西兰政府于 1999 年 10 月 1 日取消了对中国的学生配额限制后，中国学生赴新西兰一度出现留学热潮，最近 10 年中国一直是新西兰最大留学生源地。③2003 年中国在新西兰留学的学生人数达到顶峰，共 55998 人，接下来的几年出

① 澳大利亚移民和公民部：http：//www. immi. gov. au/students/whats_ new. htm。

② 澳大利亚卫生与老年人事务部：http：//www. health. gov. au/internet/main/publishing. nsf/Content/Overseas + Student + Health + Cover + FAQ – 1。

③ 新西兰商业、创新和就业部：http：//www. dol. govt. nz/publications/research/migration – trends – 1011/04. asp。

现了较大的回落，2008 年在新西兰的中国留学生为 20579 人。金融危机后，中国在新西兰留学的人数开始小幅上升，2011 年为 23071 人，占新西兰全部留学生的 23.7%，较 2008 年增长了 2492 人，具体数据见图 10。

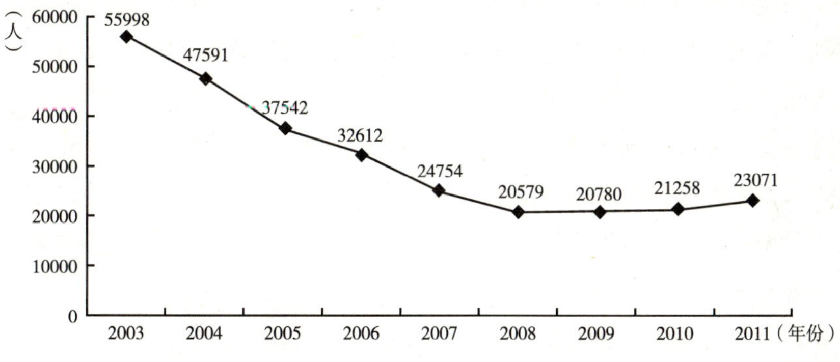

图 10　中国（含香港地区）在新西兰的留学人数

资料来源：新西兰教育部数据库。

赴新西兰留学的大多数中国学生选择的专业是商业、计算机和信息专业；同时，选择饭店管理、旅游、护士和其他专业的人也日益增多。

（二）推动中国学生赴新西兰留学的主要动力

1. 教育产业化，教学质量好且注重实用性

新西兰教育水平与制度一向在国际上享有盛誉，自 20 世纪 90 年代以来，新西兰政府以高等教育市场化、国际化为指导，确立明确的教育出口战略，努力拓展海外市场，寻求新的教育出口模式，跨国高等教育迅速发展，成绩斐然。加之新西兰民风纯朴、环境优美，学费、生活费相比美国、加拿大、澳大利亚等国较为便宜，且学历与资历同样为西方各国所公认，新西兰已成为广大中国自费留学生的首选之地。

同时，新西兰承袭了英国的教育体制，教学注重实用性，学校拥有较高的教学质量。尽管新西兰只有 8 所公立大学，但却有 1 所入围全球百强，即奥克兰大学，另外还有新西兰最古老的大学即奥塔哥大学，理工科闻名于世的奥克兰理工大学，以及以工科著称世界的新西兰坎特伯雷大学是由英国牛津大学学者创立的。在大专院校排名中，60% 以上的新西兰大学位居世界 500 强行列。2007 年

新西兰加入了里斯本公约文凭互认协定，这意味着获得新西兰学历的学生在50多个国家具备同等学力，无论在任意签约国继续深造，还是就业，他们所获得的学历都可以得到认可。

2. 奖学金丰厚且制度完善

新西兰是五大英语国家之一，紧邻澳大利亚，费用却比较低。就读奥克兰大学、坎特伯雷大学等世界名校的费用约为2万~3万新西兰元。[①] 再加上新西兰元贬值，留学新西兰的费用直线下降。留学生还可通过申请奖学金、打工等多种方式赚取留学费用。新西兰主要有3种奖学金，即“新西兰国际博士研究奖学金”、“新西兰国际本科奖学金”和“国际研究生奖学金”。本科类奖学金只要留学生申请到新西兰8所综合性大学，拿到本科入学通知书并且年龄小于30岁，即可申请。博士类奖学金涵盖了学费、生活费，甚至探亲费用，其子女享受同新西兰学生相同的学费。另外还有针对来自中国西部地区学生的奖学金，每年限7~8个名额。最后一类是大学本身的奖学金，主要针对就读这所大学且条件特殊的学生，主要看每所大学所针对的各个群体。

3. 留学签证的申请程序灵活快捷

新西兰的留学政策相对于美国和加拿大是比较宽松的，学生在申请新西兰留学签证时，不需要提供如托福或雅思的英语成绩，办理签证时间短且成功率非常高。通常学生根据自身情况准备相关申请学校和签证的文件，在两个月左右的时间即可获得签证。而其他移民国家留学签证的申请则有一定的难度：澳大利亚必须要提供雅思成绩才能办理签证申请，加拿大需要有超过12个月的保证金存期要求，美国的留学签证的通过率相对不稳定。这使得新西兰成为是一个很好的留学目的地。新西兰的留学担保金的要求也比较灵活，可选择存款，也可选择贷款，而且经济担保人可以是除去申请人本人、配偶、父母、祖父母以外的其他人。

为了吸引更多的国际留学生，新西兰政府在2011年又推出三条留学新政：为正在申请签证的学生免费发放“过渡签证”，保证学生能够合法地在新西兰学习；进一步简化食宿担保，年满18岁的学生不再需要提供食宿担保证明，而对于未满18岁的学生，只需要证明该学生的食宿与教育部对国际留学生食宿的要

① 奥克兰大学：ww. auckland：ac. nz/uoa/home/for/international - students。

求相符合即可；“无犯罪记录”及“体检报告”的有效期也会从现在的2年延长到3年，本科3年的学习期间，只需要提供一次体检报告。[①]

新西兰政府还推出了新西兰留学专用账户，这为中国公民赴新西兰留学提供了另一种证明经济能力的途径。该方案的优势是只允许专款专用不能挪为他用，方便学生父母监控其子女在新西兰的资金使用情况，更经济、方便、实惠。[②]

同时新西兰政府为鼓励中国学生更多地了解新西兰，开放了工作假期签证，针对18~30岁的青年，每年有1000个名额让年轻的中国人可以去新西兰体验一下新西兰的文化和生活环境。工作假期签证的有效期为一年，一年内可以在新西兰旅游、学习和工作（工作时间不超过三个月）。

4. 细致的留学生管理

新西兰政府对于留学生的管理非常全面，特别是对于入读中小学的中国留学生，新西兰的留学服务机构会提供更为人性化的监督和管理。中国留学生到达新西兰并住进当地家庭之后，留学生办公室的老师们就会定期和学生所在的家庭联络，了解学生的生活情况，并且将学生的情况通报给其父母或在新西兰的监护人。由于入读中小学的留学生年龄相对较小，大多数都还处于个性改变或形成的阶段，因此，留学生办公室更着重于对学生日常生活上的严格管理。此外，在对留学生学习的监督和管理上，学校会定期为留学生举办交流会，将不同年级的留学生聚集在一起，一方面是为了增进留学生之间的友谊，另一方面也可以了解他们在学校的学习情况以及各方面的需要。

为了使当地学生对外国的文化背景有更深的了解，使留学生与当地学生在文化上有更多的沟通和交流，在一些中小学，留学生办公室每年都会负责举办国际周活动。由于新西兰是个由多文化构成的国家，在国际周上各国的文化、风俗被表现得淋漓尽致，使各国学生更好地融合在一起。

同时，为了保证留学生在新西兰的学习生活顺利进行，新西兰教育部要求每位留学生在新西兰学习期间必须购买医疗保险，其医疗保险需要涵盖留学生在生病和住院的所有费用。

---

① 中华人民共和国驻新西兰大使馆，http：//www. Chinaembassy. org. nz/eng/。

② 张庆娜：《新西兰留学政策及启示》，《学园》2011年第13期。

B.5
中国赴亚洲热门留学国家的留学现状

摘　要： 由于地理位置的便利和亚洲文化的相近，赴亚洲国家留学逐渐成为很多学生的选择。日本和新加坡虽然都是小国，但作为亚洲较发达的国家，每年有众多学生前往。尤其是日本，是中国留学生最青睐的留学目的地之一，2010年在日留学的中国学生已经达到8.75万，中国成为日本最大的留学生源国；而新加坡以其快速发展的经济、国际化的教育环境和以华人为主的生活环境，每年可以吸引约5000名优秀的国内学生前往深造，但随着新加坡留学生就业政策收紧，以前就业容易的新加坡将逐渐失去这一优势。

关键词： 留学日本　留学新加坡　赴日留学新政策　新加坡留学新政策

一　中国赴日本的留学现状

（一）中国赴日留学概况

1. 中国为日本海外留学生最大生源国

中日两国因其特殊的渊源及日本文化独特的优越性，使得日本长期处于中国学生海外留学的热门留学目的国的地位。20世纪80年代中期，留学日本就已成为潮流。但是那个时期的大部分留学生通过语言学校学生的身份在日本打工挣钱，并不以学术性研究作为留学目的。随着近些年中国学生可以选择的留学国家越来越多，但中国留学生对于赴日留学始终保持着巨大的热情。从图1可以看出，近些年来留学日本的中国学生一直保持着平稳态势，并且在日本来自各国的留学生数量中独占鳌头。截至2011年5月，日本接收的世界各国留学生总数量

为13.81万人，其中，中国留学生为8.75万人①，占日本海外留学生总人数的63%，成为日本留学生第一大生源国。并且，日本法务省公布的在日外国人调查报告表明，截至2011年，在日华侨人数超过了67.49万人，成为日本社会中第一大外国人群体。由此可以看出，中国留学生不仅是所有在日外国留学生中的绝对主力，无疑还将成为未来在日新华侨华人的充足后备军和中坚力量。

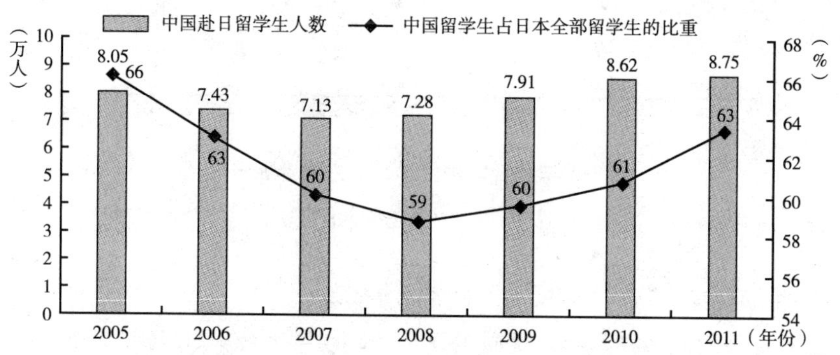

图1　2005~2011年中国在日留学生人数及占赴日留学生总数比重

资料来源：日本学生支援机构（JASSO）数据库。

随着中日邦交逐步走向正常化，以及日本本国为全面加入到全球化人才的争夺战而积极调整的留学政策，近年来日本留学生的整体学习和生活环境全面改善，未来日本仍将是中国留学生的首选目的国。

2. 留学专业主要分布在社科、人文及工学类

日本专业设置齐全，在文、理、工等9个教学领域共设有1250余个专业。②根据日本学生支援机构（JASSO）2011年公布的统计调查数据显示，赴日本留学人员所就读的专业主要集中在社科、人文以及工学类，其中来自中国大陆的学生占半数以上，详见图2。

（二）中国2010、2011届本科毕业生赴日留学调查情况

1. 教育资源丰富、留学环境开放成为选择赴日留学的主要理由

日本是亚洲地区经济最发达的国家，加之其与中国得天独厚的地理、文化的

① 日本学生友援机构（JASSO）数据库，http：//www.jasos.90.jp/statistics/.

② 21CN教育网：《日本大学专业的介绍》，http：//edu.21cn.com/abroad/News/major/News-11-38-77511.html，2012年4月16日。

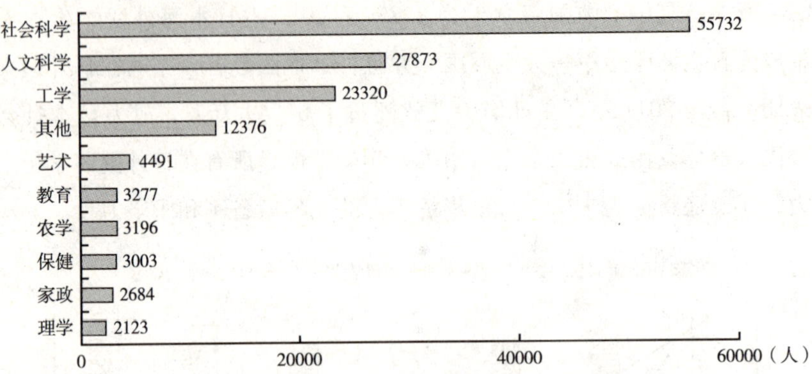

图2　2011年赴日留学生学习的主要专业分布情况

资料来源：日本学生友援机构（JASSO）数据库。

相近优势，成为众多中国学生留学备选的国家之一。

根据麦可思所做的连续两届的大学毕业生社会需求与培养质量调查，2011届赴日留学的本科毕业生有66%认为，日本整体的高等教育教学质量是吸引其赴日留学的最主要的原因，详见图3。目前，经“日本文部科学省”认定的各类大学共有670余所，其中国立的99所，公立的74所，私立的497所。①

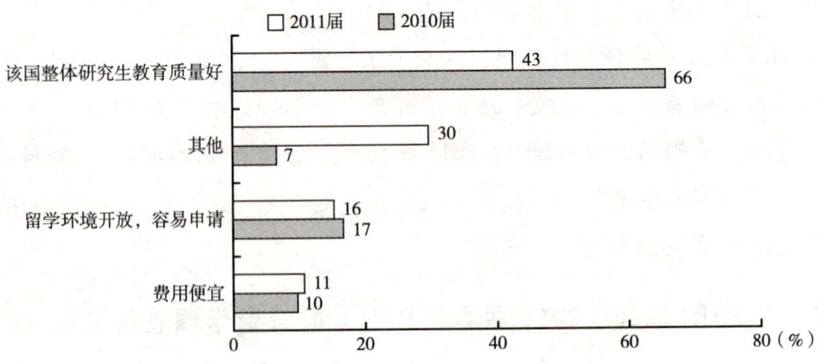

图3　2010、2011届中国本科毕业生选择赴日留学的理由

资料来源：麦可思－中国2010、2011届大学毕业生社会需求与培养质量调查。

① 21CN教育网：《日本大学专业的介绍》，http：//edu.21cn.com/abroad/News/major/News－11－38－77511.html，2012年4月16日。

留学环境开放也是中国学生赴日留学的重要理由。2011 届赴日留学的本科毕业生中有 17% 认为，留学环境开放是他们选择日本留学的重要理由，目前日本接收世界各国留学生总数超过 13 万人，比加拿大这样的移民大国还多将近 4 万人，足见留学环境较为开放。

费用方面，在日本学费与生活费用一年合计约 8 万元，比美国和加拿大这样的发达国家 10 万 ~20 万元的生活费用低廉不少，并且正式入学后 100% 的学生可以申请部分学费减免，成绩优异的学生可以获得学费全免。留学生在日本留学一个半月左右可以获得政府给予的工作许可证，充分解决留学日本期间学习与生活费用。2011 届本科毕业赴日本留学的学生中有 10% 认为这是他们选择日本的重要理由。

在医疗保障方面，日本有着健全的医疗保障体系，并允许留学生享受国民待遇。在移民政策方面，留学生毕业后可在日本工作，工作满两年可获得日本国籍，这两者也成为学生选择日本的理由之一。

2. 学习先进的知识和技能是赴日留学的首要期望

日本高端科技、制造产业十分发达，且日本大学也以注重应用学科闻名，学以致用是留学日本的巨大优势。如图 4 所示，2010 届赴日留学的本科毕业生中，有 33% 的认为学习日本先进的知识技能为首要的留学期望，“接受其先进的教育方式”和“增加见识，了解他国文化”次之，各占 25% 和 22%；“增强职业综合竞争力”为首要留学期望及目的的占 14%；“去国外就业和长期居住”的仅占 3%。

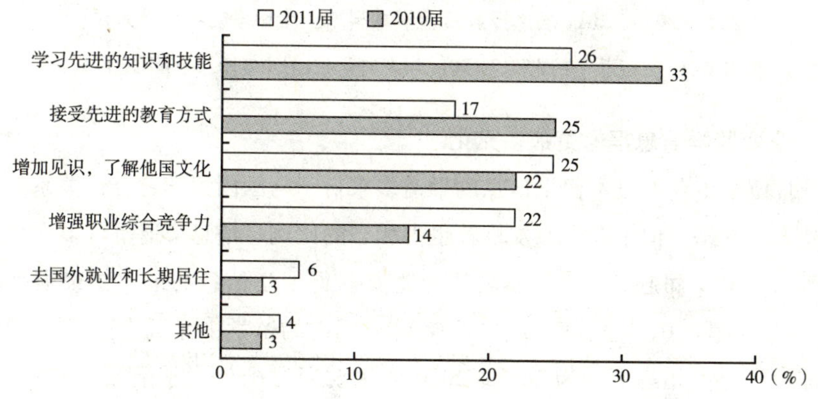

图 4　2010、2011 届选择赴日留学生的本科毕业生留学期望

资料来源：麦可思 – 中国 2010、2011 届大学毕业生社会需求与培养质量调查。

2011 届赴日留学的本科毕业生调查结果与 2010 年基本一致，“学习先进的知识和技能”（26%）成为学生们赴日留学的最重要的期望，25% 的选择“增加见识，了解他国文化”作为留学首要期望，22% 的选择“增强职业综合竞争力”。可见，在日本留学的本科毕业生留学期望更加务实、理性。

3. 父母及亲友的资助是留学最主要的经济来源

如图 5 所示，2010 届本科毕业生留学的最主要经济来源是依靠“父母、亲友资助”（72%），其他经济来源如“依靠国外大学或外国机构资助”、“依靠国外打工收入”、“中国政府、高校或其他机构资助”、“银行留学贷款”共占 28%。2011 届本科毕业生留学日本的最主要经济来源依然是依靠“父母、亲友资助”（74%），与上年几乎持平，来自大学或相关机构资助的比例较小。

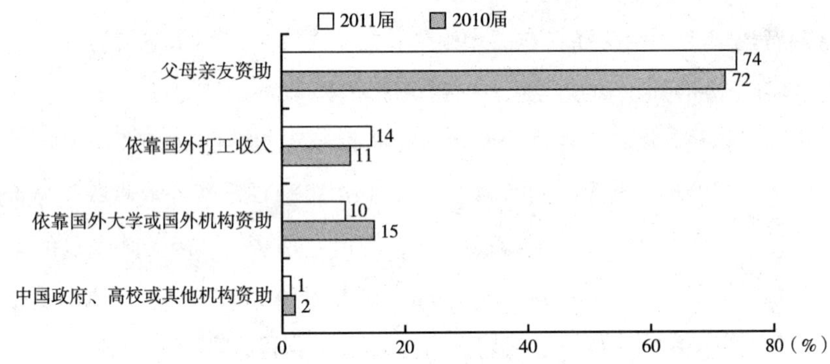

图 5　2010、2011 届选择赴日留学本科毕业生留学首要经济来源

资料来源：麦可思－中国 2010、2011 届大学毕业生社会需求与培养质量调查。

4. 获取留学信息渠道更加多元化

赴日留学生获取日本留学信息的渠道多来自于与国内大学有合作关系的院校和国外大学网站，但中介、亲友推荐也占相当的比例，信息渠道呈现多元化。如图 6 所示，2011 届赴日留学的本科毕业生其获得留学信息的最主要渠道是通过“所读中国大学的国外合作院校”（27%），“国内的留学中介机构”、“亲友老师校友推荐”比例相当，均为 26%。2010 届主要通过国外大学网站（37%），合作院校（26%）和亲友推荐（25%）。

5. 半数以上调查群体具有高等教育家庭背景

2010 届赴日本留学的本科毕业生中，52% 的人其父母最高教育水平为大学，

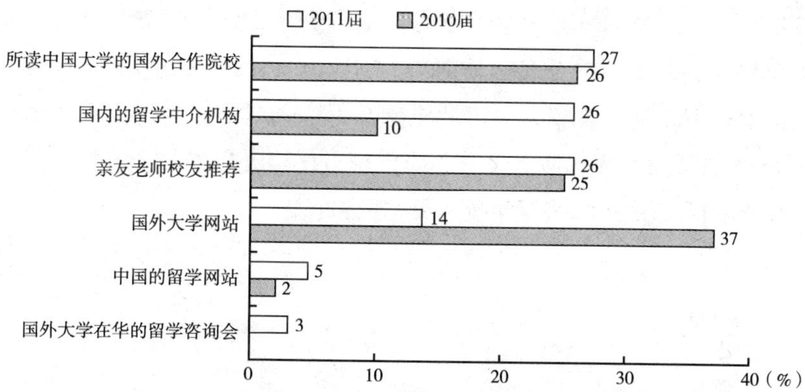

图6　2010、2011届选择赴日留学本科毕业生留学首要信息渠道

资料来源：麦可思－中国2010、2011届大学毕业生社会需求与培养质量调查。

研究生仅占1%，36%的人其父母最高教育水平为高中，而来自初中及以下教育水平家庭的人群比例（12%）最小。2011届出国留学的本科毕业生中，父母最高教育水平为大学的比例仍占主体（52%），研究生与初中及以下为父母最高教育水平的比例基本持平，分别为7%和8%，其中来自小学及以下教育水平家庭的人群比例仅2%，详见图7。

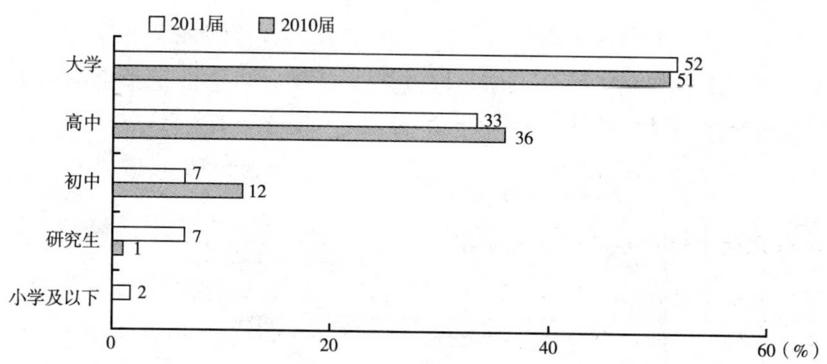

图7　2010、2011届选择赴日留学本科毕业生家庭教育背景

资料来源：麦可思－中国2010、2011届大学毕业生社会需求与培养质量调查。

6. 多数家庭主要职业为专业人员与管理阶层

留学日本的留学生家庭职业阶层比较集中，且群体分布基本稳定，主要为管理阶层和专业人员。如图8所示，2011届留学的本科毕业生中，73%的人来自管理阶层与专业人员的家庭，其他家庭职业阶层（产业与服务业员工、农民与农民工、无业与退休）出身人群分别为14%、12%、2%。对比2010届家庭职业阶层情况，2011届来自管理阶层的家庭及专业人员家庭的比例有所提高，总共高出11个百分点，而其他家庭职业阶层所占比例大幅下降，尤其是来自无业与退休家庭的比例，比2010届下降10个百分点。

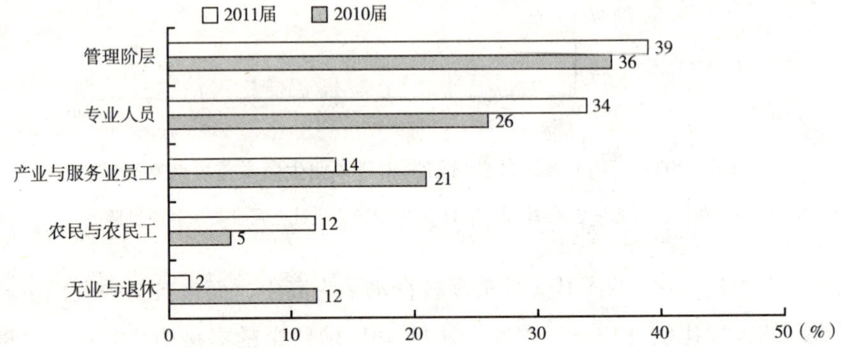

图8　2010、2011届选择赴日留学的本科毕业生家庭职业阶层

资料来源：麦可思－中国2010、2011届大学毕业生社会需求与培养质量调查。

7. 回国或短期国外就业为留学后主要去向

对于赴日留学生学业完成后是否愿意回国的态度，分别有近1/3的学生愿意留在国外短期工作与直接回国工作，也就是说有60%以上的留学生愿意回国就业，详见图9。

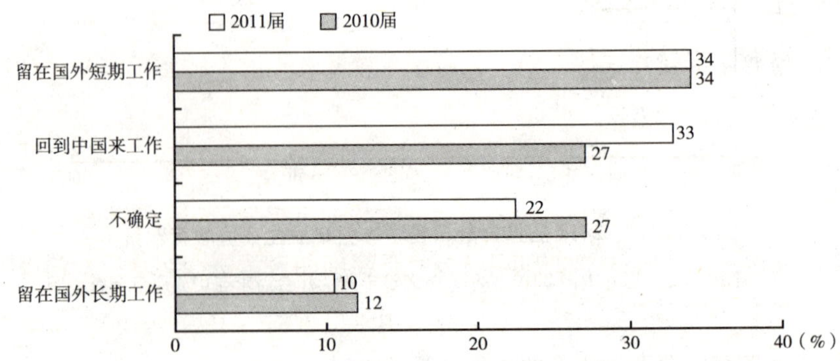

图9　2010、2011届选择赴日留学的本科毕业生留学后的去向意愿

资料来源：麦可思－中国2010、2011届大学毕业生社会需求与培养质量调查。

赴日学生半数希望发挥海外经历优势，从事贸易和翻译工作，且有1/3希望留在日本工作。2012年1月，日本PASONA公司针对参加日本企业说明会的留学生开展了一项关于留学生就业意愿的调查，接受调查的外国人留学生中，来自中国大陆地区的所占比率高达74.0%。中国台湾地区留学生人数则为第三位，所占比率为5.8%。调查内容表明，留学生最希望从事与国际贸易相关的工作，人数比例高达48.5%。其次，33.8%的留学生则希望将来能够从事翻译、口译工作。36.1%的留学生希望通过在日本就业，可以成为处理海外事务的专门人才。另有26.4%的人则希望能够在日本就业后，可以被派回母国担任企业干部。还有18.9%的留学生表明，希望能进入企业管理层，担任企业经营方面的管理人员。①

该项调查还对在日留学生就业障碍进行了调查，留学生就业信息严重不足给就业造成了很大障碍。问及在日本就业的困难之处时，45.4%的留学生认为，有关留学生就业的信息严重不足是最大障碍。同时，有34.3%的留学生认为，日本就业时间开始太早，对留学生来说，一边学习一边找工作困难相当大。32.2%的留学生则表示，日本企业独特的笔试对外国人来说有难度。分析调查结果可以发现，不少留学生对于日本独特的就业方式还有不适应的地方。大部分留学生还是会选择回国就业，因为拥有了日语的优势，相对比较容易进入中日合资企业或日资企业工作。并且，多数学生回国后会从事和日语相关的行业。

（三）日本留学新政策

日本重视国际化教育的发展，其留学生教育政策的实施是不可忽视的一个环节。

日本是非移民国家，其接收外国留学生的方式有两种：一种是具有一定日语水平的人，可以经过各大学的选拔考试直接进入大学学习。另一种日语水平较差者，可先进入大学附属的日语学校或是民间的日本语专科学校，接受一年或一年半的日语准备教育，然后再经过全国统考进入大学学习。完全没有日语

---

① 日本新华侨报网：《日本公布留学生就业报告，中国留学生多希望长留日本》，http：//www.jnocnews.jplnews/show.osps？id=53325，2012年3月16日。

水平但是英语达到一定标准的高中毕业生可以通过日本大学的相关英语考试进入相关学部，比如早稻田大学、庆应义塾大学、京都大学、立命馆大学等均设有相关学部。除大学和各类专修、专科学校以外，高中以下的学校不能接受外国留学生。

总体而言，日本留学签证政策是比较宽松的。近年来，随着接收30万留学生计划和留学新政的顺利实施，日本留学签证也做了相应调整。

1. 申请年龄门槛降低

2011年，日本政府对入境管理法进行了修改，对没有语言基础的留学人员年龄的上限不再有明确的限制。在政策放宽前，日本入境管理法对赴日就读语言学院的留学生的年龄的要求是：高中毕业生在25岁以下，大学专科毕业生在28岁以下，大学毕业生以上在30岁以下。而修改入境管理法后，日本规定只要是留学生达到硕士以上学历，并以研究为留学目的，都可以申请到日本继续深造。①

2. 入境监管加强

日本推出的“出入境管理与难民认定法”修正案规定，从2007年11月23日起，16岁以上外国人入境日本时，需提供正面照片，登记个人指纹。② 这一政策对留学日本的影响不大。

此外，申请日本留学签证还需要注意以下几点。

（1）日本审核申请者的重点仍放在学生自身学习能力方面。其中首要条件为日语能力。选择日本留学，日语是融入日本学习生活的前提和保障。出国前至少必须具备日语能力四级水平。

（2）日本留学签证之语言能力。签证官会用日语问申请人一些关于日本文化、学习方面的基本问题，有的申请人连基本的日语日常会话都不能应付，就很难使签证官相信他有能力在日本进行学习。

（3）日本留学签证学生的学历。高中生主要看高考成绩。高考成绩是学习能力的一个重要参考标准。如果申请者不能参加高考或高考成绩很差，那么日语

---

① 日本新华侨报网：《日本留学政策放宽年龄限制》，http：//www. jnocnews. jp/news/show. aspx? id =45577，2011年5月4日。

② 日本新华侨报网：《外国人境日本必须按指纹》，http：//www. jnochews. jp/news/show. aspx? id = 15025，2007年10月6日。

能力则成为办理签证时必须审核的条件。

(4) 日本留学签证留学动机。申请人需要阐述自身留学动机，一定要做到合情合理，所以希望赴日本留学的学生并不需要为“按手印”的新政策过于担心。

(5) 日本留学签证选择申请签证率较高的学校也是需要注意的。日本语言学校非常多，但往往较好的学校在入管局信誉度高，签证批准率高。①

二　中国赴新加坡的留学现状

(一) 中国赴新加坡留学概况

1. 每年留学人数约5000人，低龄化明显

中国赴新加坡留学的学生人数，以每年10%~20%的速度增长。② 2008年在新加坡留学的中国学生有3.9万人。2008年前后，每年有大约5000人的中国学生赴新加坡留学③。

新加坡留学中国生的低龄化十分明显。从年龄来看，21~25岁的留学生占了一半以上。从申请学历上看，根据新加坡狮城华人网向1312名私立学校中国留学生的调查，其中拥有本科以下文凭的学生超过80%，其中58%拥有高中学历④。申请专业文凭课程与高级专业文凭课程的人数占了46%，而仅有1/4的中国留学生正修读大学学士文凭课程及硕士文凭课程。

2. 名校优秀学生数量多，以文科为主

从留学生选择学校上看，新加坡中国留学生较为分散，但新加坡国立大学和南阳理工大学是吸引中国优秀留学生最多的学校，就读这两所学校的学生攻读学位都较高。在这两所大学就读硕士学位、博士的中国留学生有3000多名，占中

① 金吉列中国，《时届学答申请注意事项》，http://www.j1.cn/edu/japan/xgh/286826.shtml.

② 上海热线：《高中生出国留学：新加坡留学风景独好》，http://edu.online.sh.cn/education/gb/content/2010-10/19/content_4086029_2.htm，2010年10月18日。

③ 搜狐网：《新加坡留学：把握就业学位双“跳板”》，http://goabroad.sohu.com/20090512/n263915776_1.shtml，2009年5月12日。

④ 东方留学网：《新加坡狮城华人网调查中国留学生状况》，http://liuxue.eastday.com/NewsDetail-79260.html，2012年4月21日。

国在新加坡就读留学生总额的7.6%，其他学生主要分散在私立学校读书。

在选读专业方面，文科专业是中国留学生选择最多的专业。①

（二）中国留学生赴新加坡留学的原因

新加坡凭借优质的教育资源和开放的国际化教育，吸引着世界各地的学生前往留学深造。截至2008年，新加坡的留学生数量约为9万名，来自于世界120多个国家，其中高等教育（大学及以上）的留学生约占新加坡留学生的一半。2009年新加坡高等院校招收留学生数量为4.04万，在世界上排名约为第14位。②

对于中国家长来说，新加坡也是送子女留学的理想目的地之一。根据《远见》杂志与零点研究咨询集团《两岸父母对子女赴对岸就学看法大调查》，有23.4%的家长希望能送子女到新加坡留学，排在美国、英国、日本、澳大利亚和加拿大之后，③ 位列第六。

2011年，在新加坡狮城华人网的调查问卷中显示：华人数量多、教育水平高和国际化程度高是他们选择新加坡留学的主要理由。其他主要原因有：父母的安排、华人环境及教育水平高。④

1. 就业容易

新加坡是东南亚地区重要的金融中心、运输中心和国际贸易中转站，世界电子产品重要制造中心和第三大炼油中心。因此，酒店旅游管理、物流管理等专业成为新加坡就业机会充足的专业（见表1所示）。一直以来，新加坡的就业情况普遍很好。国立大学、南洋理工和管理大学的本科生毕业试用期起薪达到2500新币（1新币约为5元人民币），硕士生毕业试用期起薪达到3000新币以上，博士生毕业试用期起薪为4000～5000新币，并且可以马上申请绿卡。一些政府认证的私立大学的热门专业在当地的就业率为80%左右。⑤

① 新加坡留学网：《新加坡中国留学生占中国留学生总数的10%》，http://www.eistudy.com/news/102070.htm，2011年5月。

② UNESCO，“Global Education Digest 2011”，http://www.uis.unesco.org/Education/Pages/ged-2011.aspx.

③ 《远见》杂志与零点研究咨询集团：《两岸父母对子女赴对岸就学看法大调查》，2010年2月。

④ 东方留学网：《新加坡狮城华人网调查中国留学生状况》，http://liuxue.eastday.com/NewsDetail-79260.html，2012年4月21日。

⑤ 光明网：《新加坡留学就业前景》，http://www.gmw.cn/content/2010-05/05/content_1111850.htm，2010年5月5日。

表1　2012 年新加坡热门专业

专　业	特　点	就业情况
酒店与旅游管理	紧跟发展形势	两所综合度假城，从 2009 年开始 20 万相关就业岗位
会计、金融管理	美金结算人才缺口大，专业火热	就业机会充足
物流管理	专业人才缺乏	每年约需 1 万专业人，就业落户方便
大众传媒	新加坡为亚洲咨询中心；大众传媒实力强；数字电视、多媒体、互联网等新兴传媒领域	每年 20% 的人才需求增长、30% 的薪资增长

资料来源：QS University Rankings 2011～2012 年。

2. 华人数量多

对中国留学生来说，华人数量多也是选择新加坡留学的主要理由之一。据统计，新加坡华人数量占到总人口的 70%。中国学生在新加坡留学，生活习惯和思维方式不会受到太大的冲击，能很快适应学习生活。新加坡是典型的移民国家，文化多元化，但倡导和谐统一的价值观使得新加坡社会开放、宽容，不会对学生的社交形成障碍。

3. 教育水平高，国际化程度高

从教育水平上说，如新加坡国立大学，在 2011 年 QS 世界大学排名中位列第 28 名，在 2010 年《美国新闻与世界报道》亚洲大学排名中位列第 4；南洋理工大学在 2011 年 9 月最新的“QS University Rankings 2011～2012”排名世界第 58 位。在此报告的亚洲综合型大学排名中，新加坡国立大学和南洋理工大学排名分别为第 2 和第 17 位。

在国际化程度方面，首先，以英语为主要教学语言，广受国际学生认可。其次，新加坡外籍教师比例很高，如国大教师中外籍学者的比例高达 50%。第三，在课程体系上，提倡跨学科学习方式，采用美国选课制和学分制。第四，新加坡合作办学项目丰富。国立大学目前已经建立 7 所海外分校，与中国 10 多个高校建立合作项目，每年均有长期和短期的交流项目；南洋理工大学已经与世界上 13 所顶级名校建立合作伙伴的关系，每年有各国学生交流项目。

（三）新加坡的留学政策

1. 私立学校留学生保障政策

新加坡政府为了保障私立学校学生的权益不受侵害，对国内私立学校的办学规模和教学质量做出了规定：招收留学生的私立学校需要通过教育信托认证（EduTrust），即新加坡私立教育理事会根据私立教育法案而制定的教育信托保障计划的审核。此项审核是非强制的，但不参加审核或审核不通过的私立学校没有招收国际学生的资格。同时，私立教育理事会还规定：学校在向学生一次性收取超过2个月学费时，需为学生购买学费保险（一旦学校出现倒闭情况，学生能够收回自己的学费），同时规定学校最高不得一次性收取超过半年的学费。

2. 奖学金及贷款政策

新加坡奖学金包括企业奖学金和政府奖学金两种。企业奖学金是一种全额奖学金，是中国与新加坡的一项合作项目。该奖金由新加坡教育部提供给中国国内合作学校学生，奖金包括学费、生活费、路费在内的全部费用。名额由合作学校推荐产生，需要学生拥有优秀成绩。政府奖学金是一种部分免费奖学金，是新政府提供给留学生的。另外，中国学生还可以申请SM奖学金（也称助学金）。这是新政府单独为中国留学生设计的奖学金。该奖金只对申请新加坡规定的专业（一般为国家需要的理工科专业）的留学生开放，条件是学生需在毕业后在新加坡政府注册企业工作三年。在助学贷款方面，新加坡规定就读政府高校（包括三所大学和五所理工学院）的留学生可获得最高80%的学费贷款；另有无息贷款供家庭困难的学生申请。

3. 兼职就业政策

新加坡兼职政策规定在新加坡的私立学院留学生不能合法兼职，就读理工学院、公立大学的外国学生可以合法兼职。

2011年之前，新加坡的留学生就业政策一直较为宽松。首先，新加坡政府为解决人口负增长问题而实施了移民政策，在新加坡政府院校毕业的学生较易拿到绿卡。[①] 新加坡为保障留学生就业，还推出个人化就业准证（PEP）。PEP指的是一种只与个人挂钩而不与单位挂钩的工作许可证。持此证者在五年有效期内不必因变换工作而重新申请就业准证。若失去工作，仍可继续在新加坡居留六个月，以有机会寻找新工作。正是这些措施的采取，使世界新加坡成为很多留学生读书工作的理想之地。

---

① 新加坡留学网：《2012新加坡针对中国学生制定的留学政策》，http：//www.liuxue86.com/a/20120521/460972.html，2012年5月21日。

但是，根据中国教育部发布的最新消息，新加坡针对留学生的就业政策正在收紧，原因是保护本国公民的就业权益。正在采取的措施有：削减公立学校留学生名额、提高学费标准等。

4. 移民政策

在就业政策收紧的同时，新加坡的移民政策也正在收紧。新加坡一直是世界上移民比较容易的国家之一。2010 年以前，新加坡移民与关卡局（ICA）一直向理工学院和公立大学的应届外国留学生发放申请永久居民（PR）邀请信。通过 PR 邀请信，向雇主证明自己有资格申请永久居民。因此，雇主出于长远使用人才的打算，将会优先考虑拥有 PR 邀请信的学生。但是，2010 年初，新加坡政府为了防止越来越多的留学生挤压本地学生的就业空间，收紧了移民政策，不再向应届外国学生发放 PR 邀请信，留学生就业就变得困难了。而如果不能找到一份好工作，薪水达不到永久定居政策的要求，申请移民也会变得相对困难。

专 题 篇

Feature Report

B.6
加入 WTO 以来中国留学热升温的原因探析

摘　要： 我国加入 WTO 后，与世界接轨越来越多，出国留学热潮一浪高于一浪，呈现出国留学人数持续快速增长、留学低龄化、留学普遍化等诸多现象。本文着重透过现象，探析留学热背后的国际形势、国内因素以及个人留学的动机。

关键词： 留学热　留学低龄化　留学动机　社会影响

一　留学热升温的表现

留学热是伴随着全球化趋势出现的名词，主要体现在留学的群体规模越来越大、人数增长的速度越来越快、群体越来越细分等方面。

（一）我国留学群体规模大，成为世界主要留学生输出国

2010～2011 年，我国共有 62.44 万人出国留学，这两年的出国人数为

1978 年中国改革开放至今 30 余年以来出国留学总人数（224.51 万）的 27.81%，是 1978～2000 年加入 WTO 之前留学人数的近两倍。2011 年我国出国留学人数达 33.97 万，目前在外留学的人员总数超过 142.67 万。[①] 紧跟着全球化的脚步，自 2006 年开始，我国成为了世界上最大的留学生输出国。根据联合国教科文组织统计资料显示，2011 年中国出国留学人数占全球总数 14%，[②] 中国成为了世界上主要留学生接收国的第一生源国。例如，2011 年中国在美留学生占美国全部留学生的 22%，是美国第一大留学生生源国；而在英国、法国、澳大利亚、日本等国，中国都是其最大的海外留学生生源国。[③]

（二）留学人数快速增长

2001～2011 年，中国国内生产总值从 11 万亿元人民币增至 2011 年的近 47.16 万亿元人民币，年均增长超过 10%。国际贸易总量从 2001 年的 12.65 万亿美元增至 2010 年的 30.39 万亿美元，10 年增长了 140%。中国货物贸易额由 2001 年的世界第六位上升到第二位，成为全球第二大进口国、第一大出口国。货物贸易进出口规模从 2001 年的 5098 亿美元增长到了 2010 年的近 3 万亿美元，增长了 4.8 倍。[④] 与此同时，中国出国留学的人员也在快速增长。

2000 年中国出国留学人数为 3.9 万人，而加入 WTO 当年，出国留学人数就增至 8.4 万人，增长了 115.38%。2000～2011 年 12 年间出国留学人数增长了近 8 倍。即使是在金融危机的情况下，2008～2011 年出国留学人数依然持续增长，依次为 17.98 万、22.93 万、28.47 万、33.97 万，同比增幅依次为 24.86%、27.5%、24.2%、19.32%。按照 2000～2011 年我国海外留学生 21.75% 的年平均增长率进行估算，2017 年我国出国留学人员将达 110.6 万人次。

---

① 中国新闻网：《于继海：截至 2011 年底中国留学人员约 142.67 万》，http://liuxue.eol.cn/zong_he_3381/20120321/t20120321_755999.shtml，2012 年 3 月 21 日。

② 中国教育和科研计算机网：《中国成为世界上出国留学人数最多的国家》，http://usa.xdf.cn/201109/858700.html，2011 年 9 月 9 日。

③ 新浪网：《中国成为澳大利亚最大的海外生源国》，http://edu.sina.com.cn/a/2009-03-24/1339167922_2.shtml，2009 年 3 月 24 日。

④ 京华网：《槌落十年成绩 A+》，http://epaper.jinghua.cn/html/2011-12/05/content_737561.htm，2011 年 12 月 5 日。

（三）低龄化群体增加，留学低龄化趋势加重

随着教育的国际化和居民收入的不断增加，近 20 余年来，中国大陆留学低龄化的现象越来越明显，年龄低于 18 岁的学生出国的现象越来越普遍。

中学生留学人数迅速增长。过去，中国的年轻人习惯大学毕业后出国深造，现在，更多的人从高中甚至是初中开始就选择出国留学。2007 年，上海市教委国际交流处发布的留学调查报告称，在上海的出国留学生当中，15～19 岁占据了大约 27%。美国国土安全部统计数据显示，2006 年我国仅有 65 名赴美中学生，2011 年赴美中学生人数增长了 100 倍，达到 6725 人。2010 年我国出国留学的高中及以下学历学生为 7.64 万，占当年出国留学总人数的 19.8%。而中国教育国际交流协会公布的《2011 中国出国留学趋势报告》显示，2011 年高中生出境学习人数为 7.68 万，占我国总留学人数的 22.6%。2011 年美国高中收到的来自中国的申请资料比 2010 年增加了近 3 倍，已经超过了很多学校的历史最高水平。近几年美国私立高中招生巡展在中国很受有经济实力的家庭的欢迎。申请迪尔菲尔德中学和霍奇基斯中学等寄宿学校的中国学生数量在 6 年时间内增长了 10 倍左右。2005～2006 学年，平均每所美国中学收到的入学申请不到 20 份，但到 2011～2012 学年，平均每所中学的申请数量超过 200 份。①

赴海外读本科的学生人数攀升。赴海外读本科的学生大部分选择了美国、英国等发达国家，这部分学生人数增速明显。美国国际教育协会会长艾伦·古德曼在《2010 门户开放报告》中介绍，本科生增长是中国留学生数量猛增的主要原因。美国国际教育协会《2011 门户开放报告》显示，2011 年，中国在美攻读本科的学生总数为 5.75 万，占在美学生总数 36.5%，与 2010 年相比，增长幅度达 42.7%。2011 年，在美留学的研究生总数为 7.68 万，较 2010 年增长 15.6%，增幅远小于本科生的增幅。

出国读本科学生增多的趋势还能通过高考弃考现象得到印证。国家教育部公布的数据显示，2009 年高考弃考人数达到 84 万，2010 年接近 100 万人，其中因出国留学而选择弃考的人数占弃考人数的 21.1%，可见高中毕业生直接到国外高校留学的增长趋势在加快。以北京为例，2011 年，北京市高考人数和 2010 年

① 《中国赴美就读私立中学人数大增》，2012 年 3 月 30 日《参考消息》。

相比，降幅约为 10%，除了适龄学生和复读生造成人数减少外，大部分是因为留学而选择了弃考。

（四）自考生出国人数增多

当留学热蔓延到一定程度，留学市场进一步细分，不同学历层次的学生都能够找到自己对应的留学目标，自考生出国的现象也越来越明显。目前，全球已经有几十个国家认可了中国自考文凭。据北京教育考试院高教自考委员会办公室的不完全统计，截至 2005 年 2 月，承认我国自考学历的国家达到 26 个，其中包括美国、英国、澳大利亚等留学大国。①

嘉华世达留学公司的统计数据显示，2010 年自考生占申请留学美国和英国的总人数的比例分别为 5% 和 3%，而且还在逐年上升。澳际留学公司提供的数据同样显示，自考生申请留学的比例呈现上升趋势，其中加拿大留学部自考生占总申请的比例约 5% 左右，以专科毕业生和本科毕业生为主；申请留学欧亚国家的自考生则占总申请人数的 10% ~15%。另外，自考生国外攻读的专业分布涉及 20 多个专业，其中选择英语、财会专业人数最多，计算机软件及应用、国际贸易、金融、商业经济管理、法律、中文和新闻等专业也较受欢迎。②

相比应届大学生，自考生出国留学的目的十分明确，就是去国外学习更多技能，从而将来有能力胜任一份不错的工作。自考生选择出国留学的形式进行再深造，顺应了目前国家提倡的终身学习的大潮流。无论是应届生，还是自考生，国内大学学习都只是他们人生长路中的一部分，若想在未来竞争激烈的知识型社会立足，就必须不断学习，提高自身的素养。而出国留学，恰恰是成才的一条有效途径。

二　入世以来留学热升温的主要原因

（一）国际形势分析

1. 全球化背景下人才国际化培养趋势加强

在全球化第三个浪潮即人才全球化时代，一个很重要的方面是人才的国际化

---

① 湖南师范大学网：《目前国外有 26 个国家承认我国的自考文凭，出国留学不成问题》，http：//www. hnsfzk. com/employmen/1035. html。

② 北青网：《自考生出国留学人数不断走高》，http：//bigouth. ynet. com/3. 1/1205/08/2067148. html。

培养。随着全球化进程的推进，生产活动进行全球分工，国际产业不断转移，生产要素需要全球配置，跨国公司在全球化过程不断掌握全球经济命脉。这个过程中，不管是哪个产业、哪个企业，对具备国际化能力的人才的需求都有所增强。在巨大的需求推动下，留学成为了人才国际化培养的重要途径，留学热也成为世界性的话题。

2. 国内外优质教育资源的差距推动了留学热

境外丰富的优质教育资源与国内高等教育水平相对落后形成的巨大差距，成为留学热的最重要的推手之一。根据英国的《泰晤士报高等教育副刊》联合 IDP 教育集团发布的 2011 ~2012 世界大学排行榜，美、英两国分别有 75 所和 32 所大学进入榜单前 200 名，分别位居团体第一和第二。榜单前 10 位，美国和英国大学也分别占 7 席和 3 席。除了美国与英国，其他主要留学生流入国中进入大学排名榜单前 200 名的，德国占 12 所，荷兰 12 所，加拿大 9 所，澳大利亚 7 所，瑞士 5 所，日本 5 所。而我国只有 3 所大学进入前 200 名：北京大学排名 49，清华大学排名 71，中国科技大学排名 192。① 巨大差距推动下，中国高等教育的需求将会持续到海外释放，从而进一步推动海外留学热升温。

3. 留学输入国的留学签证政策放宽为中国留学热提供助推力

美国等主要留学生流入国的对中国留学生实行的优惠政策在很大程度上助推了中国留学热升温。2010 年、2011 年中国连续两年成为美国最大留学生来源国。② 近两年来，美国留学签证通过率均达 95% 以上。这得益于美国院校持续加大在华招生力度和美国政府提供了较以往更具吸引力的优惠政策，2009 年后对中国学生赴美留学持支持态度。2011 年 8 月份美国副总统拜登在四川大学演讲中透露“美方将努力改善签证制度，解决中国公民赴美签证手续办理时间过长的问题”；2011 年 11 月份美国驻华大使骆家辉公开表示将“致力于缩短赴美签证的等待时间，鼓励更多美国学生到中国留学”。③ 2012 年 2 月 9 日，美国政府

---

① IDP 教育集团网：《2011 ~2012 英国〈泰晤士报高等教育副刊〉世界大学排名前 200 强》，http：//www. idp. cn/Temps/2011 -2012（2012 -02 -10）。

② 《中国成为美国海外留学生最大来源地》，http：//edu. ifeng. com/abroad/detail_ 2011_ 07/29/8039802_ 0. shtml，2011 年 7 月 29 日《法制晚报》。

③ 中新网：《2012 年中国留学格局或将不变，美加英澳仍为主流》，http：//www. chinanews. com/lxsh/2011/12 -26/3559641. shtml，2011 年 12 月 26 日。

进一步放宽签证政策，宣布试行免面谈审理政策，继续促进美国在中国海外留学市场的“高温”。①同时，美国国务院放宽某些敏感科技领域的学生、访问学者的“Visa Mantis”（螳螂签证）等特别签证的严格审查程序，降低了中国大批学生、访问学者申请美国签证的难度。②

日本政府2007年以来出台了一系列政策鼓励中国学生赴日留学与就业。2008年提出了至2020年“接受30万留学生计划”。③2011年3月核污染事件后，日本政府进一步加强对华留学生的政策倾斜，以吸引中国留学生返日学习与工作，如通过立法将留学生毕业后的签证期限由180天调整为1年，简化再入境签证手续，紧急追加奖学金项目，弹性调整学费等费用的缴纳日期。④

受金融危机的影响，早已将教育当做产业的澳大利亚、加拿大等国家高校瞄准了中国家长的口袋，纷纷推出有利政策吸引中国学生就读。2011年新西兰、加拿大、澳大利亚都不同程度地放宽了学生签证政策，比如：降低对经济担保年限的要求、降低对存款存期的要求、放宽对经济担保金来源的要求等。

（二）国内因素分析

1. 入世以来经济持续发展，民众经济实力大大提升，留学成为可能

改革开放以来，我国经济的飞速发展使人民群众的收入水平不断提高，越来越多的家庭具备了送孩子出国留学的经济实力；同时，近年来人民币升值也使出国留学的成本降低，间接促进了留学人员的增加。2011年，北京、上海、广州、深圳等城市人均GDP超过1万美元，接近世界银行的发达国家和地区收入的水平。⑤公民在人均可支配收入大幅增加和众多富裕家庭的产生使得很多家庭有更多的金钱用于教育投资，能负担起子女的留学费用，增加了出国留学的可能性。

《2012中国高净值人群消费需求白皮书》指出，中国个人资产在600万元

---

① 《美签不再如畏途　留美潮更汹涌》，2012年2月14日《广州日报》。

② 《各国新政频出　竞揽中国生源》，2012年12月7日《人民日报（海外版）》。

③ 《日本新推30万留学生计划》，http：//www.wei.moe.edu.cn：81/article.asp？articleid=5479&page=2，2009年4月9日《中国教育报》。

④ 《日本留学新政：留学生毕业后签证期限调整为一年》，http：//japan.xdf.cn/201110/941331.html，2011年10月28日。

⑤ 中国新闻网：《北京人均GDP达12447美元，接近富裕国家水平》，http：//www.chinanews.com/gn/2012/01-19/3617741.shtml.2012年1月19日。

以上的高净值人群数达到270万，平均年龄为39岁，其中85%计划送孩子出国留学。亿万元资产以上的高净值人群数量约6.35万，平均年龄为41岁，其中90%的家庭计划送孩子出国留学。这些家长不仅希望孩子能够学习国外先进的科学技术、管理理念、熟练掌握一门外语，而且希望孩子从小就具备国际视野、国际思维。

2. 国际化人才需求加速中国学生走出国门

入世10多年来，越来越多国家的市场离不开“中国制造”，越来越多的国际资本流动是围绕中国市场而产生，“中国需求”正在全球市场上影响多种大宗商品的价格，越来越多的外国企业在中国投资建厂，中国企业正在越来越多地“走出去”。入世10多年是中国参与国际化、参与全球化的10多年，也是中国民众从语言、沟通方式、学习、就业、商业机制等方面同国际接轨的十多年。

2001～2010年10年间，我国累计吸收外商直接投资7595亿美元，居发展中国家首位。加入世贸组织为中国国内现代化建设提供了强大的动力。外国投资者因此对中国更有信心，他们对中国进行了大量直接投资和技术转移，也为中国带来了大量的跨国公司，带来了大量的跨国就业的机会。

中国在入世10年后进一步的对外开放催生了金融保险、会计审计、税务中介等在内的第三产业的加速发展。外资银行、保险、会计师事务所不断进入我国，如全球四大会计事务所（毕马威、安永、普华永道、德勤）近几年已经成功在中国的一线和二线城市布局。外企大量在中国登陆，对有关专业人员的需求大量增加。由于外企待遇好、福利好，更多的毕业生将进入外企作为自己的职业目标。而留学成为众多学子“开眼看世界”的重要方式和成为国际化人才、进入外企的必由之路。

金融危机以后，越来越多的跨国公司寻求和中国企业展开合作，越来越多的中方企业与外方企业通过多种方式展开海外销售，通过在国外合资建厂等方式征战全球市场。2010年我国企业对外直接投资达688亿美元，居世界第五位。伴随着中国企业的“走出去”，国际化人才的需求越来越旺盛。中国企业走出去，离不开深谙国际法规的专业人才。留学生拥有良好的外语基础、与国际接轨的文化背景、专业知识、先进技能等，这些素质将使得留学生大有用武之地，也因此加速了中国学生走出国门加入留学大军。

3. 民众意识逐渐开放为留学提供了理念根基

国务院发展研究中心研究员隆国强认为：“加入世贸组织，对我们实体经济

的帮助是巨大的，但是我个人认为，更深远的意义，是对我们的思想意识，对我们体制的影响，加入世界贸易组织以后，中国不仅建立起符合 WTO 规则的涉外经贸体制，更重要的是促进了国内经济体制的改革，对人的观念意识以及对经济制度的影响将是深远的，将会影响数十年甚至数百年。”“虽然中国加入世贸组织的谈判过程进行了很长时间，但是要看到中国人没有浪费漫长的谈判时间，而是把漫长的谈判过程演变成为全民开放意识的教育过程，很多国家觉得 WTO 是非常专业的，只有少数官员和企业关注。没有一个国家像中国，妇孺皆知 WTO。实际上这个过程中，把我们几百年形成的封闭的民族意识进行了开放意识的教育。”

正因为这种逐渐开放的教育意识，越来越多的家长不再满足于国内有限的优质教育资源，而是把眼光放在全世界范围内，希望自己的孩子能够成为国际化的人才，同时也将教育看做是长线投资，愿意花费重金培养子女。

4. 有利的政策推动留学

伴随着新中国 60 多年的发展历程，中国的出国留学教育经历了探索、创立、发展、中止、恢复、扩大和繁荣历史阶段。出国留学政策也随着留学形势的发展不断发生变化，从以往的计划经济模式下的政治主导、中央集权逐步演变为开放的市场调节和多元化的特色。从 1972 年恢复出国留学，到 1978 年改革开放正式拉开序幕，留学教育逐渐地恢复与发展，在 20 世纪 80 年代经过短时期的政策调整之后，留学教育进入相对的稳定和成熟期，并在 21 世纪进一步加快了教育国际化的步伐，展现出蓬勃发展的态势。

1993 年 11 月在中共十四届三中全会《关于建设社会主义市场经济体制若干问题的决定》中，首次以中共中央文件的形式确立了“支持留学、鼓励回国、来去自由”的留学总方针。① 这一新的留学政策使出国留学活动步入正常和快速发展的轨道，标志着中国留学政策走向成熟。② 随后，国家有关职能部门制定了一系列旨在吸引在外留学生人员回国服务或为国服务的政策措施，如表 1 所示。

---

① 国务院网站：《1993 年国务院政府工作报告》，http：//www. gov. cn/test/2006 - 02/16/content_200926. htm，2006 年 2 月 16 日。

② 苗丹国：《出国留学六十年——当代中国出国留学政策与引导在外留学生人员回国政策的形成、变革与发展》，中央文献出版社，2010，第 12 ~ 13 页。

表1 1972年恢复留学以来出台的留学政策

年份	政策
1972	恢复出国留学
1978	改革开放
1993	留学总方针：支持留学、鼓励回国、来去自由
1998	改革在美留学人员申办豁免的政策性文件
1999	资助已回国留学人员科研费的政策性文件
2001	资助留学人员短期回国服务的政策性文件
2004	关于购买免税汽车和《留学回国人员证明》的政策性文件
2005	开展“国外学历学位证书认证制度”的政策
2007	扶持、建立和发展留学人员创业园的政策性文件
……	……

资料来源：苗丹国：《出国留学六十年——当代中国出国留学政策与引导在外留学生人员回国政策的形成、变革与发展》，中央文献出版社，2010，第12~13页。

近几年还推出了关于购买免税汽车和《留学回国人员证明》的政策性文件；简化出入境和落实户口等手续、提供出入境便利的政策性文件；解决留学人员子女入学问题的政策性文件；开展“国外学历学位证书认证制度”的政策；改革在美留学人员申办豁免的政策性文件等。这些政策激发了我国公民出国留学、回国服务的热情，真正实现“来去自由”。

教育部国际合作与交流司相关人员表示，截至2012年，我国已经与世界上188个国家和地区建立了合作与交流的关系，设立了18个双边教育高层工作磋商机制，构建了若干双边及区域性教育合作与交流平台，签署并尚在执行的教育合作协议达154个，正在实施的政府间合作的教育项目共有77项。另外，我们还与34个国家和地区签订了学历学位互认的协议。与联合国教科文组织、联合国儿童基金会、开发计划署、世界银行等40多个重要的国际组织建立了教育合作与交流的关系，开展了大量的合作项目，为出国留学拓宽了渠道。①

5. 国内教育水平无法满足家长及学生的要求

我国的高等教育资源不足，而且评价体制单一，限制了学生深造提高的机

① 《全方位开展教育国际合作与交流》，2009年9月25日《中国教育报》。

会；而国外教育资源较为丰富，大学录取新生的要求相对低，在经济充足的条件下，许多家庭自然会选择留学的道路。例如，不少申请国外本科的学生中，有的成绩不佳，在国内考不上一所好大学；还有的在国内不能就读名校，转向报考国外名校。①

家长及学生对教育的要求有所提升。我国基础教育鼓励学生背诵书本知识以便在考试中取得高分，学生为了应付考试疲于奔命，根本感觉不到成长的快乐和获得知识的满足感。同时，学校使用的教材内容陈旧、难度偏大，教学理念落后，填鸭式教育方式极大地压制了学生的主体性、创造性。随着国际交流的日益频繁和网络的广泛普及，越来越多的学生和家长认识到中国的这种传统教学模式已经不能适应全球化背景下的竞争需求，他们更渴望到国外接受先进的教育模式。与国内教育截然不同，在国外的教育模式下，每个学生的潜力都能得到全面的挖掘，每个学生都能找到充分展现自我与张扬个性的舞台。学生可以选择自己有兴趣的课程，也可以根据将来的专业和就业的方向选择课程。

6. 留学中介机构大力宣传

留学中介机构大力宣传国外教育的优点，大力宣传留学的各种好处，也为留学热起到了一定的助推作用。众多的留学中介机构过度强调留学的意义，比如在家庭有支付能力的情况下，出国读书会成为孩子成长的良机；好学生会通过出国留学变得更优秀，而所谓的“差学生”会在异国接受真正的素质教育，并在一片完全不同的天地展示自己的才华等。此种情况下，很多留学生、家长，在没有了解留学是否真正适合自己的情况下，就盲目跟随潮流，也从另一个方面推动了留学热潮。

（三）个人留学动机分析

在大规模的留学浪潮下，推动人们选择出国的动机有很多方面。到国外留学，很多时候是为了接受通才教育或者通识教育，从而更好地成为国际化人才。由于国内的大学专业划分比较细也比较早，基本的人文知识和核心知识体系都比较单一，而国外大学前两年不选专业，很多专业都设置自由选择的课程，为发挥

① 《世界媒体聚焦中国高考　称竞争激烈超日本十倍》，2010 年 6 月 9 日《法制晚报》。

个性、挖掘兴趣提供了条件。过早的定位方向并投入其中并不是成为国际化人才的最优的方法，成为国际化人才需要更多的综合能力，包括学习、生活、国际化工作及游历的历练等等。①

除了成为国际化的综合人才，其他不同的动机也促使着学生留学海外，比如出国谋生和积累资本。由于留学生的群体特性，很多诸如住房、税收等政策都有相关优惠，长期的工作（打工）环境和资本积累以及享受外国福利也成为部分留学生的出国动机。

1. 接受更先进的国际教育，投资未来

根据华东师范大学方守江博士在2010年4月发表的《中国学生国际流动——驱动力和风险防范》中，对中国学生国际流动的内部动机进行了问卷调查（调查中共发出500份问卷，回收率88.6%），67.3%的学生认为国外留学经历及国外高等教育文凭在内地就业市场上有优势，而45.1%的学生出国是为了选择比国内更好的教育机会，有34.2%人出国是由于在本国没有接受高等教育的机会。

接受高质量教育进而拿到国际认可的有竞争力的文凭，是出国的最主要的推动力。据了解，很多家长送孩子出国最看重的也是文凭这一点。② 例如，很多学生认为英国的教育系统是世界上最好的，③ 经过几百年的沿革，它的教育系统相当完善和复杂，且具有非常大的灵活性。④ 英国所有教育机构均制定明文章程，旨在确保其所授课程的高质量，所颁发的证书世界各地均得到认可。有被访者认为：国外较硬的学历、“海归”耀眼的光环，在很多时候更能满足职业需要，促进个人的职业发展。国外的教育学历往往给留学者的就业和创业实力加分，回国的求职成功机会大一些，而且待遇也会相对较好。如果有创业的打算，外国的先进知识体系将是一大支撑。这些技能和专业在国内是学不到的，也是不能被取代的，因此创业的实力将会增强。⑤

刘红霞和房嘉熙在《中国青年研究》上发表的《关于新生代大学生出国留

① 李鸿泽：《从教育消费性收益看当代留学动机》，《教育研究》2007年第8期。

② 《出国留学动机发生变化》，2010年7月8日《海宁日报》。

③ 郑美勋、代蕊华：《我国学生出国留学动机调查报告》，《留学服务》2006年第6期。

④ 百度百科：《英国教育体系》，http：//baike. baidu. com/view/37111. htm。

⑤ 天天招生网：《为什么选择去英国留学》，http：//www. 365zhaosheng. com/html/2010/09/20100927120615227368. shtml，2010年9月27日。

学动机研究》中，通过与学生访谈发现，希望在更好的教育环境下接受更好的教育是驱动新生代大学生出国留学的重要力量。具体来说，被访者主要基于以下几方面的考虑。

（1）喜欢国外的教育方式。比如美国的教育是鼓励孩子们勇敢地去想、去做，更好地锻炼想象力。国外的教学方法相对活跃，给学生的是“快乐教育”。

（2）接受更好的教育，学到更加专业和实用的知识与技能。国外的大学就是让你学自己想学的，只有少数强迫性的课程，是一个比较自主的过程；外国的教学体制可以让人很好地规划学习，合理分配时间，从而安排好学习、打工、实习、选修课程等事情。出国可以找一个比较好的学校，学一些比较专业、有用的东西，而并非条条框框，从而使大学生活更有意义。

（3）享受丰富的教育资源。首先，国外有更多名校。比如美国经济的强大，造就了华尔街和各种有名的商学院。其次，国外的学校环境和文化氛围比国内更好，师资力量也强很多。比如美国大学的图书馆大都 24 小时开放，图书报刊的电子资源非常丰富，应用起来十分便利，这和国内形成了鲜明的对比。另外，国外的许多教育资源都是公开的，在美国即使不在 MIT、哈佛、斯坦福、耶鲁之类的名牌大学，照样可以享受它们提供的那些专业的、由一流教授讲授的网络公开课，这些课程不单单有视频，有些还提供 PPT、PDF 下载和讲课教授的联系方式，还有网上公开的讨论小组等，这些在国内大学很难分享到。

2. 尝试新的文化思想，丰富人生阅历

由于中国近几年经济崛起，很多中产阶级家庭开始有能力担负子女的出国教育费用，对于从小生活条件优越、对国外生活向往的学生来说，出国学习成为丰富人生阅历、增长见闻的很好的机会。比如，美国、法国给人的感觉是崇尚自由、生活简约、不注重形式，留学生有机会跟当地居民一起居住生活，也能看到总统、总理等人物的温馨的家庭生活等。这些所见所闻都能丰富自己的人生，从而获得一笔受益终身的无形资产，为以后的个人发展增加无形的砝码。

3. 提升外语水平，融入国际文化

在加入 WTO 后，中国经济的国际化步伐进一步加快。与此同时，中国的知识分子尤其是青年知识分子，更加渴望融入以欧美文化为主流的国际文化，而想要真正在中西方文化中融会贯通，掌握好一至两门外语是必不可少的。比如，英语作为全球通用的官方语言在其中扮演了重要的角色，这也就是以英语为母语的

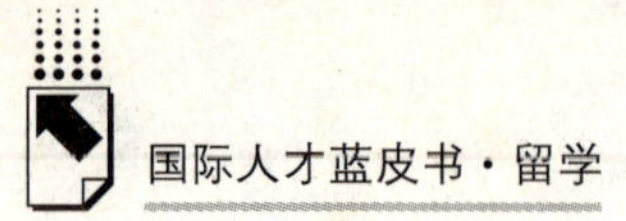

英联邦国家多年来一直是中国留学生的首选目的地的原因之一。

4. 促进自我成长与完善，提高综合素质

很多留学生想通过出国留学达到塑造健全人格、开阔视野、丰富人生经历、提高综合素质的目的。一方面，国外的完全独立的生活方式，包括住房、银行、求学、实习等，都要自己面对，遇到挫折和困难也是自己想办法解决，这对锻炼独立性和自我认知是很好的机会；而跟同学、房东、老师、售货员、老板等不同类型的人接触和交流则是提高综合生存能力的很好途径。

5. 学习专业知识技术，更好地建设国家

对于那些有较强责任心的爱国学者来说，留学是为了更好地学习国外的先进理念和技术，为国家的发展提供建议。当年的周恩来在法国留学时思考着国家新的发展方向；很多技术性人才从俄罗斯返回，带给我国信息军事方面先进的科技；钱学森当年为了回国报效所做的努力等，他们都希望通过留学能开阔思想寻求灵感，寻找真理改变世界。根据调查结果显示，[①] 想要学习国外先进知识、技术，为国家更好服务的留学生所占的比例不高，约18.5%，且大部分是国家公派留学生的想法。

如果是在发达国家留学，除了能学习科学技术以外，其经济模式、社会制度和政治形态都是能够引起思考和对比的。有了留学经历，留学生比国内的学生更能深切体会到其中的差异，从而对自己国家的发展提出更切实可行的改善意见。

6. 通过“留学—移民”，改变人生轨迹

有一部分人出国留学，是为了享受国外的福利保障体系，获得移民资格，改变生存环境。舒尔茨在《论人力资本投资》中谈到人口迁移时曾提到，“在和平时期，人们基本上能从满足自身偏好出发，为了改善自己的经济地位而自由地迁移。”在相关的调查中发现，很多留学生“留学是假，移民是真”。当然，对留学持这种态度的人很多没有逃过签证官员的眼睛，从而与留学擦肩而过，但还有很大一部分人通过留学名义合法地在海外获得了“绿卡”。

国外优美的自然环境、丰富多彩的文化以及国外轻松自由的生活方式等吸引了留学生并在国外定居。比如，国外空气没国内这么差，吃的东西很放心，不会有害或有毒，人们的素质相对较高，不会随地吐痰、乱扔东西等；而在中国的生

① 方守江：《中国学生国际流动——驱动力和风险防范》，华东师范大学博士论文，2010。

活成本很高，要享受同样质量的生活在国外会更便宜；国内的工作环境和质量也跟国外相差很大，挣同样的工资付出的代价不一样等。①

同时，国外的福利保障制度比较完善，部分留学生出国是想和父母一起移民，享受国外的医疗保障和社会福利。另外，国外大学的免学费义务教育也是吸引很多留学生的原因，还有关于生孩子、② 小孩教育的政策等等，也是人们想要出国移民的原因。所以，出于为下一代着想以及想更好地享受生活的原因，留学和移民成为他们的选择。

7. 通过留学拓展生存空间

留学打工，成为了部分学生出国的重要理由。留学生利用上课学习时间兼职工作，成为让国外学校头疼的问题。拿法国来说，部分留学生仅仅在每学期开始和学期期末考试的时候去学校，其余时间都在兼职工作。虽然兼职工作大部分为体力劳动，但如运货司机每月兼职 150 小时可赚 1500 欧元左右，这些钱足以养活自己甚至是国内的父母。虽然会有考试不通过的风险，但是补考制度和留级规定让一些有经济困难的人有了持续赚钱的可能。虽然校方并不提倡这种行为，但这确实是国内不能提供的机会，因此也成为部分学生出国留学的动机。

8. 拓宽社会网络，成为国际性人才

建立新的国际性的人际关系，积累社会资本，也逐渐成为留学的一个动机因素。在异国他乡举目无亲的环境里，一个班级或者一个专业的留学生共同学习，共同生活，互相帮助，将会形成强大的凝聚力。这种人脉关系的建立会成为一笔无形财富而影响他们的一生。

另外，通过留学可以提升与外企的匹配度，成为国际性人才。由于我国高等教育的大众化普及，对我国的劳动力市场均衡发展造成巨大影响。着眼于当前中国的就业趋势，中国高校毕业生就业难度越来越高；与此同时大量外企及从事中外交流的单位对“海归”较为青睐，使得其在职场上的优势越来越明显，因此留学也出现了“白热化”的竞争。

当然，学生的留学动机往往是交叉、相互融合、互相促进的，如追求学术上

---

① 刘红霞、房嘉熙：《新生代大学生出国留学动机研究》，《中国青年研究》2011 年第 7 期。

② MSN 中文网：《赴美生子：非富人专利　留学生群体是主力》，http://money.msm.com.cn/story/20110810/10311280798.shtml，2011 年 8 月 10 日。

的发展也与将来的经济与精神回报密切相关；同样，在国外学习同样可以接受异国文化的熏陶，丰富个人的生活阅历等。个人动机也可能与国外生活冲突，调节好工作和生活才能持续发展。

三　留学热的社会影响

留学热产生的社会影响主要包括积极影响和消极影响。

1. 积极影响

出国留学热的积极影响包括个人收益和社会收益两方面。个人收益包含出国留学者通过留学开阔了视野、提高了外语水平、获取了更新的知识和技能等方面。出国留学热的社会收益主要体现在庞大的留学人群中，在许多学成归国服务的留学生中，很大一部分已经成为我国国民经济和社会进步的重要力量。更重要的是，留学回国创业，不仅带回先进的技术和大量的资金，还带来了先进的管理理念、商业模式，为我国高新技术产业发展，新兴产业的涌现，自主创新能力和核心竞争力的提升都做出了十分重要的贡献。

2. 消极影响

留学生出国的消极影响主要是由此可能带来的人才流失。目前一个比较明显的倾向是出国留学的学历越高、专业越紧缺，回国的比例就越小。目前，在美国留学的近九成的中国科学与工程博士都会选择留在美国工作，孜孜不倦地走着"在美留学——找到工作——获得签证——申请绿卡——入籍美国"的"美国梦"。自1985年以来，清华大学高科技专业毕业生80%去了美国，北京大学这一比例则为76%。2006年，清华和北大分别以571名与507名博士输送量，开始超过美国本土伯克利分校成为美国大学博士生来源最多的两所院校。美国的科学与工程博士接近35%在外国出生，其中22%来自中国大陆，为世界之最。"根据美国《华尔街日报》2010年1月26号报道的美国有关政府机构的统计：2002年在美国拿到科学和工程博士学位的外国留学生，到2007年仍然滞留在美国的比例中国最高，如表2所示，达到92%。"因此，2008年7月美国的《科学杂志》把清华、北大比作"最肥沃的美国博士培养基地"。①

① 王辉耀：《人才战争》，中信出版社，2009。

表 2　2002 届在美获得科学工程博士学位的外国留学毕业生滞留美国比例（2007 年）

单位：%

名次	国家/地区	留美比例	名次	国家/地区	留美比例
1	中　国	92	7	韩　国	41
2	印　度	81	8	日　本	33
3	加拿大	55	9	墨西哥	32
4	德　国	52	10	巴　西	31
5	台湾地区	43	11	泰　国	7
6	土耳其	42			

资料来源：U. S. Keeps Foreign Ph. D. s，*Wall Street Journal*，2012。

B.7

海外留学的主要挑战、安全隐患及应对措施

摘　要： 留学过程中存在各种各样的挑战，如独立生活过程中因文化冲突带来的不适、生存能力的考验、经济压力的挑战；学习生活中面临的语言障碍和教育模式的不适等。同时，由于留学群体的特殊性，在海外将会面临许多安全问题，包括心理安全、财产安全和人身安全等。留学生应树立正确人生观和世界观，勇于正视挑战，努力克服困难；同时维护个人心理健康，提高防范意识，保护好个人财产和人身安全。

关键词： 留学挑战　留学安全　应对措施

一　独立生活的挑战

（一）文化冲突带来的不适应及应对措施

1. 文化不适问题

留学生在海外生活、学习，难免与异国文化碰撞。文化环境的改变意味着行事规则和行为规范的彻底改变，涉及生活的方方面面。如果不能对所在国家的文化产生认同，留学生将在生活中步履维艰，处处碰壁。比如，存在主流宗教文化的国家，在饮食、出行习惯上与无宗教国家差别很大，留学生必须做到尊重他人宗教信仰，理解当地文化，否则可能受到排挤甚至攻击；再比如一些国家特有的文化习俗、待客之道、处事方式，留学生必须了解并学会运用，才能与当地同学、老师更好地交流和相处。

社会文化不适应问题普遍存在于留学生群体中，且需要较长时间的努力才能够克服。根据问卷调查，[①] 89.5%的海外留学生能感受到文化差异。该调查发

① 方媛媛：《留学生文化适应现状、影响因素及策略的实证研究》，《内蒙古师范大学学报》2010年7月。

现，仅10.5%的留学生能在3个月以内适应异国文化，89.5%的留学生则需要3个月至1年以上（其中3~6个月的占21.1%、6个月至1年的占47.4%、1年及以上的占21.1%）。而在《中国留学生教育适应状况的研究》所做的调查中，社会文化障碍是留学生出国后面临的第一大障碍，[①] 有23%的学生认为较难融进当地文化，有约12%学生认为很难融入当地文化。

2. 文化冲突的原因

社会文化指的是一系列社会观念，包括哲学、宗教、艺术、政治思想和法律思想、伦理道德等。对社会文化的适应主要指对这一系列观念的认同。由于社会文化与社会经济发展、政治状况直接相关，又具有民族性，各国的社会文化会有所差异。

造成中国与外国的文化差异的原因，主要是中国社会和外国社会价值观、思维方式的差异。如，中国人在为人处世方面看重集体主义，而西方人崇尚个人主义；中国人沟通注重谦虚礼貌，而西方人说话直来直去；中国人思维方式是先从整体考虑，再放到实际中应用，而西方人思维方式正好相反，具有跳跃性和抽象性，如表1所述。

表1　中国人与西方人的价值观、思维方式和宗教传统文化

项　目		中国人	西方人
价值观	为人处世	看重集体主义，推崇权力和权威，尊重承诺和传统，讲究中庸之道	以个人主义为中心，敢于挑战权力和权威，讲究人人平等
	沟通交流	注重谦虚礼貌，说话做事谨慎	开门见山，说话做事直来直去
	性　　格	沉默内敛，没有过多的肢体语言	肢体动作很多，面部表情丰富
思维方式		从整体考虑，再放到实际中的应用，具体化、可操作性强	擅长进行分析和逻辑推理，跳跃性、抽象性
宗教和传统文化		儒家文化	宗教

资料来源：胡文仲：《跨文化交际学概论》，外语教学与研究出版社，2010。

另外，一个国家的宗教传统，可能影响该国社会的行为规范。中国虽然也有部分人有宗教信仰，但中国宗教文化不浓，而是形成了以儒家文化为主导的社会

① 朱佳妮：《中国留学生教育适应状况的研究》，上海交通大学硕士学位论文，2008。

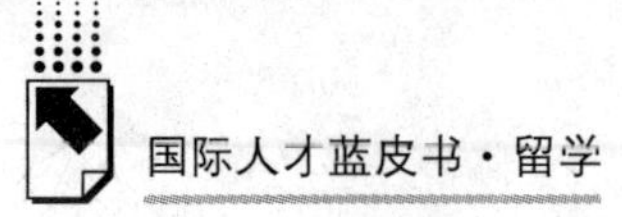

行为规范。这种行为规范的差异也是文化冲突的表现之一。

3. 如何适应异国文化

中国留学生要避免文化冲突带来的困难，需要从各个方面着手。第一，要树立一种尊重他人社会和他族文化的态度。第二，要提前了解目的国的宗教、文化、习俗，了解他国人民的思维方式，尤其注重了解与人交流的方式方法、规则禁忌，避免出国因文化差异与当地人发生冲突和摩擦。第三，要避免极端民族情绪的影响。很多中国留学生在外国很容易产生强烈的国家和民族意识。虽然这种意识既能凝聚爱国情怀，增强民族感，但也会妨碍开拓新视野，阻碍接受新文化。①

（二）生存能力的考验

1. 在国外独立生活要求留学生生存能力较高

海外独立生活对留学生构成挑战主要体现在留学生在生存技能、衣食住行方面的经验少，缺乏动手能力和规划能力。如果生存能力不够，则会导致留学生活阻碍重重，造成巨大生活困难，甚至影响学习和形成精神异常。由于我国留学呈现明显的低龄化趋势，加上留学生多为独生子女，独立生活的能力较低，独立生活的压力这是留学生面临的最直接的挑战。

2. 不合理教育造成生存技能缺失

独生子女独立生活能力较低，难以应对留学挑战。独生子女家庭已经成为家庭模式的主流，城市独生子女家庭的比例已经超过 90% 。我国家庭对独生子女教育的通病有如下几点：物质上有求必应；成长希望过高；行动上过分保护。2009 年《我国独生子女状况研究报告》中通过调查发现，独生子女在劳动习惯、生活自理能力和独立解决问题能力等方面，总体上弱于非独生子女。例如中国独生子女自己做饭的比例不足半数，低于非独生子女 10 个百分点。这样的独生子女，一旦离开家长的帮助，在国外很可能不适应自己做饭洗衣的生活，或者在生活上敷衍了事，或者将精力过多地放在家务上而影响学习。

发生这种现象的深层次原因是教育体制的不合理和家庭教育的不足。我国

① 胡文仲：《跨文化交际学概论》，外语教学与研究出版社，2010。

的教育体制较不合理，长期以来，学校将考试成绩作为判断教育成功的主要标准，忽视了对孩子综合能力的培养。在考试学习上对孩子的束缚很多，剥夺了孩子积累生活经验和能力的时间。很多家长在这种环境下，也将提高考试成绩作为培养孩子的唯一途径。加上现在的孩子都是独生子女，家长的过分溺爱，使孩子丧失了自主意识，没有形成独立思考的习惯。① 2009 年《我国独生子女状况研究报告》对家长的调查发现，让孩子每天都做家务的家长很少，除了最简单的家务如整理书本和床铺的有 22%、洗自己衣服的有 61.9% 之外，其余家务基本不涉及。当孩子遇到困难时，“家长替孩子把事情做好”的小学、初中和高中独生子女家长比例均在 85% 以上，高于非独生子女家长 40 多个百分点。缺乏独立生活锻炼的孩子在留学初始阶段将面临艰难的学习过程，给生活带来不便。

3. 提高生存能力的建议

独立生活是每个人都需要掌握的能力，也是每个学生成长中需要经历的阶段。对于经过家长和学校合理教育的学生来说，衣食住行不应该成为一种挑战。在这一点上，出现问题的家长和学生都应该进行反思。尚未出国的学生和家长，也应该提前做好准备。家长应该转变教育观念，多锻炼孩子的动手能力，比如让孩子做家务、独立完成购物、指导孩子合理规划生活等，让孩子学会基本的生存技能。学生则应该致力于全面发展，树立自强自立意识，平时主动做家务，积累生活经验。对于年龄较小的出国者，留学不失为一个锻炼机会，应该克服畏惧心理，保持乐观的心态，勇于迎接独立生活的挑战。

（三）经济压力的挑战

1. 部分留学生因经济压力较大而选择打工挣钱

虽然有家庭经济来源作为支撑，但由于国外生活费用和学费昂贵，留学生中仍然有相当比例的学生面临经济压力。根据《中国留学生情况调查》显示，在“经济”方面“很困难”或“困难”的留学生人数比例为 19.2%。② 因此，不少学生通过打工减轻经济压力。而这种打工经历会带给学生新的精神压力和安

---

① 青年人网：《留学生频传精神异常引关注》，2008 年 10 月 8 日。

② 朱佳妮：《中国留学生教育适应状况的研究》，上海交通大学硕士学位论文，2008。

全风险。

中国留学生群体中，多数留学生为减轻经济压力而打工。据《朝日新闻》报道，日本冈山大学经济学系的一位讲师调查了 9 所大学中国留学生的情况后得出结论：75% 的中国自费留学生定期打工。在一份俄罗斯圣彼得堡中国自费留学生现状调查中，有 68% 的学生打工是为了锻炼自己，而有 31.2% 是为了“挣钱”。①

2. 通过打工解决经济问题带来精神压力和安全风险

虽然打工可以减轻经济压力，但也给留学生增加了新的精神压力和安全风险。精神压力包括激烈竞争造成的工作压力、平衡打工与学习精神压力等。这种压力影响了留学质量。比如一些家庭经济一般的同学，只能靠打工赚钱来支撑自己全部开销，工作的精神压力和身体疲劳使学生很难兼顾学习；长期的生活的忙碌与艰辛，还会使心理调节能力差的学生产生心理问题；而有些人认为打零工就可以赚足生活费，干脆放弃了学业，背离了留学的初衷。另外，有些学生由于不熟悉国外的求职流程，被用人单位欺骗。甚至有学生为了挣钱在非法用工单位打工，这些行为都使学生劳动权益得不到保障，更增加了学生的人身安全风险。

3. 合理安排打工

留学生通过打工可以增加社会经验、提高语言能力，但打工的同时也应该注意适时适度。要合理安排打工时间，以学业为重，不能占用上课时间打工；工作强度要适度，根据自身的体质选择打工形式；如果可能，可以选择专业相关领域的兼职工作，既可以减轻部分经济负担又可以学以致用，巩固知识；打工过程注意保护个人权益和人身安全，要提前了解国家关于留学生兼职的法律法规，不参与违法犯罪活动，提前调查用人单位是否正规，签订劳动合同，将保护自身合法权益的事项在合同中表明；遇到用人单位违法用工的情况，要勇于反抗和投诉。

各国政府为保障劳动者权益，各自有对劳动时间、工资和限制等方面做出法律规定。由于各国规定相异，为方便海外学生熟悉打工规定，特提供中国学生集中的留学国家相关政策，以供参考，详见表 2。

---

① 新华网：《圣彼得堡中国自费留学生现状调查》，http：//news. xinhuanet. com/overseos/2006 - 02/28/content - 4238368 - 4. htm，2006 年 2 月 28 日。

表 2　热门留学目的国打工的情况和相关政策

政　策	英　国	加拿大	澳大利亚	美　国	日　本	法　国
最长时间/周	小于 20 小时（超过缴税），假期内可延长	—	大于 20 小时，假期内可延长	小于 20 小时，假期内小于 40 小时	14 ~ 28 小时（假期每天可 8 小时）	小于 20 小时，假期内可延长
限制	大于 16 岁	只在校内	大于 18 岁，需工作签证	需工卡，J1 类需和学业相关，F1 类需在校园内	需“资格外活动许可”	第一年不许打工，有工卡以后可以
类别	艺术、酒店等多样职位	图书馆、学生食堂、留学生服务中心、实验室	大城市需中介，学校的职位很少	体力活儿多，多在图书馆、食堂，中餐馆	餐馆杂役，工地建筑	体力活儿，暑期集中打工
平均小时工资	5 ~ 10 英镑	—	10 ~ 15 澳元	6 ~ 8 美元	800 ~ 1000 日元	8 欧元

资料来源：《留学生国外各国打工政策》，北京教育网。

二　学习压力的挑战及对策

（一）语言障碍问题

1. 语言障碍阻碍能力发挥

对于留学生来说，语言障碍是出国学习需要克服的首要障碍。而根据调查，语言困难也是留学生面临的第二大困难。根据《中国留学生教育适应状况的研究》，有近 20% 的学生认为语言问题较为困难，其中 10% 的学生认为极为困难。

语言障碍不仅会影响到学生的日常生活交流，还会影响到学习能力和研究能力的发挥。生活中的语言障碍将影响学生与人交流，进而影响到与老师和同学的交流。因为国外的学习方式灵活，课堂气氛活跃，且多采用研讨式教学方式。如果连正常沟通都会出现问题，便不能正确理解老师的意思，也无法完成学业任务。而研究生在专业词汇上跟不上，也会影响到学习能力和研究能力的发挥。

2. 造成语言障碍的原因

造成中国留学生语言难以适应的原因是多方面的，其中最重要的是国内外语教学与国外环境相差较大和留学生本身语言基础差。国内外语教学偏重读写能力的培养，轻视听说能力的培养；偏重学术用语的学习，轻视生活词汇的积累；偏重死记硬背的学习方式，轻视语言文化背景的介绍。由此导致国内外语教学和国外实际语言使用脱节。根据《中国留学生教育适应状况的研究》，出国前英语的听力能力极差的约占 18%，口语能力极差的超过 20%。写作能力极差的学生超过 20%。中国留学生英文存在写作能力不适应、英文词汇不足、对美国俚语无知、英语说讲困难、发音不被人听懂的问题，半数以上到国外后还需要进行语言的再训练。

本身外语基础较差，但还是盲目选择留学，也是学生难以适应的原因。由于在国内进入好学校难，这些基础差的孩子便选择出国。这些孩子本身外语程度不高、基础较弱，出国后很难适应。这和家长的盲目选择留学是分不开的。

再者，出国攻读研究生学位的同学，短时期内都会出现课堂听不懂或者进度跟不上的情况。这是因为上课时，频繁使用专用术语，逻辑思维也较为严谨，加上专业具有一定深度和难度，正常时都要仔细思考，别提使用自己不太熟悉的语言进行分析了。

3. 克服语言障碍的对策

对于如何克服语言障碍，学生们除了需要认真对待出国前的语言考试外，还应该注意平时多听、多说。出国后，要克服内向害羞心理，善于与外国同学交流，还可以利用博客、论坛、MSN 等社交平台进行语言练习。对于语言基础较好的同学，则应该着重锻炼专业词汇的听说运用能力，帮助在难度较大的专业课上尽快适应，不至于因为语言的不熟悉影响到学习能力和研究能力的发挥。

（二）适应不同教育模式的困难

1. 教育模式的不适应

出国后，面对一个陌生的教育环境，很多学生都会感到不适和吃力。除了语言给学习带来的不便，学生的不适应更多体现在对教育模式的不适应上。比如很多留校学生不适应国外讨论式的上课方式，没有自己的观点，仍然模仿书本上的内容；上课时不愿意参加讨论，不能正确理解老师和作业的训练意图；对于找资料和陈述等考核方式感到麻烦和吃力，不能按时完成。

2. 中外教育模式差异的原因

中国与外国的教育模式不同，是由教育理念和制度上的差异造成的。由于社

会经济环境和文化传统迥异，中西在教育理念和教育制度上有很大的差异。由于美国教育被公认为世界领先，此处以美国为例说明此问题。

首先，中西教育理念差别很大。如美国教育更注重培养学生运用知识的实践能力，注重学以致用，看重创新，鼓励学生对知识和权威提出质疑。而国内教育则推崇对知识和权威的尊重，看重对已有知识的掌握和继承。

在入学和毕业制度上，美国大学入学一般采用申请的形式，只需提供中学成绩，准备面试即可获得入学资格，考核相对简单和简便，但国外大学进入高校后，就会有很严格的学分制，老师对学生比中国高校更为严格，淘汰和竞争同样激烈，“宽进严出”。而中国则中国的高等院校入学考试非常严格和正规，竞争激烈，而上学过程和毕业对学生的学业水平要求相对入学宽松很多，“严进宽出”。

在教学方式上，中国的教育模式采用老师灌输，学生处于相对被动的地位，而国外则多用老师提问，学生自主寻找答案的学生主动型模式。国外学生通过查资料和同学之间互相交流，既补充了知识内容，又能提高兴趣。课程选择时，美国以选修课为主，学生可根据自己的兴趣选择绝大多数要上的课程，而中国则以必修课为主，学生可根据兴趣选择的课程数目很少。成绩考核时，美国的考核方式较为看重学生的分析问题和解决问题的能力，而中国则简地局限在对知识的记忆和描述。

在社会能力的培养上，美国十分看重学生在校期间与社会的接触，为学生空出时间，提供机会参加社会实践；而中国的校园生活十分封闭，除了考试成绩的要求，学生缺少机会进行社会实践。这导致了美国学生在校园里就对社会有了初步的了解，而中国学生在毕业前对社会仍然很陌生，因此很多中国学生走上工作岗位后需要2~3年的适应期（见表3）。①

3. 应对学习障碍的对策

造成这种教育模式的不适是中西文化传统和社会环境造成的思维方式的不同。想在短时间内改变思维方式，对所有学生都是一个挑战。因此，中国学生刚去国外需要努力适应，主动转变学习方式。多给自己锻炼机会，多思考，大胆表达自己的观点。多信任伙伴，多参与交流，尽快适应不同的氛围，真诚地结交朋友，及时分享各种信息。积累很重要，要把自己塑造成一个有魅力的人，找到适合自己的学习方法，然后持之以恒。

① 张文英：《中美高等教育比较与启示》，《黑龙江高教研究》2005年第3期。

表3 中美教育对比

教育	美国	中国
社会环境	物质生活丰富，注重物质奖励以及个人价值的实现，崇尚独立自主、拼搏创新	处事谦虚、严谨，尊重传统，谨小慎微
教育理念	注重运用知识、培养实践能力，鼓励质疑和创新	注重积累知识，鼓励对知识和权威的尊重，注重对知识的掌握与继承
入学毕业制度	宽进严出	严进宽出
专业课程选择	必修课目少，选修课目多	必修科目多，选修科目较少
学习方法	要求学生提出自己的想法，学生间和师生间讨论	老师灌输知识，学生被动接受
成绩考核方法	考核学生分析问题、解决问题的能力	考核记忆和描述能力
在校实践机会	有丰富多彩的校园文化活动和为社会服务的活动	校园封闭，实践机会少

资料来源：张文英：《中美高等教育比较与启示》，《黑龙江高教研究》2005年第3期。

三 留学存在的安全隐患及预防措施

留学安全问题一直是家长最为关心的问题。根据中国留学机构——新通国际2011年对6000名学生家长进行了问卷调查，并得知家长最关心七大留学安全问题。其中居住安全最受家长关注，占总人数的17.03%，其次是学习安全（15.09%）和就业安全（14.01%），之后是留学心理安全（12.05%），签证安全（10.91%）和行前安全（9.05%）。随着我国留学规模不断扩大，国外留学人员安全问题频频出现，留学安全已经成为学生和家长选择留学目的地的重点考虑因素。前几年家长的关注点大部分都放在“留学申请”，关心孩子是否能申请到名校，而现在很明显转向主要关注“留学安全”。[①] 在此主要讨论心理安全、财产安全和人身安全。

（一）心理安全

1. 留学生心理问题逐渐增多

近年来，留学人员大幅增加，关于留学生问题的报道也明显增多。在众多低

① 新通国际：《关注海外留学安全》，http：//www. igo. cn/zt/safety/。

龄留学生出国问题的报道中，关于海外留学生心理健康问题的报道屡见不鲜。心理问题改变了留学生的性格、世界观和行为，对留学生本人的学习和生活质量造成巨大的负面影响。留学生本人也会因此长期处于痛苦之中，严重时还会伤及亲人和朋友。2011 年 3 月份曾有报道说，一名在日本留学的上海学生迫于学业压力等，产生严重的心理问题，在回国时将母亲刺伤。

2. 心理问题的内外部原因

缺乏亲情、语言不通、生活习惯不适应、学习压力和文化差异等给留学生造成了多重压力，出现各种心理问题，比如心情不好、焦虑、抑郁、社交障碍等。

第一，思乡和缺乏朋友产生的孤独感是产生心理问题的重要原因。抑郁症是留学生中最常见的一种心理疾病，表现为学生情绪持续低落、狂躁、失眠体弱等。严重的甚至走上自杀道路。对于留学生来说，抑郁产生的主要原因包括思乡、缺乏朋友和无法融入社会产生的孤独感。根据《中国留学生教育适应状况研究》,① 留学生当中面临的第三大压力便是远离家人和朋友，有超过 25% 的学生表示这给他们带来较大的困难，有约 10% 的学生表示这给他们带来极大的困难。而有 20% 的学生在出国前对远离家人和朋友给自己的带来的困难表示担心。留学生独自在海外生活，离开家人和朋友的陪伴，很多事情需要自己独立承担。有些学生学业紧张，也没有时间与家人多沟通。而由于语言不通、环境陌生，留学生获取新朋友的渠道变得十分有限。据调查，海外留学生的朋友数量明显变少，且当中有 60% 都是中国人。这既是一种无奈，也是一种痛苦。留学生无法与人经常进行情感交流，长期的孤独感会使性格变得内向、乖戾、不合群。

第二，人际关系处理不当也会引发学生心理问题。根据《中国留学生教育适应状况研究》，海外学生仅有约 5% 与家人同住，有约 10% 独自居住。而有 70% 的学生与人合住学生公寓、校外公寓，或寄宿在当地家庭中。现在出国的留学生以独生子女为主，在家与父母一起居住，受到家人的宠爱和保护，缺少与陌生人生活的经验，缺乏主动和自觉意识，容易造成人际关系处理不当。比如，留学生与室友经常因为家务的分工问题产生矛盾。另外，现在多数独生子女自我意识过强，缺少包容心，不能忍受他人与自己的不同，有的学生对经济条件和学习

---

① 朱佳妮：《中国留学生教育适应状况研究》，上海交通大学硕士学位论文，2008。

成绩比自己好的同学还会产生攀比嫉妒心理。再者，中国留学生过于专注学习成绩，生活能力差，缺少关心他人的意识，则会引发寄宿家庭的不满，造成关系紧张。这些因为人际关系处理不当引起的不满、愤怒和嫉妒，容易使学生变得冲动，长期还会产生抑郁、交往障碍，甚至发展成自杀和杀人的惨剧。

第三，抗挫折能力差，不会自我调节，是威胁心理安全的内在原因。由于生活条件优越和家长的持续保护，大多数出国孩子都没有经历过大的挫折。抗挫折能力差是中国独生子女的显著特点，在许多家境条件较好的留学生群体中更是突出体现出来。尤其是有很多高中出国的小留学生，心智发展还不够成熟，突然离开了家长的呵护，遇到挫折便会备受打击。如果不能学会自我调节情绪，培养正视问题的勇气和坚强的抗挫意识，一旦将学生放到国外种种冲击的环境中，他们的意志会被摧毁，产生焦虑、抑郁等心理问题。

3. 家长学生共同努力克服心理障碍

第一，家长在留学生心理安全保护方面可以起到重要作用。家长对孩子留学的态度应该从只关心物质供应，转变到物质和心理并重。出国前，首先结合孩子的性格特点，充分考虑留学是否适合孩子性格、孩子现阶段是否具备独立生活的能力等等。孩子出国后，要经常与孩子进行情感沟通，缓解孩子的孤独感；遇到困难及时开导，出谋划策，鼓励孩子树立解决问题的信心；时刻注意察觉孩子心理和行为的改变，一旦发现问题，要立即劝导就医或者中止留学。

第二，留学生要学会自我调节。首先，应该培养自身包容的品格，不斤斤计较，要学会尊重他人，真诚待人，友好与同学和朋友相处；其次，树立乐观、积极的生活态度，多交新朋友。

第三，学业上进行自我激励，多与老师沟通，积极参与团队作业。

第四，丰富业余生活，多参加体育运动、校园活动，培养自己的兴趣爱好。

（二）财产安全

1. 财产安全的重要性

财产安全问题主要包括现金安全、贵重物品安全、银行卡安全等。由于出国留学费用高，留学生需要经常携带现金、银行卡，财产安全隐患时刻存在，并且留学生群体普遍被认为是钱款充裕的人群，容易成为犯罪人员的作案目标。针对容易出现的偷窃、抢劫和诈骗等手段的犯罪问题，留学生应该时刻保持警惕，注

意防范。此外，应该注意提前了解国外的各种银行卡使用规则、贵重物品寄存规则、安全环境、报警程序等。提高自我保护意识也是十分必要的。

2. 防范措施及常见问题的处理

防范财产安全问题，可从以下几个方面注意。

第一，提前了解各国安全环境，选择治安良好的国家和地区留学。建议准备留学的学生通过教育部教育涉外监管信息网和教育部留学服务中心等正规渠道，或咨询外国驻华使馆查询和了解国外学校办学资质情况及其他相关留学信息。

第二，提前了解外国的财产安全知识和报警程序。可以通过在国外的亲戚或者朋友了解当国财产安全事项。也可以通过互联网和各国安全部门网站了解。

第三，提高防范意识。不随身携带大量现金，不随便泄露银行卡密码。注意时刻随身携带贵重物品，或寻求贵重物品寄存，防止被盗和丢失。保护好个人隐私，不露富。

一些常见的财产安全问题处理方法提供如下。

第一，对于银行、保险公司推荐的服务选项多做了解。在外语不熟练的情况下，直接看懂商业买卖的细节是不容易的，信息不对称下容易盲目选择，导致更多花费。因此，可以在空闲时间多了解银行和保险公司的业务文本介绍。

第二，住房的选择需仔细看清合同的条目，注意自己的义务以免造成押金损失；清楚房租交付方式和时间；入住前清点房中物品并登记确认，以确保搬走时不会因此有问题。有的国家或学校会鼓励学生住在当地家庭，从而更好地了解当地文化，此时，应多了解住房规定，比如垃圾的分类、使用厨房的注意事项，还有退房的时间和手续问题等，避免给房主和自己带来麻烦。

第三，对于交通卡、火车票等，一般不能转让他人，因为不同的国家可能有不同的罚款。而电话合约是国外运营商和用户之间主要的通信服务买卖方式，但合约的签订和终止都需要很多材料，因此需要提前了解。

（三）人身安全

1. 人身安全问题的类型

人身安全问题包括有生命、健康、行动自由、住宅、人格、名誉等安全。问题类型包括自然灾害和意外伤害型问题、政治安全型问题和刑事犯罪型问题。

（1）自然灾害和意外伤害。自然灾害和意外伤害型问题中，自然灾害包括地震、海啸、台风和洪水等；意外伤害有空难、海难、车祸、火灾和流行疾病等。这些事件是不可抗力事件，不受人为的影响，给我国留学生造成了不少伤亡事件。特别是在自然灾害频发的国家留学的学生，可能会经常受到自然灾害的威胁，如地震多发国日本、智利、土耳其和伊朗；台风、海啸多发国澳大利亚、新西兰和东南亚国家。而意外伤害带给我国留学生的最大威胁主要是车祸、火灾和溺死。①

（2）刑事犯罪类问题。刑事犯罪类问题主要指的是犯罪分子针对我国留学生的抢劫、偷窃、诈骗和谋杀。此类事件近年来频繁发生，引起了社会和中国政府的极大关注。2012 年 5 月和 6 月，分别在美国和加拿大发生了一起中国留学生被杀事件。遇害事件作案手段极其残忍、令人发指，给海外中国留学生再次敲响安全警钟。根据新闻报道，从 2007 年 10 月至 2012 年 6 月，中国留学生在国外遇害事件约有 18 起，② 平均 3 个月就会有一起遇害事件。如果考虑没有报道的和统计不全的情况，遇害事件出现频率则更高。留学生遇害案件的类型主要有枪杀、凶杀、自杀、性侵，犯罪人既有持枪罪犯，也有留学生的同学、朋友、恋人。案件的深层次原因包括三角恋、求爱不成、打架斗殴、同学嫉妒、抑郁、炫富等。

（3）政治性安全问题。政治性安全问题包括政治骚乱、武装冲突和恐怖袭击，如中东国家，因政局不稳、极端宗教势力和极端民族势力频繁制造恐怖事件，杀害平民和学生，给我国留学生带来了极大的人身威胁。总体来看，政治安全问题主要包括以下三类。

第一类，留学国社会矛盾激化、政治性动乱或内战，留学生遭受无辜伤害。一些国家长期存在反政府武装活动，如斯里兰卡、尼泊尔、哥伦比亚、菲律宾、土耳其等国。政府军与武装分子的军事冲突对留学生安全构成经常性的威胁。

第二类，留学国政治危机造成伤害。政治危机包括：政治动荡、社会骚乱、

① 苗丹国、李晓敏、梁凯音：《中国在外留学人员留学安全现状和安全留学保障》，《世界教育信息》2011 年 9 月。

② 通过谷歌搜索整理统计得出数据。

军事政变和政权更迭。留学生通常对校外情况了解较少，政治敏锐性不强，一旦出现政治性冲突，极易危及留学生。

第三类，极端民族分裂和宗教狂热分子故意制造事端，以此对中国政府施加压力。这种类型的政治性威胁是当前留学生最大的安全隐患之一。

2. 人身安全问题的内外部原因

人身安全问题的存在有外部环境原因，也有学生自身的原因。

外部原因如自然灾害、流行疾病、战争、骚乱、罢工、种族歧视、宗教环境等。留学生相对国内居民来说，是一个特殊的群体。他们面临不熟悉的外部环境、短时期内难以融入当地文化。加上由于各地宗教习俗不同，留学生难以融入当地社会。这一方面危害心理安全，另一方面容易与当地人发生冲突和矛盾，危害人身安全。另外，从健康安全方面看，近年来由于禽流感等传染病疫情在各国仍时有发生，流行疾病成为危害海外留学生身体健康的重要因素。

同时，内部原因也是留学安全问题出现的重要原因。第一，学生自身自我保护意识淡薄（如轻信陌生人被诱拐）、易怒并与人发生口角、人际关系处理不当等。近年来留学生低龄化现象明显，低龄留学生心智不够成熟、人际关系处理能力差、易冲动。这些尤其会引发留学生同学之间的恶性事件。第二，学生自身价值观扭曲，素质不高，言行不当，引来杀身之祸。2011 年 9 月，英国发生一起由于留学生向朋友炫富，家中遭到洗劫的例子。

另外，由于学校、家长过度关注知识教育，忽视了人格教育，造成留学生人格扭曲，突出表现为冷漠、冷血、自私、缺乏同情心、不关心他人等。人格扭曲的学生，一旦有外部事件诱导，极易做出不理智的举动。一些恶性事件，如 2011 年 4 月，一名在瑞典留学的上海女学生被同样来自上海的男同学连刺十余刀后死亡，与学生人格教育缺位是分不开的。

3. 保护人身安全的对策

留学生应做好防范工作，避免人身安全事件发生。做好防范要从以下几点予以注意。

（1）提前了解国家自然灾害、政治形势，尽量避免到事件频发的国家留学。

（2）通过各种渠道了解各种安全知识。

（3）注意自身言行、提高道德修养，遵规守法。

（4）避免与人发生冲突，处理好人际关系。

（5）要树立自我保护意识，提高警惕。

（6）远离受害源，不去危险场地和事件频发的场合。

（7）善于沟通，调节好心理状态，保持乐观向上的生活态度。

（8）学习处理危急事件的方法，如地震、火灾等应急避难措施。

（9）遇事积极寻求帮助。

留学生在海外可以寻求帮助的对象包括：同学、朋友、亲人、学校、当地警方和中国领事馆。学校一般都有专门国际学生办公室，一般的问题，直接向国际学生办公室咨询或反映。如果是遇到严重自然灾害和恶性事件、社会骚乱等，需要积极寻求中国领事馆帮助。

4. 常见问题的处理

（1）出国前应通过各种渠道了解各种安全知识。可以通过外国亲戚和同学，或国外安全部门、学校安全网页了解。

（2）到国外大学院校注册后，应立即向课业指导教授或到外籍学生顾问室报到，以便使自己列入课业、环境适应辅导以及紧急事件的帮助名单。主动向校方索阅相关安全资讯、手册和紧急联络电话号码，以防患于未然。

（3）抵达国外后，了解该地各区治安状况。选择居住区域时，向当地居民请教环境状况，注意是否设有安全措施，如大楼警铃、路边免费求救电话等。

（4）随身携带钥匙，出门即锁门。尽量少去人多嘈杂的娱乐场所。女留学生夜间不要独自行走，应随身带手机，感觉有人跟踪应立即报警。

（5）学业为首，谦虚务实、入乡随俗。不露富，少宣言政治言论。

（6）购买必要的保险，尤其是医疗健康保险。

（7）乘坐地铁出门前即预先记好路线及转车地点，随身携带地图。

（8）带少量现金，护照等重要证件要放在内衣口袋等不易引人注意的地方。

（9）在家不要随便开门。陌生人或自称修理电话、水管等，要求来者提供证件再开门；在外出、夜间就寝前，确保煤气关闭、门窗上锁；不因好奇随便介入可疑事件；重要的证件复印保留。①

---

① 中国教育在线网站：《教育315》。

B.8
留学回国潮：机遇及影响

摘　要： 留学人才是我国人才资源的重要组成部分，我国政府历来重视留学人才的回归工作。随着我国经济实力的提升以及政府加强留学人才的引进工作，越来越多的留学生在学成后选择回国就业或者创业。本报告分析了不同留学回国人员的现状，回国发展的优劣势以及新机遇等。

关键词： 留学回国现状　海归优劣势　海归回国的影响

一　留学生回国潮涌起

1949 年后我国第一波“留学回国潮”出现在 20 世纪 50 年代初，当时海外共有中国留学生 5600 多名，其中的 2000 名先后在此次回国潮中返回中国，其中包括钱三强、李四光、华罗庚、邓稼先、钱学森、罗沛霖、黄昆、严东生、任新民、赵忠尧等杰出科学家和教育家。此次回国的留学回国人员，极大地推动了新中国建设和科技事业的发展。①

我国第二次回国潮出现在 20 世纪 60 年代初期。此次回国人员主要为 20 世纪 50 年代国家派往苏联和东欧的留学人员。20 世纪 50 年代派出留学生人数为 8414 名，到 1965 年时，学成回国 7324 人，占 87.05%。此次回国留学人员多在日后的中国政府担任要职（一名国家主席，一名国务院总理，多名国务院副总理或国务委员，200 多位正副部长及省部级官员，100 多位将军和军队高级将领），为国家做出了巨大贡献。②

与新中国前两次留学人员回国报效祖国的信念不同，20 世纪 80 年代自费留

① 《新中国出国留学政策的演变与发展》，2011 年 1 月 4 日《中国青年报》。

② 苗丹国：《出国留学六十年——当代中国的出国留学政策与引导在外留学人员回国政策的形成、变革与发展》，中央文献出版社，2010。

学开始以后，随着人们全球意识逐渐增强，人们的留学观念和回国观念都发生了重大变化。留学逐渐变为一种自我选择，留学动机有了更多私人的功利性（如移民，到国外镀金，回国后有一个更好的机遇）。留学回国与生存相互结合，回国发展更多地体现了个人主体意识。

进入21世纪以后，自费留学呈现加速式增长，占到了留学生总数的90%。2011年出国留学人数创纪录地超过了30万人，与此同时，大批留学生选择了回到国内工作、生活。特别是2008年后，由于西方经济衰退，就业形势严峻，加上中国经济在近10年来一直保持高速增长和我国政府出台的大批针对留学归国人员的优惠政策，许多海外留学生选择回国寻求发展机会。进入21世纪，中国成为世界上最主要的“人才回流”和“人才环流”的接纳国。

（一）留学生回国现状

1. 留学生回国的人数及就业去向

（1）留学生回国人数增长迅速。随着留学人数的增加，越来越多的留学生拿着国外大学的文凭回国就业。1978～2011年，留学回国人员总数达到了81.84万人，回归率达到36.5%。如表1所示，我国每年的留学回国人员数量持续增长，尤其是进入21世纪后，增速更加明显，2008年和2009年，留学回国人员数量增长率超过了50%，而2011年留学回国人数达18.62万，同比增长37.7%。

表1　1996～2011年累计出国人数、回国人数及其回归率

单位：万人，%

年　份	累计出国人数	累计回国人数	回归率
1996	27.0	8.9	32.9
1997	29.6	9.6	32.4
1998	30.2	9.9	32.7
1999	32.0	11.2	35.0
2000	34.0	13.0	38.2
2001	46.0	13.5	29.3
2002	58.5	15.3	26.2
2003	70.0	17.8	25.4
2004	81.4	19.8	24.3

续表

年　份	累计出国人数	累计回国人数	回归率
2005	93.3	23.3	24.9
2006	106.7	27.5	25.8
2007	121.2	32.0	26.4
2008	139.0	39.0	28.0
2009	162.0	49.7	30.7
2010	190.5	63.22	33.2
2011	224.5	81.84	36.5

注：回归率 = 累计回国人数/累计出国人数。

资料来源：中国统计年鉴 2010 年，2010、2011 年数据为教育部公布的数据。

如图 1 所示，近 15 年来，留学回归率大约在 24% ~39%，呈现 U 型分布。2000 年左右，受“千年虫”及网络泡沫的影响，当年回归率达到近 15 年最高值 38.2%，此后留学生回归率持续下跌，到 2004 年达到低点，为 24.3%。2004 ~2011 年，我国留学生回归率又持续上升，2009 年开始，我国海外留学生的回国率超过 30%，2011 年达到 36.5%。

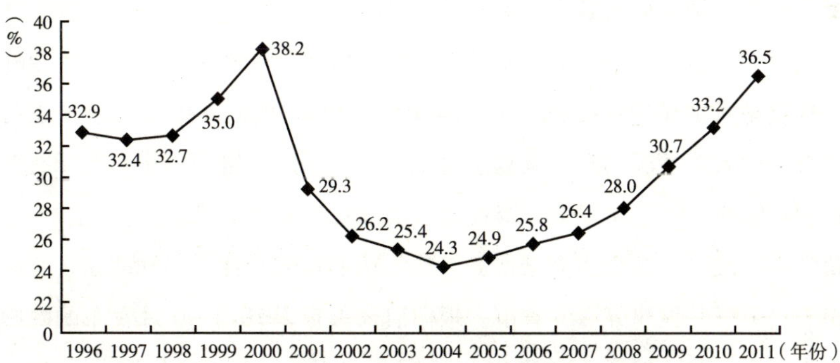

图 1　1996 ~2011 年回归率折线图

资料来源：中国统计年鉴 2010 年，2010、2011 年数据为教育部公布的数据。

留学生的回归率与国内经济形势密切相关。通过图 2 的趋势图可以更直观地看到，虽然出国人数和回国人数都有很大增长，但是出国人数的增长幅度远大于回国人数的增长幅度。根据中国与全球化研究中心 2010 ~2011 年在美国哈佛大学和其他机构所做的调查看，在中国留学人员回归的原因中，相比印度，中国更为庞大的市场和政府更为积极的激励机制明显是重要的吸引力。被调查的留学人

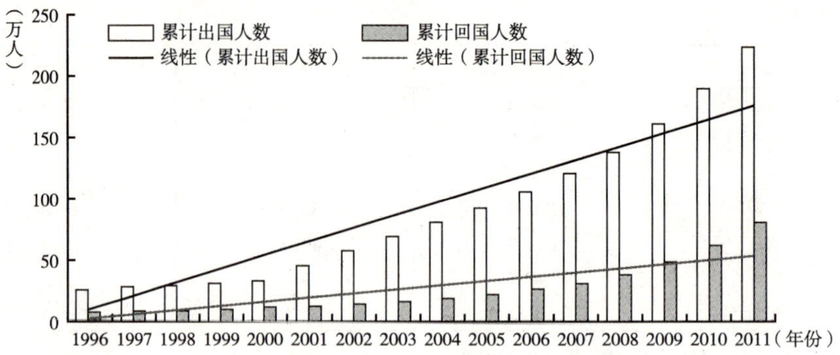

图 2　1996～2011 年累计出国人数、回国人数柱状图

资料来源：中国统计年鉴 2010 年，2010、2011 年数据为教育部公布的数据。

员当中，超过八成认为回来能有更好的专业、职业、创业发展，有更大的人才需求市场。这一比例也远远高于印度留学人员。这显示了中国留学人员对中国经济发展的信心。值得注意的是，59% 的中国留学归国人员觉得在祖籍国的生活水平会优于或等于他们在美国的情况。并且从回归率上我们可以看出，留学生的回归率和国内外的经济形势有紧密的关系。

（2）留学回国就业集中在大城市。2011 年底至 2012 年初，中国与全球化研究中心与北京大学光华管理学院海归课题组在 2642 名海外留学人员中进行了一次大样本海归人才情况调查。调查结合线上和线下形式进行，最终收回有效问卷 499 份，问卷回收率为 18.9%。调查显示以下几方面的结果。

留学生回国后大多会到大城市去工作，他们首先选择广东和北京，其次是江苏、山东、上海、天津等沿海省市。根据启德教育 2010 年 10 月发布的海归就业调查报告，海归就业城市主要集中在上海和北京，分别占 37.3%、31.8%，其他城市总共占 30% 多。

留学生回国就业所选择的单位性质以事业单位为主，占 43.2%，其他类别依次是外资企业（16.1%）、本土企业家创立的民营企业（16.1%）、国有企业（13.6%）、海归企业家创立的民营企业（7.4%）和政府部门（3.7%）。具体的留学生就业的单位性质分布如图 3 所示。

在工作层级上，以普通员工居多。海归在工作层级上，主要是以普通员工居多（32.20%），其次是部门经理（20.34%），第三是主管（16.95%），第四是

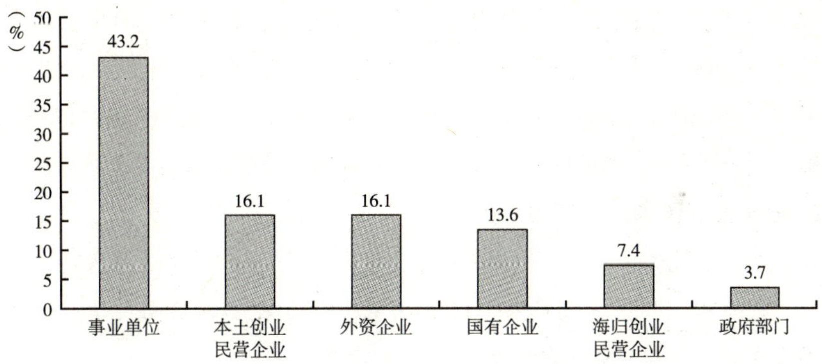

图3 海归人才回国就业的单位性质

资料来源：王辉耀、路江涌：《中国海归创业发展报告2012》，社会科学文献出版社，2012。

总监/大区经理（10.17%）。

（3）留学回国就业选择多元化。在留学生回国创业方面，透明的政策和规章制度、便捷的行政审批手续和完善的基础设施条件是留学生回国创业所考虑的首要问题，他们大多会选择在创业条件比较好的沿海大城市，首选城市是在广东、北京、江苏、上海和浙江等地。留学回国人员创业主要集中在高新技术密集型的行业，尤其是新一代电子信息技术行业和新生物和新医药行业。

从图4中可以看出，留学生回国后将近有1/3的人员去了大学或者科研机构，他们还集中于服务业、生物工程和新医药、制造业、新能源和新一代电子

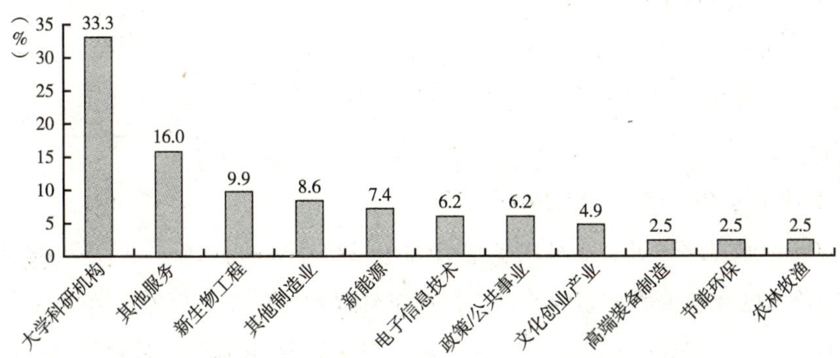

图4 海归人才已经回国就业的行业分布

资料来源：王辉耀、路江涌：《中国海归创业发展报告2012》，社会科学文献出版社，2012。

信息技术等行业，留学人员还是希望能够将自己所学的知识应用到工作中去。

调查中，超过八成的海归表示，所从事的行业和所学的专业至少有部分相关，只有 13.11% 的海归认为两者完全不相关。如果在出国前已经有明确的职业规划，有明确目的选择专业的海归们，回来后更容易在自己喜欢的领域中大展拳脚。

2. 留学生回国意愿及理由

（1）有大部分学生愿意回国发展。金融危机后，留学生回国意愿有一定程度提升。根据中国与全球化研究中心 2010～2011 年在美国哈佛大学和其他机构所做的合作研究，越来越多的海外留学人才希望回来。

根据麦可思－中国针对 2007～2011 届大学毕业生社会需求与培养质量调查研究，2007～2011 届五届本科毕业留学人员回国意愿有所加强，留学后计划“回到中国来工作”的比例逐年上升，从 2007 届的 22% 上升到 2011 届的 34%。有三到四成的留学生愿意留在国外短期工作，积累工作经验后回国或是直接回国工作，准备留在国外长期工作的人很少，而且比例逐年下降，2011 届学生中，希望留在国外长期工作的只占总数的 6%。持“不确定”态度的比例减少，从 2007 届的 29% 下降到 2011 届的 20%，具体数据见表 2。

表 2　2007～2011 届本科毕业生留学后的回国意愿分布

单位：%

留学后的计划	2007 届	2008 届	2009 届	2010 届	2011 届
留在国外短期工作	37	31	36	39	40
回到中国来工作	22	30	31	34	34
不确定	29	30	26	17	20
留在国外长期工作	12	9	7	10	6

资料来源：麦可思－中国 2007～2011 届大学毕业生社会需求与培养质量调查。

（2）中国经济机遇良好是回国最大理由。留学人员回国主要有国内经济环境、职业发展和家人等方面的因素。根据王辉耀教授在美国哈佛大学访问研究期间和美国几位专家的合作研究调查中发现，90% 的中国海归称经济机会是他们回归的最重要原因；51% 的中国海归认为，能为祖国经济发展做贡献是回国的重要原因；59% 的中国海归觉得在祖国的生活品质优于或等于他们在美国的生活品质；76% 的中国海归认为祖国市场重要（见表 3）。

表3　留学人员回国理由

单位：%

移民的原因	中国
职业发展	91.6
求学	90.5
生活质量	84.3
更好的基础设施	82.6
回国的原因	**中国**
国内经济环境	
国内的经济机遇	91.8
国内市场	77.8
较低的商业成本	38.0
政府的激励机制	22.6
为祖国的经济发展做贡献	52.3
职业发展	
更好的专业发展机会	84.0
更好的职业机会	87.3
祖国对其专业技能的需求增加	86.8
国内更好的生活质量	55.5
国内更高的报酬	57.1
个人及社会比较	
家庭/家族价值	67.0
照顾年迈的父母	78.8
距离家人、朋友更近	76.8
孩子的情感成长	24.9
孩子的教育	17.6
生活质量	33.5

资料来源：America's Loss is the World's Gain：America's New Immigrant Entrepreneurs，Part IV。

（3）留学人员回国确实是被“吸引回来”的，而不是被“逼回来”的。在另一项留学回国人员动因的调查中发现，职业发展类原因是留学生回国的最重要的原因（58.8%的留学生认为职业发展是他们回国的重要原因），其次是家庭生活方面的原因（45. 1%的留学生认为家庭生活方面的因素是他们回国的重要原因），再次是社会文化方面的原因（41.2%的留学生认为社会文化方面的因素是他们回国的重要原因）。可见，留学人员回国的主要原因是受到国内职业发展、社会文化因素以及与亲朋好友团聚的吸引，而不是在海外的职业发展受到限制、文化受到制约，或是海外生活不舒适所导致。①

具体来说，留学生回国的三大动因按重要性分布的情况见图 5 所示：

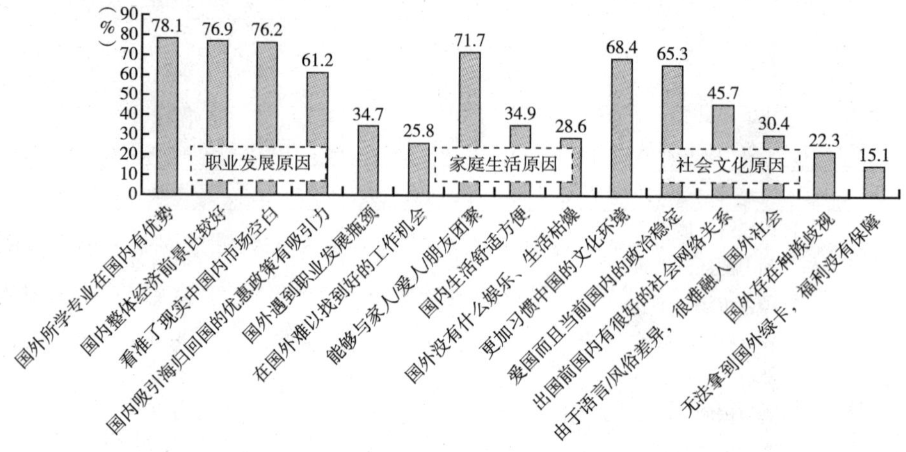

图 5　留学人员回国的三大动因

资料来源：王辉耀、路江涌：《中国海归创业发展报告 2012》。

二　留学生回国发展的优劣势分析

（一）留学生回国发展的优势

从外部环境和留学生本身两个角度来看，留学回国发展面临着国内政策利好的外部环境优势，和个人具有的国际化素质的优势。

1. 国内政策利好

我国为了吸引海外高级人才回国，出台了许多鼓励留学人员回国的政策，从 2009 年起，人力资源社会保障部实施留学人员回国创业启动支持计划，成立了中国留学人员回国创业专家指导委员会，为留学人员企业提供资金支持和全方位指导服务。例如，中科院的“百人计划”，每位入选者可获得 200 万元人民币的资助，用于科研启动和住房；教育部“长江学者奖励计划”则提供和国外生活水平可比的工资待遇以及科研启动费。下面是对近期的相关政策进行简单介绍。

① 王辉耀、路江涌：《中国海归创业发展报告（2012）》，社会科学文献出版社，2012。

（1）出台了大量关于促进留学回国人员的政策。进入21世纪以来，我国出台了许多促进留学人员回国的政策，如留学人员创业园区的建立（2000年）与发展，自费出国留学资格审核政策的废除（2003年）与国家优秀自费留学奖学金的设立（2003年），国家公派“三个一流”方针的提出与实施（2003年），在留学人才引进工作中界定海外高层次留学人才指导意见的发布（2005年），国家建设高水平大学公派留学生项目的设立与进一步加强国家重点领域紧缺人才培养工作意见的提出（2007年），实施海外高层次人才引进计划（千人计划）的部署（2008年）等。

2011年元旦，教育部部长袁贵仁在致海外留学人员的新年贺词中表示，深入实施科教兴国战略和人才强国战略，为广大留学人员实现抱负、展示才华创造了新的机遇，提供了宽阔的舞台。目前有14个中央部门出台了35个文件，内容涉及留学人员回国安置和任职、高层次留学人才吸引、海外留学人员为国服务、回国创办企业、科研经费资助、知识产权保护、回国（来华）专家的签证、出入境和居留便利、行李物品检验通关、配偶就业和子女上学、工龄计算、职称评定、户籍管理、计划生育等14个方面。其中，综合性政策文件主要有三个：一是《关于鼓励海外高层次留学人才回国工作的意见》，对高层次留学人才回国任职条件、工资津贴水平、科研经费资助以及住房、保险、探亲、家属就业、子女上学等方面做出了规定。二是《关于鼓励海外留学人员以多种形式为国服务的若干意见》，明确了海外留学人员回国服务的七种方式和七个方面的支持政策。三是《关于建立海外高层次留学人才回国工作绿色通道的意见》，进一步对海外高层次留学人才回国的收入报酬、项目申报、职称和职业资格评定、知识产权保护、配偶就业、子女入学以及出入境、居留便利等方面提供优惠政策。[①] 其中明确提到了对暂时无法回国的海外高层次留学人才，鼓励他们通过兼职、开展合作研究等各种适当方式为祖国服务，做到“不求所在，但求所用”。从强调“回国服务”演变到强调“为国服务”，从强调“人的回归”演变到也同时强调“人才回流”。

同时，我国在吸引海外人才方面，出台了许多政策。例如，2010年，中国制定了《国家中长期人才发展规划纲要》，确立人才优先发展战略布局，以推动产业向创新经济转型升级。自2008年出台“千人计划”以来，中央和地方不断

---

① 中国政府网：《中共中央国务院关于进一步加强人才工作的决定》，http：//www. gov. cn/test/2005－07/01/content_ 11547. html，2003年12月26日。

推出新的吸引人才的政策，推动和促进了中国人才的回流。2009年《关于实施中国留学人员回国创业启动支持计划的意见》，正式实施“中国留学人员回国创业启动支持计划”。每年在全国范围内遴选一批创新能力强、发展潜力大、市场前景好的留学回国人员创办的企业，在创办初始启动阶段予以重点支持，以加快其科技成果转化，实现企业快速发展。2011年出台的“青年千人计划”、“外国专家千人计划”等一系列国际人才政策的创新举措也让全世界瞩目。全国人大常委会2012年4月24日审议的《出境入境管理法》（草案）在普通签证类别中增加“人才引进”一类，来更好地吸引海外优秀人才。

地方政府也十分重视引进海外人才工作。江苏省实施了“高层次创新创业人才引进计划”，提出“十一五”期间，引进50名左右高层次人才和若干人才团队，省财政每年拿出1亿元以上资金，对每位引进人才或团队一次性给予不低于100万元的资金支持。2008年，将人才引进专项资金增加到2个亿，提出每年引进150名左右高层次创新创业人才。无锡市实施了“530计划”，提出用5年时间引进30名海外领军型创业人才。

2010年，广州市出台了《关于加快吸引培养高层次人才的意见》及10项配套实施办法，2011年制定出台了《广州市中长期人才发展规划纲要（2010～2020年）》，大力实施“万名海外人才集聚工程”和“创新创业领军人才百人计划”，助推人才强市战略的深入开展。为吸引更多海外人才来广州创业，广州还将颁布广州市引进海外人才来广州创业的“红棉”计划。该计划依托中国留学人员广州科技交流会，以海外人才为重点对象，自2012年起市政府每年安排1亿元以上资金，每年引进培育100家以上海外人才来广州创办的企业。对初次来广州注册办企业等符合扶持条件的企业，提供30万～100万元的创业资金资助；其中对科技类项目的企业，提供50万～100万元创业资金资助；对非科技类项目的企业或机构提供30万～50万元的创业资金资助。深圳市出台《关于实施引进海外高层次人才“孔雀计划”的意见》，对纳入“孔雀计划”的海外高层次人才，给予80万～150万元的奖励补贴及居留、出入境和落户等特定待遇；对引进的海外高层次人才团队，将给予最高8000万元的专项资助。①

圳新闻网：《团队资助最高8000万，个人补贴最高150万》，http：//roll.sohu.com/20110412/05639516.shtml，2011年4月12日。

北京市2009年启动“海外人才聚集工程”，在市级重点创新项目、重点学科和重点实验室、市属高等院校、科研院所等高新技术产业开发区，聚集10个由战略科学家领衔的研发团队；50个左右由科技领军人才领衔的高科技创业团队；引进并有重点地支持200名左右海外高层次人才来京创新创业；建立10个海外高层次人才创新创业基地。“海聚工程”实施两年来，北京市引进四批共163名海外高层次人才。入选者大都毕业于国外知名院校，拥有本领域高端技术和自主知识产权，具有很强的科技创新能力，成为各自领域的领军人物。北京市政府在2011年施行《北京市鼓励海外高层次人才来京创业和工作暂行办法》和《北京市促进留学人员来京创业和工作暂行办法》两项新规，推出了一系列优惠政策吸引、支持和鼓励海外高层次人才来京创业和工作。通过北京海外人才聚集工程把北京打造成为亚洲地区创新创业最为活跃、高层次人才向往并主动汇聚的“人才之都”。

根据调查，留学人员最有吸引力的政策主要包括：为引入的海外高层次人才提供一次性奖励、融资担保等支持；取消对海外高层次人才户籍的限制；为海外高层次人才建设“人才公寓”；为海外高层次人才提供医疗优先照顾待遇；为海外高层次人才配偶随迁提供帮助；放宽海外高层次人才及家属国内居留和出入境限制。[①] 由此，我们可以看出海外高层次人才最关注的政府优惠政策是能解决海归“后顾之忧”的优惠政策，包括一次性奖励政策和其他能够帮助海外高层次人才解决关系到他们切身利益的户籍、家属随行、医疗等问题的政策；而针对海归工作的优惠政策吸引力较低。比如能够在市场上比较好解决的投资和经营等问题，政府直接出台政策的吸引力相对较低。

（2）形成有利于留学回国人员创业的机制。一是搭建吸引平台，吸引海外人才回国创业。我国许多地区通过建立一系列平台吸引留学人员回国创业。这些平台包括高科技创业园区、软件公共技术平台、生物活性制品加工工程技术研究平台、嵌入式软件开发平台等公共服务平台，以及活跃的投融资平台、高效的信息综合服务平台、畅通的国际合作平台。它们大大降低了海归学子们的创业门槛。全国已建成各级各类留学人员创业园150多家，入园企业超过8000家，两万多名留学人员在园内创业。对于进驻留学生创业园的企业给予孵化期内实行部

① 千人计划网：www.1000plan.org.

分税收返还；对于自主知识产权高新技术项目给予研发经费补贴等支持性政策措施。二是不断提高为侨胞安居乐业服务的水平。我国专门对留学人员回国创业设立了绿色通道，留学人员都会享受优惠政策。同时对于留学人员子女开办国际学校，妥善解决华侨华人专业人士子女上学难的问题。推荐留学人才担任省、市人大代表、政协委员，参加重大社会活动，不断提高华侨华人专业人士政治地位和社会影响。三是加大对自主创新活动及成果的保护力度。以本人的专利、专有技术等无形资产参股的，经投资各方约定，可适当提高技术入股分红比例。建立新型融投资体系，为华侨华人企业和技术创新项目提供资金支撑。四是通过留交会和侨商会等多种形式来吸引海外人才。中国留学人员广州科技交流会是中国吸引海外留学人才的大型交流平台，自 1998 年创办以来，吸引了 2.6 万名海外人才参加。参加 2011 届“留交会”的有 2200 多名海外人才，博士以上占 55%。2012 年侨商北京洽谈会以“科技引领、北京创造、合作共赢”为主题，旨在服务北京对外贸易，充分发挥海外侨务资源优势，努力打造促进北京高科技产品“走出去”、海外优质资源“引进来”的新型贸易平台，这届北京侨商会签下了 1.4 亿美元订单。

2. 留学生本身的国际化素质有助于回国发展

留学归国人员拥有较高的国际化素质。通过多年的海外学习和工作经历，留学人员通常能接触到世界先进的科技、管理方法，知识面广、视野开阔。同时，留学生通过独立生活，锻炼了意志力，拥有较好的沟通能力。留学生比一直在国内学习和工作的人员自身素质要高一些，主要表现在：了解尖端的科学技术和管理方法；能熟练掌握西方现代化的研究工具和各种最新思想动态，有着创新的思想；熟悉国际规则；具有多重文化背景、国际化的人脉和全球化的视野。

根据调查，留学生回国发展的主要优势依次为文化优势（85.4% 的留学生认为海归的东西方双文化背景使他们能够结合两种文化的优势）、获取海外资源的优势（84.7% 的留学生认为海归能更容易地从海外获得技术信息）、技术和管理优势（83.7% 的留学生认为海归在技术突破性创新方面有明显优势）。只有少于一半的留学生认为“海归光环”对获得银行贷款、风险投资、国内客户或员工有帮助，详见图 6。[①] 双语能力、广博的专业知识和开阔的国际视野。留学人员

① 王辉耀、路江涌：《中国海归创业发展报告 2012》，2012。

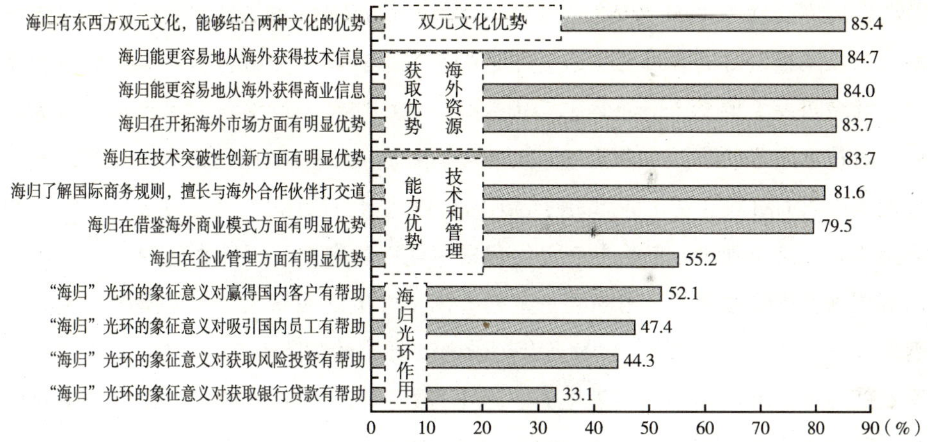

图6　留学生回国发展的主要优势

资料来源：王辉耀、路江涌：《中国海归创业发展报告2012》。

具有语言上的优势，具备跨文化交流的能力，能够更快地适应全球化的经济发展模式。他们比国内人士更熟悉国际经济运行规则，了解国外的经济立法、贸易政策、消费心理、市场需求。同时他们又了解中国国情，熟悉中国文化，对中国国情的了解要比外国的管理层有更深的认识，这种能力又是在中国的外国商人所不具备的优势。他们熟悉国际文化、商务，不同民族和不同国际惯例，而且能够迅速适应新环境并根据需要更新个人知识结构。

拥有国内和国际两种社交网络，方便开展国际合作。留学人员回国后，大多在国外还有很多同学和朋友，与国外保持密切的联系，可以方便地获得国际资讯，可以随时了解世界高新技术发展状况。同时，因为生长于本国，了解本国市场，可以充分利用国内国外两个市场资源，开展国际合作。留学人员利用自己的人脉关系，可以为我国铺开了一个覆盖全世界的人脉网络。

（二）留学生回国发展的主要劣势

回国创业的留学人员大多在国外生活多年，受国外市场环境和文化熏陶的时间较长，对国内的社会环境、市场现状和营运方式缺乏了解，国内的一些做事程序、管理方式、思维习惯与其在国外学习、工作时所形成的思维定式差别很大，甚至完全不同，回国后面对国内熟悉而又陌生的环境，回国后诸多方面常会感到

“水土不服”，通常表现为不容易沟通、自大、没耐心、眼高手低等。

根据调查，留学生回国发展的主要劣势依次为本土化挑战（64.9%的归国留学生认为海归人才照搬海外商业模式存在水土不服风险，60.1%的归国留学生认为海归人才技术优势经常不适应国内市场的实际情况，53.8%的归国留学生认为海归不了解国内商务游戏规则，不知如何与国内合作伙伴打交道）、文化冲突（53.3%的归国留学生认为海归的东西方双文化背景使他们时常面临两种文化的冲突）以及获取国内资源的劣势（只有不到一半的归国留学生认为海归难以从国内相关机构获得技术信息和商业信息，以及在开拓国内市场方面有明显劣势）。①

我们可以看出，回国留学生的国际化背景和经验是他们在国内发展的主要优势，而对国内环境的不适应是他们在国内发展的主要劣势。由此，就对归国留学生提出了两个方面的挑战：一是如何保持他们国际化背景和经验方面的优势并充分发挥其作用；二是如何重新适应国内环境，尽快做到归国留学生的本土化，或者说“全球视野、本土情怀”。

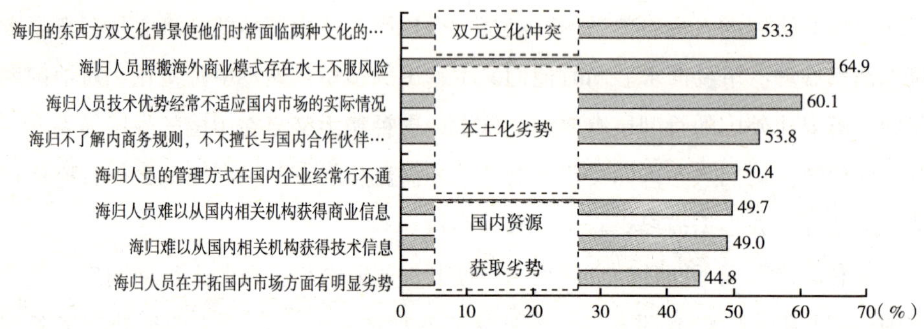

图7　留学生回国发展的主要劣势

资料来源：中国统计年鉴2010年，2010、2011年数据为教育部公布的数据。

具体来说，留学生回国的主要劣势有以下几点。

1. 对国情现状缺乏了解

长期生活在国外的海归，他们对中国的认识还停留在过去。由于中国这些年发展得相当迅速，科技进步日新月异，有些领域在国际上也是遥遥领先。有一些留学生事先没有考察过国内的市场现状，直接拿着国外的专利技术，满怀抱负，

① 王辉耀、路江涌：《中国海归创业发展报告2012》，2012。

以为回国后可以一展拳脚。回来以后才发现，他们所掌握的自以为先进的技术在中国其实早已被普及或已被公开。

2. 难以处理国内复杂的人际关系

留学人员长时间在国外生活工作，习惯了西方的理性思维方式，回国以后在处理问题上过于理性化，可能出现与环境格格不入的现象。国外的人际关系比较简单，直来直去，中国留学人员在国外待了十几年之后渐渐适应这种简单的生活，回到国内面对复杂的人情社会和人际关系就显得有点力不从心。

3. 不熟悉国内的法律和政策

虽然我国不断出台一系列吸引海归人才的法律法规政策，大大地规范和简化了海归回国就业及创业时办理相关证件的程序，然而与国外成熟的市场经济和法制环境相比，还是有很大的差距。留学人员离开国家多年，对国内的法律法规及政策制度缺乏了解，且国内许多行业规章制度不够完善，往往使这些刚刚回国，习惯于按法律规则办事的海归们一筹莫展、无所适从。

尽管近些年许多留学人员选择了回国，但有相当多的海外高层次人才，选择了观望等待的态度，阻碍他们回国脚步的因素主要是国家对留学人员的家属安置政策和创业的政策环境不够完善。同时出入境签证手续麻烦，行政审批繁琐等方面的因素也限制了人才的自由流动。另外，虽然相关政府部门对于就留学人员创业的资金支持、税收减免、家属安置、子女入学、车辆购置等做了规定，但相关的配套政策几乎是空白。

4. 政府各有关部门间沟通渠道不畅

我国政府为了吸引留学人员回国，除了侨办、侨联等传统侨务工作部门外，人社部、商务部、国家税务总局等，各系统部门都制定了针对海归人士的优惠政策，都有留学人员数据库。然而这些部门之间并没有建立统一的管理系统，数据存在阶段性分隔性等特点。数据库之间不能进行定期的沟通和更新，资源共享差，难以为海归人士提供高效的服务。这些部门各自为政，海归人士遇到具体困难，想了解政策时，却没有一个部门可以真正解决问题，这使海归人士对回国发展失去信心。

三　留学生回国对中国发展的影响

归国留学生曾经产生过极为重要的政治、经济、社会影响，成为推动社会改革的重要力量。中国近百年来派出留学生的过程，是中国不断地从封闭的小农经济逐步对外开放的过程，是中国逐渐融入世界、与国际接轨的过程。从文化层面上看，留学生是中国与世界接轨的重要纽带；从经济层面上看，留学生回国引进了西方先进技术、管理经验和学术思想，促进了我国生产力的发展和经济增长。

对于留学生个人而言，留学成为扩展视野、提升职业竞争力的重要手段。对于国家而言，留学生作为一个重要的人才群体，对国家的发展进步做出了突出的贡献。我国要保持快速、可持续发展，就离不开留学生这个人才群体。

（一）促进科技创新，推动高新技术产业发展

1. 成为建设创新型国家的主力

学成回国的留学生已经成为中国建设创新型国家的一线主力。科教文卫领域是留学回国人员最为集中的领域。以科教领域为例，留学回国人员在帮助国内教学科研水平与国际保持同步的同时，努力创造新的成果，提升中国在国际科技界、学术界的地位。截至2008年，中国科学院院士的81%，中国工程院院士的54%，都有过留学经历。党中央、国务院、中央军委授予的“两弹一星功勋奖章”的23人中，21人有留学经历。据教育部计数据显示，改革开放以来，教育部直属高校中，78%的校长，63%的博士生导师，72%的国家级、省部级教学、研究基地（中心）以及重点实验室主任都具有留学经历。① 神舟五号的8个系统总设计师中有2个有海外留学经历。与科教领域类似，在医疗卫生领域，全国医学院所的主要负责人和三级甲等医院的院长，绝大多数是海归。同时，海归人才在新闻、文化、影视和传媒等诸多行业都起着不可替代的作用。②

1978~1997年，北京大学获得国家级和省部级自然科学进步奖、科技进步奖、发明奖等奖项的人员中，留学回国人员占获奖者的2/3以上。2007年2月揭晓的2006年度国家科技奖中，国家自然科学奖获奖项目的第一完成人中有66.67%是海归，国家技术发明奖第一完成人中40%以上是海归，国家科技进步奖项目第一完成人中30%以上是海归。截至2007年，“长江学者奖励计划”中，

---

① 教育部：《中国留学人员回国创业成就展会刊》，2004年3月。

② 王辉耀：《当代中国海归》，中国发展出版社，2007。

有 24 位长江学者特聘教授当选为两院院士，57 位长江学者特聘教授担任了“973”计划首席科学家。[①] 获得 2011 年度国家最高科学技术奖的谢家麟和吴良镛分别是美国斯坦福大学和美国匡溪艺术学院的留学生。

2. 推动新兴产业的发展

留学回国的科技人才的贡献还突出体现在推动高新技术产业的发展方面。留学回国人员创建了一大批高新技术企业，直接推动国内在新技术、互联网、IT、电子通讯等诸多领域的发展。我国在欧美股市上市的高新技术公司，绝大部分是由留学人员创办和管理，归国留学人员企业已经成为我国新经济和高新技术产业的主流。目前，全国已建立留学人员科技创业园 150 余家，以最著名的中关村科技园为例，截至 2010 年底，中关村科技园聚集海归人才已达 1.5 万人，创办高新技术企业超过 5000 家，企业注册资金总额累计超过 50 亿元。在创业的留学人员中，57% 以上拥有个人的科技成果，44% 的科技成果获得专利。最典型的莫过于邓中翰、李彦宏、蔡蔚、施正荣等人。

邓中翰结束了中国集成电路“无芯”历史。1996 年底，邓中翰从加州大学伯克利分校获得了物理学和经济学的硕士和电子工程学的博士学位，1999 年 10 月他在中关村创办了“中星微电子有限公司”，2005 年，他领导开发设计的“星光”系列数字多媒体芯片，实现了八大核心技术突破，申请了该领域 2000 多项国内外技术专利，取得了核心技术突破和大规模产业化的一系列重要成果。“星光”数字多媒体芯片大规模打入国际市场，成功占领了计算机图像输入芯片全球市场份额的 60% 以上，位居世界第一。这是具有我国自主知识产权的集成电路芯片第一次在一个重要应用领域达到全球市场领先地位，彻底结束了中国“无芯”的历史。

李彦宏打造出了全球最大的中文搜索引擎。1999 年，在美国留学的李彦宏带着他的超链分析技术回国，在中关村创办百度公司，现已发展成为全球第三大独立搜索引擎和最大的中文搜索引擎，在中国搜索引擎市场拥有超过 7 成的份额。

蔡蔚填补了新能源汽车电机系统的空白。从美国回来的蔡蔚于 2008 年创办精进动力公司，专注于纯电动汽车电机的研发和生产，填补了北京市在“国家

---

① 王辉耀：《当代中国海归》，中国发展出版社，2007。

战略性新兴产业”中的新能源汽车电机系统产业化的空白。

施正荣成为了中国光伏产业的开创者。1991 年，施正荣于以优秀的多晶硅薄膜太阳电池技术获澳大利亚新南威尔士大学的博士学位，2000 年带着世界上最先进的太阳能技术和几十万美元的现金回国创业。正是他创立的尚德公司开创了中国的光伏产业。

（二）加快中国全球化进程，推动企业国际化

1. 推动跨国公司来华，加速中国与国际经济接轨

大批回国的海归精英推动跨国公司在华投资、加速中国和国际经济接轨。有相当一部分海归已成为跨国公司在华的领头人，有的海归还成为世界跨国公司500 强中国公司的 CEO。如孙玉红是哈佛大学公共管理硕士，回国后担任伟达中国（Hill & Knowlton China）的副总裁，正是她作为海归的特殊身份促成了伟达中国成功举办了第三期中国政府新闻发言人培训班（2004 年）和中国主要省市市长参加的“应对突发事件和危机处理市长研讨班”（2005 年）。这些研讨班为我国的政府管理者提供了国际一流的公共关系培训。她同时还帮助中国公司走向世界，2005 年，伟达中国担任布莱尔中国企业家的早餐会的公关公司，她邀请了许多知名的中国企业家参加，包括爱国者、华为、阿里巴巴、康佳等中国企业的高层领导，这在一定程度上帮助中国的企业进入国际市场，并被国际社会所认可。

2. 成为中国企业走出去的重要推手

海归对中国企业走出去的帮助主要体现在三个方面：第一，是利用自己国际化的经验和优势，以职业经理人的身份帮助本土国有或者私有企业走出去；第二，从事投资银行、咨询、会计、法律等“中介”行业，间接地帮助中国企业的国际化和海外发展，充当“推手”；第三，自己创办企业带领到海外发展，在美国高科技板块著称的纳斯达克上市的上百家中国企业中，大部分的企业都是由海归创办和管理。

3. 将风险投资引入中国

大部分风险投资都是通过留学生或留学生工作的外企带进国内的。这些投资促进了国内人士对创业的热情，促进了一大批海归企业和国内企业的发展，同时也带动了国内风险投资行业的发展。实际上，大多数中国公司的海外兼并和上市

以及跨国公司的本土化都是由具有海外留学经历的人员领导和参与下完成的。众所周知的海归风险投资家有刘二飞、沈南鹏、熊晓鸽、阎焱等。例如，刘二飞是美国哈佛商学院的 MBA，在中国海洋石油总公司在纽约证券交易所的二次上市和联想公司收购 IBM 的过程中，刘二飞（时任美银美林集团中国区主席）起到了关键性的作用，同时也是他首先把投资银行的概念带到了中国。

（三）促进民主政治发展，提升中国软实力①

1. 海归担任政府要职，参与政策设计，推进民主进步

新中国成立后，中国担任领导干部的政府官员，大体可以分为三代：第一代为工农干部，第二代是专业工程技术人员，第三代是企业管理干部。在三代领导人中，海归人才在省部级官员任职中的比例一直很小。根据美国中国问题专家李成的研究，在 2003 年，政府 581 名省部级官员中，海归的比例只有 8.2%。中央部级官员中，没有一人拥有海外留学经历。

政府官员中海归比例低的现象在 2007 年发生了转变。那一年，我国首次任命了两位海外留学人员担任科技部长和卫生部长，他们分别是：曾留学德国的汽车专家、中国致公党中央副主席万钢（任命为科学技术部部长）和曾经留学法国的欧洲科学院、美国科学院和法国科学院外籍院士、无党派人士陈竺（担任卫生部部长）。这两次任命可以看做是我国民主理念的转变，有利于民主党派和无党派的海归人士参政议政，帮助中国政策设计上和具体执行上与国际接轨。

2. 著名科学家回国，改善国家科教体制

留学人员不仅推动了我国科研成果的创新，也推动了国家教育科研体制的改革和创新。大批高层次海归走上领导岗位，从科研教学转向改革创新，推动了我国教育科技资源的整合，提高了创新效率。

改善国家科教体制的海外华人典范——饶毅和施一公。饶毅和施一公都是世界著名的科学家，两人在 2007 和 2008 年先后回国，曾一度引起世界的轰动，被认为是中国对科技人才吸引力增强的标志性事件。两人回国前，均已在美国拥有教授职位，施一公当时已经是美国普林斯顿大学最年轻的终身教授。然而，正如饶毅所言，回国失去的是以个人成功为标准的“美国梦”，获得的是以个人与群

① 王辉耀：《当代中国海归》，中国发展出版社，2007。

体共同幸福为自豪的“中国梦”。为了提升中国相关领域的科研水平，改进国家的教育体制和科技体制，两人放弃了美国高层次的社会地位和丰厚的物质待遇，分别回国担任了北京大学和清华大学的生命科学院院长。回国后，饶毅和施一公不仅在学术上发挥了引领作用，而且联合发表文章，直击中国教育科技领域中存在的问题（比如科研经费管理问题），提出了很多有用的建议，为我国科研体制的改善起到了极大的推动作用。

3. 国内大量海归参政议政，建言献策

中国海归群体对公共政策事务的影响，还主要体现在参政议政建言献策上。在中国全国人大、全国政协各专门委员会，国务院发展研究中心、中国社会科学院等国家级智囊机构，都活跃着大批海归。各民主党派以及一些民间团体，以及清华大学和北京大学等著名高校下属的研究院所，也有不少留学归国人员潜心研究有关课题，积极向中央建言献策。他们的参与为中国的政策设计带来了新的活力和视角，令中国的政策设计更好地向世界先进水平迈进。

4. 参与民间外交，提升中国软实力

在一个复杂的国际环境中，如何让世界真正了解中国，民间外交往往会比官方外交更为有效。新中国成立以来，归国人员一直都是民间外交的重要力量。20世纪50年代，中国与苏联、东欧国家，20世纪70年代与美国、西欧国家的外交中，都有留学人员的身影。改革开放后，随着全球一体化的发展，贸易纠纷、市场竞争、资源危机，一定程度上加大了中国与其他国家的摩擦。在愈加复杂的国际环境中，留学人员的民间外交又为提升中国国际地位和影响做出了很大的贡献，对提升中国的软实力起到了重要的作用。比如，在瑞士达沃斯论坛、全球财富论坛等各种国际平台上，都有一批活跃的中国海归，沟通中外民间和商务往来。海归熟悉东西方，掌握两种文化，在美国，我国留学人员团体甚至通过同美国国会议员们的沟通，开始影响美国一些政策的决策。在国际传媒上，留学人员用流利的外语阐述中国的情况，为这些问题的交流提供了新的可信任的角度。可见，中国留学人员已经成为了民间外交的友好使者，在中国建设“和谐社会”，转变民主观念的今天，留学人员发挥外交作用的舞台将会越来越宽广。

四　留学人员回国的新趋势

随着我国经济的不断发展，国际化进程的不断加快，留学人员的回国发展逐

渐显示出鲜明的时代特征和趋势。近几年，我国政策环境不断改善，包括“人才强国”国家战略的提出，引进海外高层次人才的“千人计划”等重要计划的出台，新中国成立以来第一个人才发展规划《国家中长期人才发展规划纲要（2010～2020年）》的颁布，以及由此带动的全国对人才培养、引进、评估、使用的热潮，正显现着党和政府吸引和培养海外人才的高度、魄力以及努力，这将是惠及中国百年发展的宏伟举措，也给海内外广大留学人员带来了新的发展机遇和挑战。在这个新的历史时期，了解留学人才回国发展和人才流动的趋势和特点，对留学回国人才自身发展和社会各界了解留学回国人员群体都有很积极的意义。

（一）留学人员回归高潮涌起，回国创业是重点

与世界上其他国家和地区历史上的人才流动规律相似，最近我国每年的出国留学人数都有20万以上，同时有10多万留学生回国，回国人数年增长率达30%左右。2011年，留学生回国人数达到18.62万人，比2010年的13.52万增长37.7%。随着中国经济实力的大幅提升，各方面环境不断改善，加上中国与世界接轨的速度加快和各种机会的增多，留学回国人员将不断增加。

以前，留学回国人员从事的职业大多是教学、科研工作。而最近几年，回国自行创办和合作创办企业的留学人员呈现上升趋势，超过了从事教学和科研的人员，这与我国留学市场化的过程相一致。20世纪80年代以前，留学人员大多是公派出国，主要学习理工科专业，毕业回国要继续回到原单位服务。而20世纪90年代以后，我国留学已经市场化，留学群体的主体逐渐转变为自费出国留学人员。同时，受中国入世的影响，留学学习的专业多集中在高新技术、工商、管理、经济、法律、金融、财务和其他人文学科。这部分人很多是体制外的，没有原单位。这批留学人员回国后，会适应国内经济和社会的发展，大量加入到创业和就业的领域中去。由于高新技术产业、金融、管理等非传统领域增长潜力大，发展前景好，留学回国人员在这些领域创业将是今后发展的方向。

（二）海鸥群体将扩大

海鸥指的是来自中国，曾在发达国家留学和工作，经常往来于中国和海外之间，从事各种交流和经贸工作的国际人才。在国际上，这种人才循环流动的趋势

十分明显，尤其是在硅谷、中关村、班加罗尔、新竹等高新技术园区，都有大量的人才循环流动的例子。海鸥正在当今的全球化时代发挥着日益重要的桥梁和纽带作用。他们经常国内、国外两边跑，两边都需要他们。他们虽然居住在国外，但也经常回到国内，所从事的工作也都与国内密切相关，因此，他们也是我国十分需要的人才。随着我国的人才政策从强调“回国服务”演变为强调“为国服务”，从强调“人的回归”演变为强调“才的回归”，海鸥形态的存在已成为我国吸引海外人才归来的重要方式。随着经济全球化的不断发展和现代交通工具的快速发展，我们正在进入一个人才快速流动的时代，21 世纪的中国海鸥群体将越来越扩大，他们的作用将更加重要。

（三）海归将由“北上广”向珠三角、长三角、环渤海和内地转移

据统计，目前的留学回国人员，有一大半集中在京沪穗这样的发达城市，这里也是中国留学人员回国发展的第一波集聚地。据北京市 2007 年的统计，在北京发展的海归有 80% 都不是北京人。根据启德教育 2010 年 10 月发布的海归就业力调查报告，海归就业城市主要集中在上海和北京，分别占 37.3%、31.8%，其他城市总共只占约 30%。但是，随着中国一线发达城市的人口膨胀，生活环境便利度也受到影响，加上大城市激烈的竞争环境和饱和的市场，中国的珠三角、长三角、环渤海地区的二级沿海城市，如珠海、温州、宁波、青岛、烟台、大连等，以及内陆地区的经济基础雄厚的省会城市，如武汉、西安、成都、济南、南京、沈阳等，将会是留学人员回国发展的第二波集聚地。事实上，这种趋势开始显现。随着我国西部大开发的深入进行，东北老工业基地振兴计划的进一步落实，二线城市对留学回国人才的需求将进一步增长，而留学人员在这些地区的发展机会也会越来越大。

（四）海归将加快我国民主建设的步伐

建设一个富足祥和、各尽所能、各得其所而又和谐相处、充满活力的社会，是中华民族千年的梦想。中共中央在十七大中强调要建设和谐社会，体现了中国特色的社会主义将由经济、政治、文化三位一体，扩展为经济、文化、政治、文化、社会四位一体。这充分体现了政府对于民主政治建设的重视，也体现了中央决策层对于西方社会许多先进之处的大胆借鉴。中央政府的这种前所未有的开放

胆识和胸襟，为留学人员回国从政提供了巨大的机遇。

“海归部长”万钢和陈竺的任命充分体现了我国民主政治建设的一大进步，也预示着会有更多的留学回国人员从事政府工作，这将会提高我国各级政府的工作效率，增强政府驾驭市场经济的能力。留学回国人员所接受的西方先进教育，成熟的处世理念，严格的法律意识，使他们对民主和开放有更进一步的要求，从而最易成为我国改革开放和民主建设的积极力量。他们带回的先进文化理念将有利于基层公民民主意识的提高，在中国民主社会建设中将发挥巨大的作用。

（五）海归将进一步提升国内学术研究水平

教育领域是留学人员发挥自己能力最多的领域。我国目前制定的人才引进计划，如千人计划、海智计划、春晖计划和长江学者计划，引进的多位科研技术人才大多都进入了国内的科教领域。2008～2011 年，千人计划已通过高校直接引进科研和教学人才 104 名，其中在国外相当于正教授级别的高层次人才数量已超过此前 30 年引进的总和。[①] 这些科研人员中包括清华大学生命科学学院院长、医学院常务副院长施一公；北京大学工业学院院长陈十一；上海交通大学教授蔡申瓯；中国科学院上海生命科学研究院、生物化学与细胞生物学研究所所长林安宁；中国科学院西安光学精密机械研究所研究员李学龙；中国商用飞机有限责任公司型号总设计师助理兼上海飞机设计研究院副院长李东升；中国移动通信研究院院长黄晓庆；神华集团北京低碳能源研究所设备研发中心主任郭屹等。这些人才对中国科教领域的推动作用是难以估量的。他们不仅带来世界最前沿的学科与知识，促进我国科研成果推陈出新，而且还带来最先进的教育思想理念，不断影响和改变我国的教育观念，推动教学质量的不断提高。我国千人计划打算从 2008 年开始，用 5～10 年，引进 2000 名左右人才。而截至 2012 年 7 月，千人计划已引进各领域高端人才 2263 名，早已超出了计划预期。[②] 按照这样的发展速度，在接下来的 5～10 年中，还将有几百名，甚至上千名的科研专家回到祖国。届时，我国国内的学术研究水平必将登上一个新的台阶。

---

① 中国新闻网：《中国“千人计划”已引进 1510 位海外高层次人才》，2012 年 1 月 9 日，http://www.chinanews.com/gn/2012/01-09/3590244.shtml。

② 中国新闻网：《中国“千人计划”已引进 2263 名海外高端人才》，2012 年 7 月 25 日，http://www.chinanews.com/gn/2012/07-25/4058759.shtml。

（六）海归将进一步推动中国原创新兴产业的发展

改革开放30年多来，中国发展的产业大多是跟随性产业，在未来的30年，中国更多需要发展原创型新兴产业。原创新兴产业是在高新技术产业不断细分过程中诞生的，具有原创性、不确定性等突出特征，其产生需要在技术、商业模式、市场、生活理念及观念等方面有原创性的突破。[①] 而相对于本土人才，海归人才尤其是从欧美技术发达国家留学并在跨国公司担任过要职的人才，他们在接触和掌握前沿技术、最新商业模式等方面有天然的优势，而且由于自身的多元文化特质，他们在追求新的生活理念方面更为积极。近几年来，中国的创业环境越来越适宜，中国的市场需求也越来越开放，海归人才在应用先进的技术进行创业，开创新的商业模式，引导国内市场等方面的优势将会得到进一步释放，从而更大程度地推动中国的原创新兴产业的形成和发展。

① 王德禄、何建、张浩：《中国应发展原创型新兴产业》，《科技潮》2011年第9期。

综　合　篇

Comprehensive Report

中国现行留学政策探究

摘　要： 出国留学是我国培养高层次人才的一个重要手段，为了完善我国的留学生管理，改革开放以来我国出台了一系列规范留学的政策法规。在鼓励留学人员回国方面，实施了简化回国手续、激励科研开发和方便子女入学等一系列优惠措施。留学服务政策在培养具有国际视野的顶尖人才、加强我国与国际的文化交流等方面取得了许多成效。本文在总结现行留学政策现状及作用的同时，也分析了留学政策存在的问题，并提出了相应的建议。

关键词： 留学政策　政策体系　留学奖学金

一　我国现行的留学政策的主要内容

出国留学政策是我国在教育领域里的一项长期举措，作为公共政策的一部分，出国留学政策具有一定的长期性和稳定性。当然，随着经济的发展和改革开放的深入，我国的出国留学政策也在不断发展，以求更好地服务于社会主义现代化建设。从 1978 年起，经过 30 多年来几个阶段的调整，我国留学政策逐步发展完善，形成了国家公派、单位公派和自费留学互相补充的格向，并在不断完善中形成较为稳定的体系。

（一）“支持留学，鼓励回国，来去自由”总方针

改革开放以来，我国的出国留学教育政策从1978年“突出重点，统筹兼顾，保证质量，力争多派”，到1986年“按需派遣，保证质量，学用一致”，再到1992年确定“支持留学、鼓励回国、来去自由”，显示出留学政策随着教育对外开放的深入逐步完善和成熟。

1992年初，邓小平视察南方时说：“希望所有出国学习的人回来。不管他们过去的政治态度怎么样，都可以回来，回来后要妥善安排。这个政策不能变。告诉他们，要做出贡献，还是回国好”。随后，党的十四届三中全会通过的《关于建立社会主义市场经济体制若干问题的决定》从加快建立社会主义市场经济体制的高度，提出了“支持留学，鼓励回国，来去自由”作为留学工作的总方针。核心依然是鼓励“回国工作”，以各种不同的方式为祖国服务。它既适应了改革开放发展和建立社会主义市场经济的需要，又理顺了为公民出国留学提供方便和学有所成后为祖国做出贡献的关系，使得出国留学工作步入了正常的发展轨道。关于“十二字”留学方针，我国相关法律、法规有如下的阐述。

（1）支持留学。1995年通过的《中华人民共和国教育法》作为教育大法，具有最高原则表述的性质。该法第67条规定：“国家鼓励开展教育对外交流与合作。教育对外交流与合作坚持独立自主、平等互利、相互尊重的原则，不得违反中国法律，不得损害国家主权、安全和社会公共利益。”《中华人民共和国高等教育法》第12条同样规定：“国家鼓励高等学校之间、高等学校与科学研究机构以及企业事业组织之间开展协作，实行优势互补，提高教育资源的使用效益。国家鼓励和支持高等教育事业的国际交流与合作。”1993年通过的《中国教育改革和发展纲要》第14条指出：“进一步扩大教育对外开放，加强国际教育交流与合作，大胆吸收和借鉴世界各国发展和管理教育的成功经验。”至于国家和教育系统的“九五”和“十五”计划以及2010年通过的《国家中长期改革和发展规划纲要（2010～2020年）》，都有明确的支持教育合作与交流的内容。改革开放30多年来，我国对出国留学大力支持，不仅拨出专款支持公费出国留学，也支持公民自费出国留学，支持力度是比较大的。

（2）鼓励回国。《中国教育改革和发展纲要》第 14 条指出："出国留学人员是国家的宝贵财富，国家要给予重视和信任。""认真贯彻国家关于在外留学人员的有关规定，支持留学人员在外学习研究，鼓励他们学成归来，或采用多种方式为祖国社会主义现代化建设做贡献。"国务院办公厅 1992 年发布的《关于在外留学人员有关问题的通知》（以下简称《通知》）更是以"鼓励回国"为主线而形成的著名文件。《通知》指出"公派在外学习人员有义务在学成之后回国服务。""留学人员回国后，按双向选择的原则，可回原单位工作或自行联系工作。""各地区、各有关部门按照本通知精神落实具体措施，方便在外留学人员回国，简化入出境手续，妥善解决留学回国人员工作、生活上的具体问题。"

（3）来去自由。《中国教育改革和发展纲要》以及国务院制定的实施意见中，除了表明鼓励留学人员学成归来以外，还表示国家鼓励留学人员"采用多种方式为祖国社会主义现代化建设做贡献。"此规定是对"来去自由"的重要诠释，意思表明，即使不彻底回国，也可以用其他方式报效祖国。2007 年多个部委共同颁布的《关于建立海外高层次留学人才回国工作绿色通道的意见》第 20 条指出："回国工作的高层次留学人才申请再出国（出境）进修、考察、参加学术会议的，有关部门、单位应积极提供支持"，以及积极为高层次留学人才提供入出境及居留便利。

（二）公派出国留学相关政策规定

在"十二字"总方针的指导下，我国对公派出国留学政策进行了一系列改革。1995 年成立了国家留学基金委员会，这是教育部直属的非营利性事业法人机构，根据国家法律法规和有关方针政策，负责中国公民公派出国留学和外国公民来华留学的组织、资助以及日常管理工作，从此便将国家公费留学选派和管理工作纳入法制化轨道，实行"个人申请，专家评审，平等竞争，择优录取，签约派出，违约赔偿"的办法，并同时在江苏、吉林两省进行试点。

1996 年，在试点取得成功和全面试行改革方案的基础上，为进一步完善有关办法，国家教委经研究决定下发了《关于做好 1996 年国家公费出国留学人员选派办法改革全面实行工作的通知》，从此迈出了我国国家公费出国留学人员选派管理体制改革的关键性一步。同年 6 月，中央机构编制委员会办公室正式批复同意成立"国家留学基金管理委员会"。该会围绕科教兴国、人才强国等一系列战略决策，根据教育部的具体政策要求，先后制定并采取了一系列政策措施，包括促进公派留学资助额度、调整选派结构、发挥留学基金效益、提出并确定“三个一流”的选派政策原则等。教育部还批准国家留学基金会秘书处先后制定、印发或试行了关于派出和管理若干问题的规定、有关回国报到和提取保证金办法、《资助出国留学协议书》签约和公正办法、交存保证金办法等管理规定，促进单位公派留学政策改革及完善。

1997 年正式实行国家公费出国留学工作选派、管理、回国工作的改革办法。具体而言，我国公派留学选派有以下几方面具体政策。

在 1999 年调整了美国等 9 个国家的国家公派留学人员奖学金标准的基础上，我国又在 2000 年提高对欧、亚、非地区包括德、英、意、瑞典、爱尔兰、葡萄牙、希腊、新加坡、泰国、印度、以色列、埃及等在内的 24 个国家的公派留学人员奖学金标准。这是我国长期以来对留学人员奖学金标准调整涉及国家最多、范围最广、力度最大的一年，大大缩小了我国公派奖学金标准与外国政府奖学金标准的差距，提高了国家公派奖学金的地位，受到留学人员的普遍欢迎。

2000～2002 年，为进一步贯彻国家“支持留学，鼓励回国，来去自由”的留学方针，在积极推进国家公费出国留学选派工作改革的同时，教育部继续支持和鼓励在外留学人员以多种形式为国服务，充分发挥“春晖计划”支持在外留学人员为国服务的作用。利用“春晖计划学术休假回国工作项目”资助优秀留学人才到国内重点高校工作。同时印发了《关于办理高层次海外留学人才身份证明的通知》以加大吸引优秀留学人员回国工作的力度。

2003 年国家公派留学实施“高级研究学者项目”，将高级研究学者的选派与建设一流大学和重点学科相结合，培养学科带头人和重点实验室主任。全面启动“西部地区人才培养特别项目”，并与西部 13 个省（区、市、兵团）签订合作协议，让国家公派出国留学项目全面走入西部地区。自 2003 年始，对国家公派留学人员奖学金资助标准进行调整，全面改善了国家公费留学人员在外生活条件，尤其对“高级研究学者”生活费标准有较大幅度提高，充分体现国家对培养高层次人才的重视。

2006 年国家公派出国留学进一步配合国家“科教兴国、人才强国”的战略要求，按照“选拔一流的学生，派到一流的学科专业，师从一流的导师”的选派思路，科学规划，调整结构，在保证国家重点领域、重点学科对高层次人才需

求的同时，加大研究生的选派力度，提高选派层次。

2007年1月，经国务院批准，教育部、财政部设立了“国家建设高水平大学公派研究生项目”，利用留学途径培养国家高层次紧缺人才。2008年采取国外高校或导师、国内高校、国家留学基金委三级审核方式，录取4892人，其中攻读外方博士学位研究生2139人，中外联合培养博士生2753人。被录取人员的留学专业属《国家中长期科技发展规划纲要（2006～2020）》确定的重点领域及其优先主题、前沿技术、基础研究的超过80%；来自“985工程”二期基地和平台的约占录取总数的70%。被录取人员大多前往教育科技发达的国家留学。

2008年国家公派出国留学工作以“国家建设高水平大学公派研究生项目”的实施为重点，全力推进高层次创新型人才的培养，共录取各类公派出国留学人员12957人，其中，攻读外方博士学位研究生2496人；中外联合培养博士生3459人；高级研究学者139人；访问学者（含博士后）等共6863人。①

国家现有各类公派出国留学项目185个，主要包括五大类项目：国家公派高级研究学者项目、国家公派访问学者（含博士后研究）项目、国家公派研究生项目、与有关国家互换奖学金项目、国家公派专项出国留学项目。项目选派类别有：高级研究学者、访问学者、博士后、攻读外方博士学位研究生、中外联合培养博士研究生、攻读外方硕士学位研究生、本科生，还有少量的高中生和大学毕业后的实习生。目前以选派研究生和访问学者为主。

（三）关于自费出国留学的规定

1993年，国家教委颁布《关于自费出国留学有关问题的通知》以及对执行该通知的说明，进一步放宽自费出国留学政策。这个政策也是国家新的出国留学方针在自费出国留学问题上的反映，大大满足了许多准备自费出国留学人员的愿望，自费出国留学人员数量急剧增加。

中华人民共和国教育部、公安部、国家工商行政管理总局为了保护自费出国人员的合法权益，加强对自费中介机构的管理，于1999年8月24日颁发的《自费出国留学中介服务管理规定》和《自费出国留学中介服务管理规定实施细则（试行）》，

① 中国教育部网：《2008年国家公派出国留学工作情况》，http：//www. moe. gov. cn/publicfiles/business/htmlfiles/moe/moe_ 2658/200903/45449. html。

指出自费出国留学中介服务是指经批准的教育服务性机构通过与国外高等院校、教育部门或者其他教育机构合作开展的与我国公民自费出国留学有关的中介活动。

自2002年11月1日起，国家不再向申请自费出国留学的高等学校在校生以及具有大专以上学历但尚未完成服务年限的各类人员收取高等教育培养费。自费出国留学政策的放开，使自费留学迅速发展成为出国留学的主要形式，标志着我国留学的总体政策更加宽松，说明我国对外开放程度在不断扩大和深化。

为奖励优秀自费留学人员在学业上取得的优异成绩，体现国家对自费留学生的关怀，鼓励他们以后回国工作或以其他形式为国服务，我国政府于2003年设立“国家优秀自费留学生奖学金”。该奖学金目前每年资助300人，每人获一次性奖金5000美元，在自费留学生较集中的30多个国家实施。截至2008年底，共有1400余人获奖。① 该奖项大大调动和鼓舞了留学人员的爱国热情，受到广大自费留学人员的普遍欢迎和认可，其效益明显，起到了“四两拨千斤”的作用。例如不少获奖者在北京奥运国外圣火传递、四川地震抗震救灾等活动中表现出极大的爱国热情，充分表明他们不仅在学业上优秀，而且在政治上也相当成熟，展示了中国留学生的良好形象。

为保护自费出国留学中介机构和自费出国留学当事人的合法权益，根据《中华人民共和国合同法》等有关法律法规，2004年教育部、国家工商行政管理总局发布了《自费出国留学中介服务委托合同（示范文本）》。留学中介机构和自费出国留学人员通过签署正当规范的自费出国留学合同，避免因合同缺款少项、意思表达不真实、不确切，导致双方利益受损。《示范文本》的实施，是规范自费出国留学中介市场、依法保护消费者合法权益的有效措施之一。

此外，为帮助自费出国留学人员正确选择国外学习学校，加强对自费留学中介活动的监管，引导自费留学中介机构与国外正规学校开展合作，教育部通过教育涉外监管信息网（www. jsj. edu. cn）和中国留学网（www. cscse. edu. cn）公布了33个我国公民主要留学国家的1万多所学校名单，基本涵盖了我国公民主要留学目的地国正规高等学校。与此同时，教育部还不断更新自费出国留学中介服务机构名单，供广大出国留学人员在选择留学服务机构时参考。

---

① 中国教育部2009年第6次新闻发布会：《介绍2008年中国教育对外开放总体情况及出国留学、来华留学事业发展情况》，2009年3月25日。

（四）鼓励留学人员回国的规定①

1. 鼓励回国的综合政策

为了为留学回国人员提供全面的服务，加大吸引留学人员回国工作或以其他形式为国家服务的力度，我国在1989年成立“中国留学服务中心”，并在全国多个省市建立分中心，逐步建立起全方位、多功能的留学回国服务体系；2003年成立了“留学回国工作办公室”。

我国以“鼓励回国”为主线而形成的著名文件是1992年国务院办公厅发布的《关于在外留学人员有关问题的通知》（简称《通知》）。《通知》指出：“公派在外学习人员有义务在学成之后回国服务，留学人员回国后，按双向选择的原则，可回原单位工作或自行联系工作，各地区、各有关部门按照本通知精神落实具体措施，方便在外留学人员回国，简化入出境手续，妥善解决留学回国人员工作、生活上的具体问题。”

明确把吸引高层次留学人才回国视为当前留学工作的总体目标，并对高层次留学人才回国在任职条件、工资水平、科研经费资助以及住房、保险、探亲、家属就业、子女入学等方面，提出原则性意见的文件是2000年7月人事部印发的《关于鼓励海外高层次留学人才回国工作的意见》，提出要创造良好环境，重视和开发我国留学人才资源，吸引更多留学人员回国工作。

2002年中共中央办公厅和国务院办公厅印发了《2002～2005年全国人才队伍建设规划纲要》，其中专门一节论述了“海外和留学人才的吸引与使用”，特别强调“按照充分信任、放手使用的原则，抓紧研究制定选拔优秀留学回国人员担任领导职务的具体办法”。

面对中国入世带来的新变化、国际人才竞争的新形势，2003年2月，国务院办公厅转发了人事部等12个部委联合制定的《留学人员回国服务工作部际联席会议制度》，规定12个部门组成成员单位，每半年召开一次例会，在中国加入WTO的新形势下进一步加强协调配合，做好吸引海外留学人员回国的服务工作。

2007年1月人事部发布了《留学人员回国工作“十一五”规划》（简称

① 苗丹国：《出国留学六十年——当代中国的出国留学政策与引导在外留学人员回国政策的形成、变革与发展》，中央文献出版社，2010。

《规划》)，首次提出要开辟绿色通道、健全服务体系。《规划》中还规定了“十一五”期间留学人员回国工作的指导思想和基本原则，提出“拓宽留学渠道，吸引人才回国，支持创新创业，鼓励为国服务”的工作要求。《规划》首次提出实施留学人才创业计划、鼓励留学人才回国创业，提出实施智力报国计划，以及不求所在，但求所用的思想。

为鼓励留学回国人员通过多种形式支持我国现代化建设，2001 年 5 月，人事部、教育部、科技部、公安部和财政部联合印发了《关于鼓励海外留学人员以多种形式为国服务的若干意见》，对海外留学人员为国服务的形式和国家提供的保障政策进行了综合归纳。

在吸引高层次人才工作方面，2005 年 3 月，人事部、教育部、科技部、财政部联合发布《关于在留学人才引进工作中界定海外高层次留学人才的指导意见》，其中规定了界定“高层次留学人才”的“8 项标准”。2007 年 3 月，教育部印发了《关于进一步加强引进海外优秀留学人才工作的若干意见》，提出要“建立海外留学人才回国工作的快速通道”，进一步完善服务职能，强化服务意识，提高服务效率。2008 年 12 月，中共中央办公厅转发了《中央人才工作协调小组关于实施海外高层次人才引进计划的意见》（简称《意见》），提出要分层次地组织实施海外高层次人才引进计划。同月，中组部等多个部门联合印发了《引进海外高层次人才暂行办法》、《关于为海外高层次人才提供相应工作条件的若干规定》。《意见》提出要将海外高层次人才吸纳到能充分发挥专业和特长的岗位，还为解决海外高层次人才的子女入学、住房、医疗等方面问题提出了具体举措。

2. 资助留学人员短期回国服务的政策

1992 年中国国家自然科学基金委员会出台资助留学人员短期回国工作讲学的专项基金，又推出海外青年学者合作研究基金，并颁布了《资助留学人员短期回国工作讲学转型基金的施行办法》和《海外青年学者合作研究基金管理办法》，对基金的申请对象、范围、条件、申请、评审与审批程序、财务管理等都做了详细规定。

1994 年 10 月，人事部为鼓励在外留学人员以多种方式“为国服务”，印发《资助留学人员短期回国到非教育系统工作暂行办法》，资助的范围包括国家、部委、省市重大科研课题攻关研究、国内有关单位急需解决的科研难题、合作研究、讲演、培训、学术会议和学术技术交流等。

1996 年，教育部拨出专项经费，实施支持在外留学人员短期回国服务的“春晖计划”；2000 年底，又增设了“春晖计划”海外留学人才学术休假回国工作项目，鼓励已在国外高校任教的留学人员在学术休假期间回国在高校从事讲学和研究。

1998 年 8 月，教育部启动与李嘉诚基金会共同成立的“长江学者奖励计划”，通过特聘教授岗位制度的实施，延揽大批海内外中青年学界精英参与我国高等学校重点学科建设，资助海外人才短期回国工作或者精品高等学校特聘教授岗位。

2002 年 8 月，国家自然抗风险基金管理委员会制定并公布了《留学人员短期回国工作讲学专项基金实施办法》。

2002 年 10 月，教育部印发了《关于吸引国外留学人员为西部服务、支持西部建设有关工作的函》，提出为贯彻国家西部大开发战略，推动海外留学人员特别是尖子人才参加到西部大开发，鼓励支持他们短期到西部工作。“春晖计划”也组织实施了西部支持项目。

2004 年和 2005 年，人事部和教育部分别组织在外留学人员短期回国服务团赴东北老工业基地，进行技术项目洽谈，为老工业基地振兴献计献策。

3. 扶持、建立和发展留学人员创业园的政策

2000 年 6 月，科技部、人事部和教育部印发了《关于组织开展国家留学人员创业园示范建设试点工作的通知》，决定在现有留学人员创业园的基础上，联合批准建设一批国家留学人员创业园示范基地。这为留学人员回国创业营造了有利的条件。同年 10 月，确定了北京、上海、成都、大连、西安、宁波、苏州、福建和济南的 9 个地点的留学人员创业园作为示范建设试点单位，2001 年又将天津、沈阳、长春、武汉、杭州、合肥和烟台的留学人员创业园列为示范建设试点。到 2011 年末，全国共建成各级各类留学人员创业园 150 余家。

2001 年，人事部实施《留学人员创业园管理办法》，以吸引和扶持留学人员创业，培育具有创新能力与国际竞争力的高新技术企业和科技企业家。全国很多省市纷纷出台了有关留学人员创业园的优惠政策，以此吸引和支持留学人员回国创业。

2002 年 8 月，人事部印发了《人事部与地方人民政府共建留学人员创业园的意见》，提出了与地方政府共建留学人员创业园的重要意义和意见。

2008 年发布的《中央人才工作协调小组关于实施海外高层次人才引进计划的意见》强调要在有条件的地方，特别是东部沿海地区和中心城市，要依托经济技术开发区、高新技术产业开发区、留学人员创业园、大学科技园等吸引海归人才回国创业。

4. 简化落户手续、提供出入境便利、方便子女入学的政策

1993 年 7 月，考虑到公派出国人员的数量明显增加，参照国际通常做法，国家教委、公安部、外交部联合印发了《关于公民出国留学持用因私普通护照的通知》，决定自 1993 年 11 月起，公派出国留学人员原则上使用因私护照，不再核发因公护照。

1994 年 11 月，国务院办公厅转发了《关于来华定居工作专家工作安排及待遇等问题的规定》；1995 年，人事部、国家教委和外交部印发《关于回国（来华）定居专家工作有关问题的通知》。这两个文件要求对华侨、华人、台港澳同胞中的科技专家回国定居或工作，应予以安排，保证工作条件，并对待遇、探亲、休假、医疗和交通、住宿、购物、住房、子女上学、就业、退休等方面做出规定。

1997 年 6 月，公安部印发《关于留学人员在国外所生子女回国后办理户口登记等手续事宜》，重发了此前关于留学人员在国外所生子女落户的政策文件，同时提出经公安部户政管理局同意，子女落户时提交的国外出生证明，可不经过我国驻外国使馆认证。

2000 年 1 月，教育部印发了《关于妥善解决优秀留学回国人员子女入学问题的意见》，提出了“适当照顾、特事特办”的原则，规定不得收取额外费用，制定专门学校安排留学人员子女，对优秀留学人员子女入学可实行“一事一议，特别审批”的办法。

2000 年，公安部印发《关于为高科技人才、投资者等外籍人员提供入境、居留便利的通知》，外交部制定了《关于为来华外籍专业人才提供出入境方便的暂行办法》和《关于进一步简化外籍专业人才来华手续的规定》，对留学人员回国服务时，外籍高科技、高层次管理人员可申办五年长期居留和多次往返签证，为出国留学人员回国服务提供出入境便利。

2004年8月15日，公安部、外交部联合发布实施了《外国人在中国永久居留审批管理办法》。该办法规定，具备一定条件的外国人（包含部分外籍留学人才）可以获得中国永久居留资格，获得资格的外籍人员在中国居留期限不受限制，出入中国国境无需再办理签证手续，凭护照和《外国人永久居留证》即可出入境。获得中国永久居留资格的外国人在中国居留期间，《外国人永久居留证》是其在中国境内居留的合法身份证件，可以单独使用。《外国人在中国永久居留审批管理办法》完善了部分高层次人才入出境政策，促进解决了海外高层次人才有关签证和居留便利问题，另外促进解决了夫妻团聚、未成年人投靠父母、老年人投靠亲属等家庭团聚人员的问题。

5. 资助已回国工作留学人员科研费的政策

1993年9月，国家教委印发了《关于使用“留学人员科研资助费”有关问题的通知》，明确了留学回国人员科研资助费的使用规定：原则上仅资助一次；仅资助45岁以下的有博士学历者；申请材料须经专家评审；国际司负责监管。1998年9月，教育部公布《留学回国人员科研启动积极管理规定》，并在2002年5月执行重新修订的《规定》。

2001年4月，人事部印发了《留学人员科技活动项目择优资助经费申请与管理办法》，宣布废止过时的文件，对原有规定做了规范性的调整。2002年人事部增设吸引海外高层次人才专项经费，每年300万元。

2003年11月，人事部印发了《关于开展高层次留学人才回国自助试点工作的意见》；决定设立“海外高层次留学人才引进专项经费”，重点引进海外高层次留学人才和急需紧缺人才；2005年，人事部印发《关于继续开展高层次留学人才回国资助试点工作的通知》。根据“突出重点、优先支持”的原则，重点资助国内继续发展的信息科学、生命科学、新材料、新能源、先进制造业、航空航天等领域，以及关系国计民生或有重要影响的行业，从海外引进的高级专业技术或管理人才。

6. 购买免税车和《留学回国人员证明》政策

1992年10月，海关总署等七个部委联合印发了《关于回国服务的在外留学人员用现汇购买个人自用（免税）国产小汽车有关问题的通知》，规定回国服务的留学人员可以购买个人自用免税车；海关总署还单独印发了《海关对回国服务的在外留学人员购买免税国产小汽车管理办法》，对留学人员购买免税车手续等问题做了规定。1993 年 10 月，我国正式启用由国家教委印刷的《留学回国人员证明》，作为购买免税车的必备证明，该证明由中国驻外国大使馆发放。2005 年起，我国启用教育部印发的 2004 年版《留学回国人员证明》。

1994 年 7 月海关总署印发了《关于对留学回国人员携带进京行李物品管理问题的通知》，对留学人员进境行李物品验放的流程手续做了规定，并规定了购买免税车的期限；1999 年和 2004 年，海关总署分别对购车期限做了更新，延长了留学人员购买免税车的期限，现行规定是自回国入境之日起 1 年之内向海关提出购车申请。

我国的出国留学政策随着改革开放的不断深入正在更趋开放、稳定、完善和成熟，留学政策的这一策略性的变化，实际上使得相关各部门纷纷结合本部门的特点，充分运用国家的留学政策，陆续推出了一些吸引海外留学人员为国、回国服务的措施和工作方法。更为重要的是，许多相关措施的制定，包括本部门、本学科的科技发展计划，正是随着留学教育政策来制定和变化的，也就是说，留学教育政策已经在引导国内相关部门开展相关工作和学科发展等方面发挥着重要作用。

二　中国留学政策取得的成效

随着留学政策的不断完善，我国的留学工作也取得了令人瞩目的成就。就政策本身而言，出国留学政策的效能正在逐渐显现出来。据教育部统计数据显示，1978～2011 年，30 多年来我国各类出国留学人员总计达 224. 51 万人，留学回国人员总数达 81. 84 万。仅 2011 年度，各类出国留学人员总数为 33. 97 万，各类留学回国人员总数为 18. 62 万，与 2010 年度的统计数据相比较，我国出国留学人数和留学回国人数均有进一步增加，出国留学人数增加 5. 50 万人，增长了 19. 32%；留学回国人数增加 5. 13 万人，增长了 37. 7%。截至 2011 年底，在外留学人员有 142. 67 万人，遍布世界五大洲 100 多个国家和地区。① 改革开放 30 多年以来，众多留学归国人员在教育领域、科研领域以及各级管理部门中成为优

① 中国教育部网：2011 年教育统计数据。

秀业务骨干、学科带头人和优秀管理人员，为国家和社会创造了巨大的经济价值，沟通了国内外联系，促进了国际间交流，引进了国内发展急需的资金、技术和新的观念，在国家经济建设中发挥了不可替代的作用。

（一）促进了大批优秀人才的培养与发展

开放的留学政策为我国带来的最直接的成效就是培养了一批优秀的科学大师和领军人才，为“科教兴国”、“人才强国”战略储备资本。中国科学院常务副院长白春礼说：“在中国科学院，从20世纪90年代中期起，‘百人计划’项目累计引进和支持了优秀人才1200多人；组建‘创新团队国际合作伙伴计划’35个，共聘‘海外知名学者’224人；实施知识创新工程以来的10年间，中科院向美、英、德、法、日等40多个国家和地区派出各类留学人员3491人，其中2887人学成回国。据统计，在中科院现任的院长和研究所所长中，95%以上都是优秀留学回国人员。”如此之多的人才都是得益于符合实际的留学政策。这也是从教育本身价值的实现以及人的全面发展角度而谈的，留学归国人员在国外学习了先进理论、先进技术，了解到本学科的最新理论与研究动态在创新能力、科研水平上有较大的提升，很多出国留学人员在国外期间就已经做出了国际一流的研究成果，已经处于学术领域的顶尖水平。

出国留学人员学习国外的先进管理经验，业务知识面宽，掌握大量最新信息，学习发达国家的先进组织能力，善于分析具体问题，解决各种矛盾。经过国外的锻炼和考验已能将掌握的先进管理知识运用到教学、科研和行政管理上，许多人成为高校、企业和各级政府部门的主要负责人，在领导工作中发挥巨大作用。据教育部统计数据显示，教育部直属高校中，留学回国人员在校长中占78%，博士生导师中占63%，在国家级、省部级教学、研究基地（中心）、重点实验室主任中占72%。大批高层次留学回国人员走上领导岗位，实现从科研教学向行业管理的转变，对充分整合教育科技资源，提高创新效率的作用不容低估。正如胡锦涛主席在欧美同学会成立90周年庆祝大会上的讲话中所言：“实践证明，我国广大留学人员具有为祖国、为人民、为民族建功立业的崇高志向，是国家的宝贵财富，是我国人才资源的重要组成部分，是推动我国社会发展进步和实现中华民族伟大复兴的一支重要力量。”

（二）推动国内科研水平与国际接轨

众所周知，出国留学是学习发达国家科学技术和先进理念的重要途径。留学人员在发达国家学习了先进理论，了解了本学科的最新动态和发展趋势。他们不断为国内引进新的科学知识、先进的科研方法和手段、新型实验设备，不断促进我国科学技术的进步，其中一些学科已经达到了国际领先水平。

改革开放以前，我们很多学科的研究水平与国外差距巨大。随着改革开放的深入，国家经济建设需要大量高素质有创造力的人才，这就要求我们必须提高学术和科研的起点，在同一起跑线上与对手竞争，否则在日益激烈的国际竞争中，我们必然会一直处于劣势。伴随着出国留学的发展，一批又一批学成归国的留学人员给我们带回了国外的先进知识和科研发展的最新动态，这一切都给我国科研水平的提高与加速发展注入了新的力量，使得我们在某些关键领域已经赶上了国外先进水平，并有超过国际同行的趋势。如在留美著名生物化学家王晓东、饶毅等人带领下，北京生命科学研究所 2012 年有 4 位研究员获得美国资助竞争性最强的休斯医学研究所的资助（全球 27 位），足见相关成果已达国际水平。

同时，留学生在推动国内科研水平提升方面也起到了巨大作用。如北京大学 1978 年至 1997 年获国家级、省部级自然科学进步、科技进步、发明奖等的奖项中，留学回国人员占获奖者 2/3 以上；该校共承担“863”课题 61 项，国家自然科学基金重大项目 21 项，国家攀登项目 84 项，“八五”以来国家社科基金项目 170 项，留学回国人员在其中作为项目主持人的约占 3/4 以上，并且通过承担国际合作和委托项目，通过科研成果的转化，以及通过决策支持研究为国家创造了相当巨大的直接经济效益和间接经济效益。①

“科学技术是第一生产力”这一口号，我们不得不老生常谈。留学教育对于派遣国的经济有着积极影响。公民出国留学，对促进国家的经济发展会起到积极的推动作用。30 多年来的实践证明，出国留学事业为国家现代化建设做出了巨大的知识贡献，提供了强有力的人才支持，成为改革开放的显著标志，成为人才培养和汲取国外先进科技的重要途径。

---

① 薛明扬等：《高校统战与高校发展》，复旦大学出版社，2010。

（三）加强了国际先进文化理念交流传递

从全球化发展的角度来看，出国留学促进了国际交流。当今世界是一个开放的世界，出国留学作为加强国际交流的手段，已被越来越多的国家认可。各国之间通过交流，互通有无，并在经济、文化各个方面取长补短。而我们在国际交流的同时，一方面在国外学到了先进的知识，弥补了我们在某些领域的不足，从而使得我们的科研水平得到提高，并逐步与世界尖端接轨；另一方面在文化交流上使得我们更加了解彼此，互相了解双方的文化背景、价值观、世界观以及在不同社会经济制度背景下的价值取向，这样我们也可以学到世界各国的不同文化，更有利于双方在以后的合作中消除不必要的误会，了解彼此、尊重彼此，增加双赢的可能性。

另外，留学生也将我们的优势带到了国外，将我们某些独特的见解和方法与世界分享。中国独特的文化传统与价值取向在国际交往中也日益被世界各国所认可和接受，出国留学是向世界展示中国的最佳机会，增进我国与不同国家人民之间的理解和沟通，以便于世界各国在互相尊重彼此、理解对方的同时，能够在价值观和文化理念上产生共鸣，让世界更了解一个开放的中国，一个全新的中国。留学人员搭起了中外文化交流的桥梁，既让海外世界了解了中国人，也有利于中国人了解世界。他们传播中华文化，开展民间外交，促进我国与不同国家之间人民的理解与沟通，对提高我国在国际社会中的地位等方面发挥着重大作用。有的在一些国家已经形成具有相当影响力的社会力量，在国际关系中扮演着越来越重要的角色。更有部分出国移民人员参与到了当地的政治领域，在政府机构中担任要职，对国家间的友好交流起到了积极作用。

三　中国留学政策存在的问题研究

改革开放30多年来，我国的留学政策之所以能够取得较大的发展和显著成就，关键在于我们选择了符合自身国情、文化背景和适应国际国内环境的基本制度，并根据综合条件的变化，通过不断地改革与创新探索推进政策与制度创新的路子，以保持政策的连续性和有效性。同时，在加入WTO之后，伴随着全球化进程加速，我国的各项领域不可避免地受到外来文化的冲击，我国现行的留学政策也将面临着新的问题，亟待我们做出有所创新与突破的调整。

（一）新时期政策目标与价值取向的选择

除了教育本身的目标之外，我国出国留学政策的目标还有政治目标、经济目标以及文化目标。不同的目标决定了在制定政策之时，政策的制定主体要做一定的取舍。随着我国社会与经济的快速发展并最终进入科技大国、经济强国，现行的出国留学政策也终将完成上一时期的使命而逐渐需要被新的政策目标替代。因此，针对新时期的形势、特点需要重新确立目标及价值取向，并调整国家与个人之间的利益关系。

具体来说，政策目标决定了留学活动的方向，影响着公众对出国留学的价值取向及实际选择。例如，当前留学人员在出国前选择学科时，着重于理、工等应用学科，这样的结构和比例与我国国民经济结构比较相称，也符合当今我国经济建设的实际。这无疑是社会目前的需要，顾及了我们出国留学的眼前利益。

如今的全球化和一体化的迅速发展，更要求国家从各个方面提高竞争力。这就要求我国不仅在经济实力上不断提升，更要在文化、政治和社会管理各个方面形成全面的、可持续的发展，也就需要人文学科和文理科复合人才。当前我国在选派留学人员时，仍以理工科为主，诸如法律、商贸、管理等人文科学的留学人员选派较少，这是不能适应日后发展的需要。长此以往，国家在学科建设以及人文科学发展的方面将会造成巨大损失，社会科学以及人文科学将不对称性发展，最终学科之间的不均衡发展也会导致教育领域的失误，经济发展也会不协调。

同时，在全球化、市场化背景下，政策宏观指导缺位，自费出国留学生出国目的具有不确定性，在选择出国留学国别、留学专业方面带有很大的投机性。出国人员抱着各自的目的，为了出国而出国的现象屡见不鲜。这样我们也不能真正达到出国留学的目的，对出国留学教育也是一种损失。

（二）政策法律层级低，政策体系尚未形成

我国留学政策存在法律文件层次低、立法目的冲突和制度性内容缺失的问题。

我国在1978年改革开放以来，中央一直非常重视留学人才的培养和引进，

颁布了诸多留学政策。但由于中国留学法律源于多处而且法律位阶低，便产生了权威性不够，法律冲突严重，缺少适时修正，适应性差，行文笼统和模糊，不便于实施等方面的问题。同时，我国留学政策多以部门政策为主，而不是全国性法律和行政法规。这样的留学政策名称复杂，难以从名称上辨认层级关系，无论给政策执行者还是政策实施对象都会带来麻烦。

另外，我国留学政策尚未形成完整的体系。比如我国公派出国留学人员的效益评估办法尚没有建立起来，使有关部门对国家公派出国留学制度的改革缺乏科学、客观的定量分析基础，使得效益评估与派遣出国联动机制无法运作。再比如，我国没有建立全国性的单位公派出国留学制度，以改变现在由各地区、各部门、各单位自行制定单位公派出国留学政策的问题。全国性的制度安排有利于全国在单位公派出国上信息共享，有利于制定全国范围内的单位公派人员规划，也便于与国家政策和发展规划相统一。① 另外，我国自费留学中介机构收费混乱、诚信缺失，也有待颁布相关法律来调整和规范。

（三）政策执行过程的监督与管理有待加强

任何政策在执行过程中都会出现一定的偏差。在我国，出国留学政策执行过程中也存在与既定的政策目标偏离的问题。尤其在我国公派出国留学政策的执行中，存在着大量“公派出游”现象。鉴于公派出国留学能给出国留学个人的发展空间和事业前景带来较大的效益，不少公派出国留学人员为了得到今后事业发展以及职位晋升的筹码而竞争得到出国留学的机会，他们在国外并非热心钻研学术，而是终日游玩于国外的美好景致之间，忽略了出国留学的真正目的；而回国之后，这些出国人员凭借他们出国的经历以及所谓的国外学习，将会获得职位晋升。这也就是公派出国留学的个人功利主义倾向。加之我们暂无较为完善的管理机制对出国人员进行监督，对其在国外的情况无法全面掌握。同时我们还缺乏公派出国留学人员的阶段性绩效评价，出国留学人员也会在外国受到利益的驱使而从事一些与公派出国无关的项目和工作。这样不但影响其本人正常的进修学习以及合作科研计划的完成，而且也容易使进修人员、访问学者逾期不归。派出机构作为主要的管理者对出国人员的状况知之甚少，同时与国外监管机构缺乏必要

① 王辉耀、苗丹国、程希：《中国留学人才发展报告 2009》，机械工业出版社，2009。

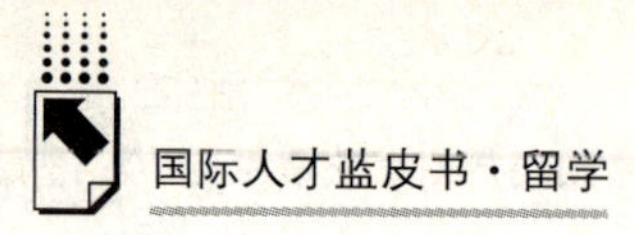

的沟通，使得对于出国人员的监管出现漏洞，从而严重影响了公派留学的质量和效益。

（四）政策透明度有待增加

目前我国留学政策名目复杂，颁布部门繁多，留学人员查阅起来十分困难。如上所述，我国留学政策法律层级低且混乱，使人希望系统了解留学政策时感觉无从下手。再者，打开各级政府网站，留学政策的规定在网站上十分少见，并且，虽然我国现在有千人计划网等引才计划的专门网站，但还没有一个全面的、可以供公民、社会查询政府政策或留学政策的信息平台，使得留学人员了解系统政策时查找无门，这会极大地影响政策的实施效果。

四　中国留学政策建议思考

（一）做好留学归国人才服务工作，吸引留学人才参与政府工作

留学人才是我国人才队伍的重要组成部分，尤其是我国高层次人才的重要组成部分，并且，留学人员是一个相对特殊的群体，众多归国留学人员经历了两种社会制度、不同价值观的熏陶。因此，对于留学人才的工作，我国各级政府应该重视，做好海归人才管理和服务工作。同时要注意形式上的创新，要从人才强国的高度出发，切实做好国际人才工作统筹规划、协调发展的运行工作，吸引国际化人才到政府来工作，使人才工作形成机构健全、人员到位、整体联动、协调高效的新格局。这包括吸收留学人员参加到政府和国有企业中来，以及参与到政府的建言献策工作中来，激发留学人员的热情，为当地发展提供智力支持。还要根据出国留学人才特点，选拔和使用留学人员要体现“公开、公平、公正、民主、竞争、择优”的人才培养、选拔、吸引、录用机制。

（二）留学政策与国家战略保持一致

我国要通过建设人力资源强国，达到振兴国家的目的，这也是我国实行人才强国战略的核心要义。实行人才强国战略，要与国家的发展战略保持协调一致，只有这样，才能为国家发展提供人才保证和智力支持。留学人才是国家的巨大人

力财富，留学是我国培养人才的重要途径。因此，培养留学人才，也应该与国家的发展战略高度一致。比如，国家公派留学和单位公派留学的专业规划、人数规划，要与人才强国战略相统一，与国家的总体发展规划，产业发展规划、科技发展规划和人才发展规划相统一。各部门要做好协调和沟通，以便留学政策的制定部门制定出相应的留学政策。

（三）提高出国留学政策的法律层级，形成全国统一的政策体系

我国应该尽快制定全国统一的政策法律体系，首先就是要提高出国留学政策的法律层级，出台留学法律。目前，我国尚无一部专门针对留学领域的、全面系统、具有长期执行效力的法规性公文。建议尽快出台《出国留学条例》，规定长期实行留学政策的调整准则与要求，作为我国行政机关在长期内制定留学政策的准则和要求。①

基于长远考虑，要从根本上解决留学政策体系混乱、互相冲突的问题，只能从建立留学法律体系上解决。我国应该尽快制定全国统一的政策法律体系。比如，对现有的法律依据中有关留学政策的立法目的进行纠正；由教育部牵头，制定留学政策的基本法，形成独立的法律体系。另外，建立全国统一的留学政策体系，内容上应涉及公派出国留学、自费出国留学、引进留学人才、海归就业与创业、留学中介监管、留学安全与预警等相关的各个领域。

（四）关注低龄化现象和留学安全现象，制定相关政策和制度体系

我国留学低龄化趋势日益加剧，越来越多的中小学生被送出国外，由此引发了各种心理和身体安全问题。近年来，我国留学生海外遇害事件频发，也引起了政府和社会的极大关注。留学生海外苦读，寄托着家长和国家的希望，是我国珍贵的人才资源。留学生的海外安全问题，是威胁我国人才资源的重大问题，是我国国民安全和社会家庭幸福的重大问题。随着我国出国留学人员持续增加，低龄化趋势加剧，以及世界各国政治安全、自然灾害、治安状况的不稳定，我国在留学政策制定时，应该将这两个问题当做特别问题考虑进去，制定一个完整的针对低龄化、留学安全的留学保障政策体系，比如设立低龄留学生

① 苗丹国：《出国留学六十年》，中央文献出版社，2010。

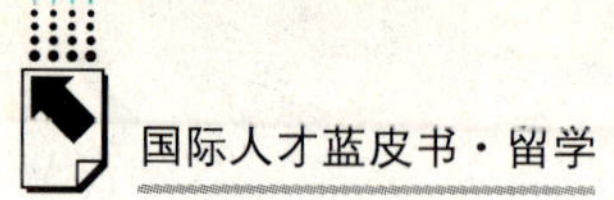

的心理安全健康咨询机构，建立留学安全预警机制，留学生海外突发事件应急处理机制等。

（五）完善我国海归人才引进政策

在完善我国引进海外高层次人才相关法律的方面，建议确立引进海外高层次人才促进国家经济社会发展的立法目的；建立鼓励华人高层次人才移入的重要制度；设立适用于海外高层次人才的外国高层次人才卡（外国高层次人才签证）；建立海外高层次人才用人单位责任制度；完善外国人在华永久居留制度；实现以政策规范引进海外高层次人才向以法律调整引进海外高层次人才转变；完善《草案》及其配套管理办法，贯彻落实引进海外高层次人才战略。在完善中国绿卡制度方面，建议赋予人才绿卡基本国民待遇，完善人才绿卡制度的必要性与重要性；逐步解决我国绿卡制度在国民待遇等实质内容缺位的情况；完善绿卡职能，赋予人才绿卡相关待遇。①

（六）建立留学政策文件公开制度

我国在2008年开始实施《中华人民共和国政府信息公开条例》，政府信息公开条例中规定，为了保障公民、法人和其他组织依法获取政府信息，提高政府工作的透明度，促进依法行政，县级以上政府部门都应重点公开本部门规章、行政法规和规范性文件，国民经济和社会发展规划、专项规划、区域规划及相关政策。我国应该尽快完善各部门网站的留学政策公开制度。建议建立关于留学政策和留学数据网络平台，提供全面权威的留学政策、措施、细则和办事流程、实施效果、政策趋势等信息，供留学人员参考。

① 王辉耀：《中国海归创业发展报告（2012）》，社会科学文献出版社，2012。

B.10

中国留学中介机构的发展现状及评估框架

摘　要：随着中国社会经济的迅速发展，特别是全球一体化趋势的加强，越来越多的人选择去海外留学，这无疑给我国留学服务行业的发展带来了巨大的商机。由于投资少、利润空间大，近十年来留学中介机构数量增长迅速。目前，留学中介机构已逐渐形成一定的品牌效应，提供的服务也愈加专业化。尽管如此，仍然有些黑中介给留学申请者造成了时间和金钱上的损失。本报告分析了我国留学中介机构的现状，剖析了留学中介机构存在的问题，并给出了规范留学中介的建议。

关键词：留学中介机构　问题　评估框架

一　中国留学中介机构现状特点

改革开放初期，邓小平提出“要成千上万地派遣留学生”的政策性意见，自费留学人数突增，催生了大量留学中介机构。然而，当时的留学市场机构大小不一，鱼龙混杂，能力也参差不齐。1999 年国家制定并颁布《自费留学中介服务管理规定》，出国留学中介市场开始进入一个有序发展的阶段。从 2000 年首批给 68 家中介机构颁发营业执照至今，随着行业竞争加剧，留学产业从单一服务向一站式、多元化及专业化发展，与考试、培训、银行、保险、航空、邮政、旅游等相关机构联系更加紧密，服务也更加优质高效。

（一）留学中介机构的现状

根据中华人民共和国教育部、公安部、国家工商行政管理局于 1999 年 8 月 24 日颁发的《自费出国留学中介服务管理规定》（以下简称《规定》）和《自费出国留学中介服务管理规定实施细则（试行）》（以下简称《实施细则》）中的定义，自费出国留学中介是指经过国家有关部门批准，通过与国外高等院校、教育部门或者其他教育机构合作，为我国公民自费出国留学提供相关服务的机构。

1. 我国留学中介机构的服务内容

我国留学中介机构的主要服务对象为：已完成高级中等教育或高等教育后申请自费出国留学的中国公民。主要服务内容包括：相关信息法律咨询、专业指导、代办入学申请、签证服务、出国培训和延续服务，具体内容包括：（1）信息咨询服务：包括各国留学政策、教育体制、特色专业、留学环境等。（2）专业指导服务：指留学方案制订等。（3）代办入学申请包括提供所推荐学校的情况、专业设置、入学要求等，帮助留学者准备申请材料，与目标学校联系并提出申请。（4）签证服务：主要包括签证资料准备和签证面试辅导。（5）出国前培训：语言培训和国外生活介绍。（6）延续服务：主要包括境外接机、住宿安排、留学者亲属探亲、旅游、公证、翻译等出入境方面的咨询和代办服务。

2. 留学中介机构已逐步成为自费出国留学的重要服务渠道

据不完全统计，在近几年的自费留学生中，60% 自费留学生是通过留学中介办理出国的，① 留学中介机构已逐渐成为自费出国留学的重要渠道。截至 2012 年 6 月 15 日，我国有 448 家正规合法留学中介机构，② 比 2011 年增加了 29 家。这些合法的留学中介机构主要分布在东部发达地区，如北京、山东、辽宁、江苏、广东等地。其中，北京作为首都，拥有快捷的签证办理条件和便利的国际航班，成为出国留学的首选通道，这里的合法留学中介最多。山东历来重视教育，而且生源多，近几年的留学事业迅速发展，留学中介数量从 2011 年的 34 家上升到 2012 年的 66 家。各地区留学中介数量详见表 1。

（二）留学服务机构的特征

与个人自行办理留学事项相比，留学机构服务有如下一些特点。

首先，受法律制约和政府部门监管。我国留学中介机构监管法律依据为

① 教育部推广使用《自费出国留学中介服务委托合同（示范文本）》新闻发布会，2004 年 4 月 28 日。

② 来自中华人民共和国教育部教育涉外监管信息网。

表1　教育部公布的合法留学中介数量分布

单位：家

地　区	中介数量	地　区	中介数量
北　京	78	河　北	9
山　东	66	福　建	9
辽　宁	28	山　西	8
江　苏	28	湖　南	8
广　东	27	重　庆	7
黑龙江	25	安　徽	5
浙　江	21	海　南	5
河　南	17	广　西	4
吉　林	16	云　南	4
上　海	16	甘　肃	3
天　津	12	江　西	2
湖　北	12	宁　夏	2
内蒙古	11	新　疆	2
四　川	11	贵　州	1
陕　西	10	青　海	1

资料来源：教育涉外监管信息网（截至2012年6月15日）。

《自费出国留学中介服务管理规定》和《自费出国留学中介服务管理规定实施细则（试行）》。教育部通过教育涉外监管信息网公布经资格认定的自费出国留学中介机构法定代表人、办公地址等核心资质情况。如，我国法律规定留学中介机构不具备在大陆招生的权利，中介机构应当直接与国外高等院校和教育机构签订有关合作协议，并报送所在地省级教育行政部门备案，同时还要求国外院校提供中国驻该国使馆的认证（国际上著名的院校除外）。为保障留学人员权益，中介机构要在银行质押50万～100万元的保证金。

第二，受监管、运作规范的中介机构，信息来源相对真实、准确，服务具有一定科学性。由于受到国家政府部门的监管，这些中介机构信息来源相对真实、准确。同时，这些中介机构能够利用其对国家相关政策的了解和与国外教育机构合作的关系，获得留学国家和学校的申请入学、材料准备、办理签证等方面信息。而个人办理留学申请手续繁多，需要占用大量的时间，个人申请结合留学中介提供的相对系统、专业的服务，可以缩短申请时间，提高申请成功率。

（三）留学中介机构的作用

随着我国市场的进一步开放、留学教育政策的推动以及对国际人才需求的激增，我国留学中介机构的市场定位逐渐清晰，并不断发展壮大走向成熟，在摸索中积累了大量的经验，对促进我国留学教育市场的发展起到了一定的作用。

1. 提供专业化留学服务

留学中介机构为有出国留学打算的人提供咨询与服务，帮助客户准确判断留学方式及方案的可行性。对于正规而且口碑比较好的留学中介机构而言，它们拥有丰富的出国申请办理经验及专业的留学申请知识，以及行业领域的多方面信息资源，可以为有留学打算的人提供各方面的咨询和服务。由于留学市场存在信息不对称的问题，学生家长了解留学资料的途径有限，且存在语言障碍，而留学中介在收集学校资料、判断信息的准确性上，能较好把握，从而能较好地保证申请学校的教学质量和广大留学人员的权益。

同时，留学中介机构凭借其对海外教育市场动态、海外人才市场供需信息的掌握，能够有针对性地向国内学生推荐国外具有高潜力的热门专业，准留学生可以提前制订相关计划，为留学做好准备。

2. 促进中外文化教育交流

留学中介在提供中介服务的同时，会举办展览会、交流会等国际交流合作活动，在一定程度上可以促进中外教育的合作交流，活动内容大多包括教育高新产品展、以国家或学校分类为主的各种精品院校展览、招生说明会，以及留学咨询服务展等。这些活动可以使中国教育专家、教师、学生和家长了解国外的优秀院校、专业、教学方式方法，先进的教育模式、体制和教学理念等，促进中国教育与世界的接轨。

同时，由于留学中介机构与海外各大院校及教育机构保持着长期友好和密切的合作关系，可以为地区教育的对外交流与合作起到桥梁作用。比如，大力吸引国外优质教育资源合作办学，鼓励各级各类学校特别是高校和职业学校引进国外优质教育资源、提高办学水平等，促进一系列教育改革。① 同时，留学机构与海

① 张玮：《留学中介与政府涉外教育监管构想》，对外经济贸易大学硕士论文，2007。

外院校合作，便于吸引外国学生来中国留学，促进本地教育对外交流和合作，提高国际化教育程度。

3. 促进我国高等教育市场趋向平衡

目前国内的教育资源由于教育质量和数量等原因不能完全满足国民教育需求，因而我国国内产生了大量的留学需求。将国内需求引导至国外，可以部分平衡国内教育市场。再者，留学中介通过对世界教育供给和需求的宏观分析，引导留学人员合理选择留学国家和地区，起到市场分流的作用，同时降低留学人员的留学成本。如，当留学某个国家越来越热、费用越来越高的时候，留学中介就可以尝试着引导消费者选择其他国家，用相对较少的费用来达到同样的目的，对市场进行分流。

二　我国留学中介存在的主要问题

虽然对其经营活动中出现的一些问题，教育部等国家各级监管部门采取了一系列规范和整顿措施，包括公布国外正规院校名单、发布留学预警、通过新闻媒体曝光严重违规案件、建立教育部教育涉外监管信息网等。但是我国留学中介依然存在违规现象，主要包括：不具备自费出国留学中介资格的机构在从事非法留学中介活动，极个别获得自费出国留学中介资格认定的机构为牟取利益，违规操作，从事挂靠或转借资质等活动，损害了自费出国留学人员的利益，干扰了自费出国留学服务市场的正常秩序。我国留学中介机构存在的问题主要表现在以下四个方面。

（一）一些不法中介未经资质审核成立运营

不符合我国《自费出国留学中介服务管理规定》开展自费出国留学中介业务机构为不法中介，即“黑中介”。我国《自费出国留学中介服务管理规定》中明确写到，申办中介服务业务的机构应当具备以下条件。

（1）有法人资格的教育机构或教育服务性机构。

（2）有熟悉我国和相关国家自费留学政策并从事过教育服务性业务的工作人员。

（3）与国外教育机构已建立稳定的合作与交流关系，有必备的资金，能在

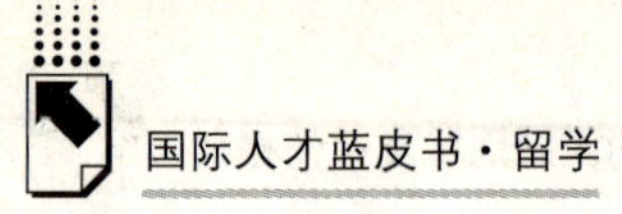

学生经济利益受损时保障其合法权益，按协议予以赔偿。

（4）申办中介服务业务的机构应当向所在地的省、自治区、直辖市教育主管部门提出申请，经审核同意后报教育部、公安部进行资格认定。

（5）通过资格认定的机构应当到当地工商行政管理部门办理企业登记注册手续，同时到机构所在地公安机关出入境管理部门备案。

有些中介机构并未通过批准，挂靠在其他单位，或者承包合法留学机构的一个部门。此类中介机构也属于非法中介，且具有非常大的迷惑性，不易被家长察觉。判断是否为黑中介，可以以是否具有国家教育部审批的“自费出国留学中介机构资格证书”为依据。

还有一些中介机构，取得资质时是一套人马，实际操作中，无论是负责人，还是财务人员及咨询人员，甚至办公地点，都和申报材料上不符合，这也是违规的。与这样的留学中介机构签约办理出国留学，一旦出现问题，责任人不明确，对保护出国留学人员的权益十分不利。

黑中介的非法操作容易给留学生家庭造成严重损失。因为按照国家规定，没有合法资质的中介公司提出的留学及学生签证申请，不能得到各国驻华使领馆批准。黑中介往往以因私出入境的名义办理学生签证。这种非法操作会给学生和家长带来严重损失。据报道2006年8月，南京22名学生赴法留学签证被拒签，原因就是帮助他们办理留学签证的中介公司不具备办理赴法留学业务的资质，最后家长不得不诉诸法律。也有黑中介把签证转包给合法中介办理，这种情况下，一旦出现问题，消费者的维权将面临困难。

（二）部分中介机构服务信息有待考证

留学中介提供不真实信息主要表现为：夸大国外教育环境（比如国外气候、交通、经济等各个方面都非常理想）、夸大学校整体教育水平（如把学校说成世界一流大学，毕业证书全球承认等）、夸大学校专业水平（如说学校专业处于顶尖水平）、夸大就业和移民前景（如说该校毕业后容易就业，可以移民留居国外等）、将非正规学校描述成正规学校、故意混淆概念（如大学“综合排名”和“专业排名”）、在中英文翻译上做手脚（如将国外的专业学院（College）翻译成综合性大学（University））、隐瞒真实情况（隐瞒预科需要考试才能上大学的事实）等。这类信息容易使家长和学生产生国外环境好、大学好、专业好、就业

好等想法，并且带有欺骗性质，使家长和学生对出国留学做出不理智的判断。学生和家长在中介的诱导下轻率地做出留学决定，为学生将来发展埋下了极大隐患。

留学中介提供不真实信息的主要形式是广告宣传，主要问题就是表述不清楚，让消费者产生疑虑，甚至造成误导。如有的留学中介宣称“零语言门槛”、“直接入读美国大学”，但没有明确提及隐含条件。还有就是对学校排名的夸大和伪造。另外，广告中的“中国教育机构品牌领袖大奖”、“中国出国留学服务十大影响力品牌”等评比、排序内容，并不具有权威性，容易造成消费者盲信盲从。① 2007 年北京市广告监测中心发布的 7 月份广告监测报告显示，留学中介广告位列违法广告的第三位。《北京青年报》和新浪教育频道联合进行的一项关于留学中介服务的调查结果显示，70% 的消费者认为留学中介广告水分大，其中对学校排名的夸大和伪造是出现得最多的问题。

（三）为提升留学申请成功率而伪造申请材料

有些留学中介为了达到提高申请成功率、吸引客户的目的，在学生材料不达标时，在材料上做假，欺骗海外学校。这种行为不仅会受到海外学校和其所在国政府的处罚，还会给学生和家长造成费用损失，承担拒签的后果。申请材料造假包括：申请学校和签证中夸大收入，如银行存款证明造假、假造雇主或家庭成员关系，如更改护照、伪造出生证明、结婚证。材料造假会受到海外政府的严重处罚，如美国，一旦发现假材料则会拒签，有时甚至永久拒签。留学中介机构在造假过程中一般会收取全部或部分中介费用，而损失和后果由学生和家长承担。即使签证顺利通过，学生出国后也会遭遇各种问题。比如学生的学习成绩本达不到学校要求，不适应国外语言环境或不能顺利通过考试或毕业，承担巨大学习压力。

（四）留学市场尚未形成成熟的监管体制

在我国，留学市场尚未成熟，留学中介的收费缺乏明确的标准，对收费项目缺乏明确的规定。留学费用从几千元到几万元甚至十几万元不等。正常来说，留学中介费用由各国留学政策、申请学校和签证难度及费用决定。因此，同样国家

① 北京市广告监测中心：《2012 年 7 月广告监测报告》，2012 年 7 月。

的留学中介费用应差距不大。但在我国，申请同一个国家的学校的中介服务费都有很大差距。如在服务内容基本相同的情况下，新西兰的留学中介费用可以相差3000～4000元，而美国同一学校的中介费用可以相差2万元。在某些机构中，翻译申请材料属于免费服务内容，而在某些机构中可能需要收费。①

三　选择留学中介机构的指标框架及注意事项

为了扩大优秀留学中介机构的市场影响力，促进国内留学服务行业的规范发展，有必要深入国内留学中介市场进行调查研究，挑选一定的评估指标，对我国的留学中介机构进行评估打分。对家长和学生来说，对留学中介机构进行评估可以帮助他们选择较为优质和适合自己的中介来为其提供服务；对留学中介机构本身来说，通过评估可以帮助其了解自身的实力，明确发展方向；对主管部门来说，可以有针对性地对不同的中介机构施以不同的管理手段来提高管理效率，从而更好地促进中介行业的良性发展；对留学目的国来说，有助于提高目的国的院校留学手续的办理质量和效率。

（一）评估指标的构建原则

（1）科学性原则。留学中介机构的评估体系必须符合留学中介的特点，能够科学、客观、真实地度量和反映留学中介机构的发展状况，有利于指导家长学生正确地选择中介机构。

（2）系统性原则。评估体系必须层次结构合理，指标协调统一，能较全面地反映留学中介的基本情况。

（3）整体完备性原则。入选的各个指标能作为一个整体，具有全面系统性，从各个层次、各个角度反映和测度留学中介的运行状况及基本特征。

（4）可操作原则。评估指标内容应简单明了，具有较强的可比性和可操作性。所谓可比性是指通过评估体系能够对不同留学中介的状况进行客观评价和相互比较。可操作性是指评估指标中的数据能够通过可靠途径及时、便利地获得，并且数据的质量能够满足精度要求。

① 张波：《自费出国留学中介研究》，华东师范大学硕士论文，2009。

（5）独立性原则。评估体系同一类别中的各项指标因素之间，至少在分析性质上应该相对独立，说明不同问题或问题的不同方面，彼此之间不存在显著的交互影响或者线性关系。

（6）动态性原则。构建留学中介机构评估体系时，必须注意留学中介机构的发展趋势，适当考虑指标体系的可扩展性，用动态的观点来评价留学中介。

（二）留学中介选择的评估指标

根据留学中介机构的内涵、特征及评价体系的构建原则，参考已有成果，以留学中介的三个方面（核心资质、专业水平、社会影响力）作为评估中介机构的一级指标，选取二级指标 13 项，分析留学中介如表 2 所示。

表 2　留学中介的评估指标

一级指标	二级指标
核心资质	是否具有教育部颁发的《自费出国留学中介机构资格认定书》
	是否具有工商部门颁发的注有“留学中介服务”字样的有效企业法人营业执照
	是否具有在教育部、公安部、工商行政管理局备案的有编号的留学服务中介协议书
	是否使用教育部与国家工商行政总局联合制定了《自费出国留学中介服务委托合同(示范文本)》
	在选择分支机构时，应注意辨别该分支机构是否为有资质的公司的直营分公司，注册地点与经营地点是否一致，避免选择其他小型机构承包或挂靠经营的公司。
专业水平	拥有海外归国工作人员的数量
	授权代理的国外院校的数量
	可办理的留学国家的数量
	是否在国外设有分支机构
	举办有影响力的活动(例如出国说明会)次数
	受邀参与重要研讨会的次数
公众口碑	通过该中介出国的学生人数
	是否跟客户发生过纠纷
	通过该中介办理过出国手续的学生的评价

1. 核心资质

留学中介的核心资质包括：（1）是否具有教育部颁发的《自费出国留学中介机构资格认定书》；（2）是否具有工商部门颁发的注有“留学中介服务”字样的有效企业法人营业执照；（3）是否具有在教育部、公安部、工商行政管理局备案的有编号的留学服务中介协议书；（4）是否使用教育部与国家工商行政总局联合制定的《自费出国留学中介服务委托合同（示范文本）》。

截至2012年6月，承诺使用教育部，国家工商行政总局制定的《自费出国留学中介服务委托合同（示范文本）》的留学中介机构有23家，详见表3。

表3　承诺使用《自费出国留学中介服务委托合同（示范文本）》的留学中介机构名单

留学中介服务机构名称	资格认定书编号
北京嘉华世达国际教育交流有限公司	教外综资认字〔2000〕1号
东方国际教育交流中心	教外综资认字〔2000〕2号
中国教育国际交流协会/中教国际教育交流中心	教外综资认字〔2000〕3号
北京四达留学服务有限公司	教外综资认字〔2000〕9号
北京紫铭文化交流有限公司	教外综资认字〔2000〕12号
浙江新通留学有限公司	教外综资认字〔2000〕38号
河南省教育国际交流服务有限公司	教外综资认字〔2000〕70号
河南一鸣出国留学服务有限公司	教外综资认字〔2000〕73号
吉林省国际人才技术合作有限公司	教外综资认字〔2000〕104号
黑龙江省教育国际交流中心	教外综资认字〔2000〕115号
湖南省教育留学服务中心	教外综资认字〔2000〕123号
陕西智能人才交流有限公司	教外综资认字〔2000〕127号
陕西省教委教育交流中心	教外综资认字〔2000〕128号
陕西省留学服务中心	教外综资认字〔2000〕129号
陕西西外留学服务中心	教外综资认字〔2000〕130号
西安留学人员工作站	教外综资认字〔2000〕131号
山西华达出国留学咨询服务有限公司	教外综资认字〔2000〕133号
北京华恒教育文化交流中心	教外综资认字〔2000〕169号
陕西省国际交流中心(陕西省国际交流公司)	教外综资认字〔2000〕204号
北京环球达洋行信息咨询有限责任公司	教外综资认字〔2004〕285号
辽宁省二十一世纪经贸人才培训中心	教外综资认字〔2004〕302号
西安交大金桥留学服务有限公司	教外综资认字〔2005〕371号

资料来源：教育部教育涉外监管信息网。

2. 专业水平

留学中介的专业水平包括：（1）拥有海外归国工作人员的数量；（2）授权代理的国外院校的数量；（3）可办理的留学国家的数量；（4）是否在国外设有分支机构；（5）举办有影响力的活动（例如出国说明会）次数；（6）受邀参与重要研讨会的次数。

其中，有影响力的会议指相关学科领域的重要研讨会、在国内外有一定知名度

的相关会议、有重要政府官员出席并发言、20 家以上主流媒体参会报道的会议。

3. 社会影响力

留学中介的社会影响力包括：（1）通过该中介出国的学生的人数；（2）是否跟客户产生过纠纷；（3）通过该中介办理过出国手续的学生的评价。

（三）选择留学中介时的注意事项

拟出国留学人员在选择留学中介时除参考中介评估指标外，还应当注意以下几点。

（1）更多地了解中介机构的服务质量和可信度。在寻求留学服务帮助时，人们对留学中介的了解并不全面。据问卷星专业在线调查于 2010 年 12 月对我国留学中介机构的市场调研（共 230 人参与调查）显示，人们对大部分的留学机构都处于一般了解或者不了解的状态，例如，关于澳际教育，有 35.65% 的参与者并不了解该机构，接近 30% 的人一般了解；而对于新东方的了解要好一些，有 78% 的人了解或一般了解；而启德教育，接近 34% 的人对其不了解，33% 的人一般了解。在不了解中介机构的情况下，贸然选择中介机构是不科学的。

（2）不要盲目轻信中介工作人员推荐的学校。据问卷星专业在线调查于 2010 年 12 月对我国留学中介机构的市场调研（共 230 人参与调查）显示，对于获取留学机构的信息渠道，参与者认为最重要的方式是亲友推荐以及校园活动、讲座等；而最不可信的渠道是手机短信提醒；报纸、广播等宣传的可信度一般。①

（3）签订服务合同时，应仔细阅读内容，在合同中明确交款方式，违约责任。交纳费用时应了解各项费用的具体用途，兑换外汇的汇率比例，索要并保存好收费凭证，以便在发生纠纷的时候使用。

四　规范留学中介机构的建议

（一）加强市县基层留学市场的监管职能

按照 1999 年教育部 5 号令和 6 号令精神，自费出国留学中介服务机构的审

① 问卷星网站：《留学中介机构市场调研》，http：//h. sojump. com/report/556784. aspx？ default = 1。

批、监督管理、广告发布等均由省级以上教育主管部门和工商主管部门统筹管理。而随着留学热的蔓延，留学市场正在由省级向市县级延伸。一般而言，留学中介广告的发布、经营的具体场地在市一级的较多，纠纷也较多地出现在中心城市，省级教育主管部门难以监管这些具体的经营业务。因此，调动基层教育主管部门和工商部门的积极性，实现属地化管理，方可有效地对留学市场进行监管。

（二）大力推广留学中介服务委托合同示范文本

2004 年 3 月，教育部、国家工商行政管理总局联合发布了《关于印发〈自费出国留学中介服务委托合同（示范文本)〉的通知》，并发布了联合制定的《自费出国留学中介服务委托合同示范文本》，此举对规范留学中介服务机构的服务起到了非常大的作用，也为公民办理自费出国留学提供了标准，整顿了霸王条款、陷阱条款的现象，迫使中介机构提高服务质量。因此，应该加强宣传、继续推广留学中介服务委托合同示范文本。

（三）完善出国留学中介服务法规

1999 年我国发布了《自费出国留学中介服务管理规定》,[①] 这也是目前我国唯一一部涉及对出国留学中介机构管理的行政法规。此法规颁布后，教育部、公安部和国家工商行政管理总局于 2000 年底开始在全国范围内对自费出国留学中介活动进行清理整顿，取得了阶段性的成果，但仍存在诸多问题。如非法留学中介活动依然屡禁不止，严重扰乱了留学市场秩序；有些合法的总结机构转借资质、擅自开展未经确认的出国留学项目、发布虚假广告等违法违规的问题。我们要尽快修改和完善留学中介法规，对留学中介活动的行政监管和社会监督提供法律保障。

① 中华人民共和国教育部：《自费出国留学中介服务管理规定实施细则（试行)》，1999 年 8 月 24 日。

B.11 中外合作办学现状及问题思考

摘　要：作为留学本土化的一种方式，中外合作办学在实质性引进国外优质教育资源方面做出了有益的尝试，同时也为我国高等教育改革提供了借鉴。从20世纪80年代末至今，中外合作办学成绩卓著，涌现了中欧商学院、长江商学院、宁波诺丁汉大学等优质大学，在区域分布、办学层次、专业设置、举办主体、教学管理等方面呈现多元化、不均衡发展的特点。

关键词：中外合作办学　发展特点　问题　思考

一　中外合作办学的现状及意义

（一）中外合作办学的兴起

按照《中华人民共和国中外合作办学条例》的规定，中外合作办学通常是指外国教育机构同中国教育机构在中国境内合作开办的以中国公民为主要招生对象的教育机构，目前所称的中外合作办学一般是指国家鼓励的在高等教育、职业教育领域开展的中外合作办学。

1978年，十一届三中全会开启了改革开放的新时期，经济的飞速发展不仅给人民的生活水平带来了翻天覆地的变化，也使得国外大量的文化、教育信息涌现到中国，人们的思想观念受到冲击，在接受他国先进的教育理念、科学的课程设置、教学方法的同时，也不自觉地将本土的文化渗透到他国的体系中。随着经济领域对外开放的不断深入，各种知识、信息跨国间的交流频繁，知识无国界的共享性为更多的人所认可，科学研究也朝着国际化的方向发展，高等教育作为科研和传授知识的场地，也必然呈现国际化的趋势。① 人们生活水平以及教育程度的提高，也为

① 任立敏：《中外合作办学的昨天、今天、明天——论中外合作办学的起因、现状和未来发展》，陕西师范大学教育科学学院，http：//www.sne.snnu.edu.cn/xsjt/jsjy/jxhd/lunwen/se061/061－09.htm。

跨国教育提供了物质基础。这种开放的教育方式使得跨越国界的高等教育市场出现，合作办学机构应运而生。

1979 年 11 月，南京大学校长匡亚明率领中国大学校长代表团赴美国考察，揭开了中外高等教育与文化的新篇章，此后开始出现中国高等院校与外国高等院校合作办学的浪潮。1985 年 9 月，中国国家教育委员会与日本国际交流基金共同创建北京日本学研究中心，天津财经学院与美国俄克拉荷马市大学合作举办 MBA 班，1986 年 9 月南京大学成立了南京大学—约翰·霍普金斯大学中美文化研究中心，属于早期中外办学的先例。

法律法规推动了合作办学的健康发展。1995 年 1 月，原国家教委正式颁布《中外合作办学暂行条例》，成为我国第一个有关合作办学的全国性法规，这标志着合作办学开始走上依法办学和管理的道路。自此，中外合作办学蓬勃发展，1994 年底国内已经设立的中外合作办学项目有 70 个，到 1999 年底，全国共有各类中外办学项目 500 多个。①

随着中国进入 WTO，中国向世界做出有关教育服务的承诺，教育开放的程度日趋扩大，中国合作办学稳步发展壮大。国务院于 2003 年 3 月 1 日正式颁布了《中华人民共和国中外合作办学条例》（以下简称《办学条例》），这是中国教育入世的纲领性文件，对中外合作办学进行了全方位的规定，使中外合作办学工作更加有章可循、有法可依，中外合作办学得以有效实施。2004 年 6 月，教育部又发布了《中华人民共和国中外合作办学条例实施办法》，重申了教育的公益性原则，但允许有合理回报。由此，中外办学进入规范、平稳、健康的发展阶段，截至 2011 年底，全国共有本科级（以上）中外合作办学项目 534 个，中外合作办学机构 40 家，覆盖了 28 个省、直辖市、自治区。②

（二）中外合作办学的主要模式

合作办学可以从不同的角度划分不同模式。

按照办学主体，可以分为两类：一是中外合作办学机构，如：西交利物浦大学、宁波诺丁汉大学等；二是中外合作办学项目，如：北京工业大学与美国新泽

---

① 冯晨星：《对我国高校中外合作办学的思考》《教育探索》2011 年第 1 期。

② 根据教育部中外合作办学监管工作信息平台公布的中外办学机构和项目相关信息统计得来。

西理工大学工程管理理学硕士；北京大学与香港理工大学合作举办中国社会工作文学硕士学位教育项目。

按照办学方式，可分为两类：一类是学历教育项目，必须通过统招考试，填报志愿，毕业后分别获得中外双方学校颁发的文凭；另一类是非学历教育项目，无需填报志愿，参加学校自己举办的入学考试即可。在中方学校修得相应学分后，通过语言考试后再被合作学校录取，毕业后获得外方学校颁发的文凭。就读非学历教育项目的，若该项目未能获得教育部审核认证，即不能承认该项目所获学历。

按照合作程序及教学模式，可分为融合型、嫁接型和松散型模式。①

按照合作形式，可分为合资合作办学、独资合作办学、合作办学项目等模式。目前，中外合作办学项目有以下几种类型。

1 +2 +1 分段教育。该合作项目的学生第一年在境内学习，打好基础，提高外语听、说、读、写和演讲水平，从第二年开始赴境外进行为期两年的专业基础和专业课程的学习，完成大部分学位课程教学计划，最后一年返回国内大学完成学位课程的特色专业和学位论文及答辩，双方互相承认学分。学生可获得中外双方颁发的学位证书，成绩优秀者可直接进入合作方攻读高一级学位。

2 +2 分段教育。该合作项目的学生，前两年在境内学习，聘请合作方师资承担部分课程，使用国外教材并按国外模式进行教学与考试，使学生在出国前提前接触境外教育机构的教育方式。后两年学生赴境外教育机构学习，双方相互承认学分，学生按要求完成学位课程的教学计划，完成学位论文及答辩，学生可获得中外双方颁发的学位证书。双方成立联合管理小组，共同管理、及时沟通，确保合作办学的教学质量。成绩优秀者可直接进入合作方攻读高一级学位。

4 +1 分段教育。该合作项目充分引进国外先进教育资源，国外教育机构承担30%的课程，选派其优秀教师、使用其教材来我国任教。双方成立联合管理小组，共同管理、及时沟通和确保合作办学教学质量。学生在学习期间按要求完成学位课程教学计划，完成学位论文及答辩，可获得中方学位证书，外方结业证书，成绩优秀者可直接赴合作方攻读高一级学位。

3 +1 +1 分段教育。该项目学生前三年在境内学习，引入境外教育机构的部分课程、教材和教师完成学位课程的教学计划。第 4 年学生赴境外教育机构学

---

① 顾建新：《跨国教育发展理念与策略》，学林出版社，2008。

习，完成学位论文及答辩，双方互相承认学分。学生可获得中外双方颁发的学位证书，第5年学生可直接进入境外合作方攻读高一级学位。①

（三）中外合作办学机构及特点

2012年6月28日，教育部在教育涉外监管信息网公布了经过合法批准的40家本科中外合作办学机构名单。这40家中外合作办学机构都是本科以上层次的中外合作办学机构，不包含中外合作办学项目，见表1。

表1 中外合作办学机构汇总

名称（含内地与港澳台合作办学机构）	地区	性质	层次	招生方式	外方学位
北京航空航天大学中法工程师学院	北京	非法人	本研	高考统招	有
对外经济贸易大学卓越国际学院	北京	非法人	本科	高考统招	有
中国政法大学中欧法学院	北京	非法人	硕博	国家统招	无博士学位
长江商学院	北京	法人	研究生	在职全国联考	无
中国民航大学中欧航空工程师学院	天津	非法人	本研	高考统招	无
北京师范大学－香港浸会大学联合国际学院	广东	非法人	本科	高考统招	有
中山大学中法核工程与技术学院	广东	非法人	本研	高考统招	有
河北科技师范学院欧美学院	河北	非法人	专本	高考统招	无
郑州大学升达经贸管理学院	河南	非法人	本科	高考统招	无
郑州大学西亚斯国际学院	河南	非法人	专本	高考统招	有
吉林大学莱姆顿学院	吉林	非法人	本科	自主招生	有
延边大学科学技术学院	吉林	非法人	本科	高考统招	无
江南大学莱姆顿学院	江苏	非法人	本科	自主招生	有
西交利物浦大学	江苏	法人	本科	高考统招	有
中国人民大学中法学院	江苏	非法人	本科	高考统招	有
东南大学－蒙纳士大学苏州联合研究生院	江苏	非法人	硕博	国家统招	有
东北财经大学萨里国际学院	辽宁	非法人	本研	高考统招	有
东北大学中荷生物医学与信息工程学院	辽宁	非法人	本研	高考统招	有
辽宁大学新华国际商学院	辽宁	非法人	本科	高考统招	无
辽宁大学亚澳商学院	辽宁	非法人	本科	高考统招	无
辽宁师范大学国际商学院	辽宁	非法人	本科	统招加自招	有
沈阳师范大学国际商学院	辽宁	非法人	本科	统招加自招	有
青岛科技大学中德科技学院	山东	非法人	本科	高考统招	无
山东工商学院国际商学院	山东	非法人	本科	高考统招	无

① 陈挚：《中外合作办学意义与存在问题思考》，《中华现代教育》2007年第6期。

续表

名称(含内地与港澳台合作办学机构)	地区	性质	层次	招生方式	外方学位
山东农业大学国际交流学院	山东	非法人	本科	高考统招	无
山西财经大学中德学院	山西	非法人	本科	高考统招	有
山西农业大学中德学院	山西	非法人	本科	高考统招	无
上海大学悉尼工商学院	上海	非法人	专本	统招加自招	有
上海大学中欧工程技术学院	上海	非法人	本科	高考统招	有
上海交通大学交大密西根联合学院	上海	非法人	本研博	高考统招	有
上海交通大学中欧国际工商学院	上海	非法人	研究生	自主招生	有
上海理工大学中英国际学院	上海	非法人	本科	自主招生	无
同济大学中德工程学院	上海	非法人	本科	高考统招	有
同济大学中德学院	上海	非法人	研究生	高考统招	无
中国民航大学中欧航空工程师学院	上海	非法人	研究生	高考统招	有
宁波诺丁汉大学	浙江	法人	本研博	本科统招、硕博自主招生	有
重庆大学美视电影学院	重庆	非法人	研究生	高考统招	无
重庆工商大学现代国际设计艺术学院	重庆	非法人	本科	高考统招	无
重庆工商大学国际商学院	重庆	非法人	本科	高考统招	无
华中科技大学中欧清洁与可再生能源学院	湖北	非法人	研究生	国家统招	有

资料来源：根据国家教育部网站公布资料梳理（截至2012年6月28日）。

就目前而言，中外合作办学机构有以下一些特点。

1. 审批难度大，机构数量少

从数量上看，中外合作办学机构只有40家，远远低于中外合作办学项目。主要原因是审批难度较大。根据教育部的规定，本科以上中外合作办学机构由教育部审批，高等专科层次中外合作办学机构由省级人民政府审批。中外合作办学许可证均由教育部统一编号，这就意味着即使是专科层次机构的最终审批权仍然在教育部。与中外合作办学项目相比，中外合作办学机构的审批程序更加复杂、难度更大。尽管机构的审批很难，但并非完全不能获批，甚至有些大学如上海大学、上海交通大学、同济大学、郑州大学、重庆工商大学均申办了两家中外合作办学机构。①

2. 大多数不具备法人资格

获得审批或复核的40家机构中，具有法人资格的机构只有3家，占总数的

① 谢迅、师圣媛：《浅议中外合作办学机构的九大发展特点》，《科技信息》2011年第17期。

7.5%，不具备法人资格的机构有37家，占总数的92.5%，但有些非法人二级学院在经营运作上具有较大的独立性。具有法人资格的机构就是一所新建的大学，在运作上和独立学院完全相同。而非法人机构是一级大学下属的一个二级学院，其名称前必须冠以国内大学的名称，在行政管理、教学管理、教学资源、招生计划等诸多方面仍较大程度地依赖于一级大学，但有的非法人机构如郑州大学西亚斯国际学院的运作则具有极强的独立性，在校生达到2万余人。

3. 办学层次以本科为主，允许不同层次并举

中外合作办学机构的办学层次以本科最多（32家），其次是研究生层次（14家），近一半机构不颁发国外学历学位证书。此外，还有多家不同办学层次并举的机构，如专本并举（3家）、本研并举（5家）、研博并举（2家）、本研博并举（2家）。值得注意的是，宁波诺丁汉大学的国内合作方浙江万里学院是2002年新建的省属普通本科院校，相对于其他国内名牌大学来讲存在较大差距，但宁波诺丁汉大学的办学层次却跨越式地提升为本研博并举，将打造世界一流大学确定为努力的方向。40家中外合作办学机构中，共有20家机构同时颁发国内国外学历和/或学位证书，如西交利物浦大学和宁波诺丁汉大学。但如果国外合作方只是投资机构或个人，如长江商学院的国外合作方只有李嘉诚（海外）基金会，则只颁发国内教育机构的学历学位证书。也有一些机构的国外合作方为大学，如辽宁大学亚澳商学院的国外合作方为澳大利亚维多利亚大学，但不颁发国外大学的学位证书。

4. 举办者可以要求合理回报

中外合作办学机构的举办方包括国内教育机构、国外教育机构、投资机构或个人。参与举办40家中外合作办学机构的30家国内大学，全部是本科层次大学，其中非“211”工程大学13家（占36%），如宁波诺丁汉大学的中方合作方浙江万里大学是2002年新建的省属普通本科院校。绝大多数国外合作方为本科及以上层次的大学，但也有公司（如重庆工商大学国际商学院的香港隆兴投资有限公司）、基金会（如上海交通大学中欧国际工商学院的比利时欧洲管理发展基金会）、研究机构（如同济大学中德学院的德意志学术交流中心）乃至个人（如延边大学科学技术学院的金镇庆），有些机构的国外合作方包括多所大学（如上海理工大学中英国际学院的国外合作方为英国布拉德福德大学等9所英国大学）。国内教育机构教学场地、设备设施为主要投入，国外教育机构以知识产

权和其他无形资产（办学理念、教体系、师资、教材、管理等）为主要投入，投资机构或政府部门以资金投入为主。

因此，由于出资方和举办方的多样性，教育部允许部分举办者要求合理回报。是否可以要求回报会在教育部核发的批文中注明。在40家办学机构中宁波大学的公益性最明显。

5. 高考统招和自主招生为主，费用较高

高考统招和自主招生是中外合作办学机构的主要招生形式，相对国外学习成本而言，国内学费标准处在较低水平。多数中外合作办学机构的招生被纳入国家高等学校招生计划，但吉林大学莱姆顿学院、上海理工大学中英国际学院等4所机构采用的是自主招生形式。又如宁波诺丁汉大学的本科招生被纳入国家高等学校招生计划，但硕士和博士层次采用的是自主招生形式。自主招生的对象主要包括已经被本校录取的在校大学生招生以及高考落榜生两大类，实际操作中几乎所有的机构都会利用自主招生扩大生源。总体来说，虽然中外合作办学机构收取的费用较高，但鉴于引进世界一流的优质教育资源确实需要一定的成本，相对较高的学费也是物有所值的。同出国留学相比，中外合作办学机构的学费仍然很低，给更多的中产阶层子女接受国外优质教育提供了新的途径。

6. 专业、地域分布相对集中，分布不均

申办专业主要集中在经济学、管理学领域，理工科专业偏少，专业的学科分布存在较大的不均衡。40家机构中，共有25家机构申报经济学、管理学相关专业，排名第一；其次是机械工程（6家），计算机科学技术（5家），语言、医学（3家），艺术、土木建筑工程、生物学、数学（2家），政治学、化学、航空航天、法学、电子、通信与自动控制技术、材料科学、物理（1家）。①

中外合作办学机构的地域分布也明显表现出不均衡的特点，很多地区还没有取得零的突破。作为举办方的30家国内大学来自13个省市，上海最多（7家），辽宁次之（6家），北京、广东、山东、重庆排名第三（3家），其他省市均为空白。国（境）外举办者分别来自英国（13家）、法国（12家）、德国（7家）、美国（5家）、加拿大（5家）、中国香港（4家）、荷兰（2家）、韩国（2家）、澳大利亚（2家）、中国台湾（1家）、比利时（1家）。特别值得注意的是，辽

① 谢迅、师圣媛：《浅议中外合作办学机构的九大发展特点》，《科技信息》2011年第17期。

宁省以6家机构位居全国第二，重庆工商大学等5所大学均申办了2所中外合作办学机构。这也说明，面对同样的政策环境，地方政府的大力扶持以及高校自身的努力是决定中外合作办学事业能否得到长足发展的关键因素。

7. 体现双语或全英教学等国际化教育特色

全面或部分引进国外大学的教学体系、教材、师资，强化英语培训，开展双语或全英语教学，有力促进了国内大学办学水平的提升。强化英语学习、全盘引进国外合作院校的教学体系、引进原版教材、全球招聘优秀师资、开展双语或全英语教学等是40家中外合作办学机构共同追求的教学特色。

（四）中外合作办学的意义

《国家中长期教育改革与发展规划纲要（2010～2020）》就扩大我国的教育开放，阐述了要加强国际交流与合作，引进优质的教育资源，提高交流合作水平。这对全面提升中外合作办学教育质量，提供了更明确的政策引导和规范管理的要求，也指明了中外合作办学的意义。具体来说，中外合作的意义有如下几点。

1. 引进了国外优质教育资源

《办学条例》中指出："国家鼓励引进外国优质教育资源的中外合作办学"。可见，中外合作办学最直接的目的之一就是积极引进国外优质教育资源。实践表明，通过中外合作办学，一是可以引进国外教育机构先进的办学理念及管理方式，拓宽视野，转变观念，确立面向世界的培养目标。通过合作办学和外方直接参与管理，引进了国外先进的学位评定制度、教学评估、课程评估和管理体系，促进教师不断改进教学，保证教学质量和教学管理的规范化、制度化和国际化。二是可以引进优秀的师资和先进的教学方式方法。外籍教师参与教学不仅引入了先进的教学方法，而且通过案例教学、课堂讨论、课堂答辩、演示教学使学生接触和了解境外教育机构的互动和启发式教学方法，丰富了学生的知识，拓宽了思路，提高了学生理论联系实际的能力，从而使参加合作项目的学生具有与国际接轨的核心竞争力。三是引进国外成熟的课程和最新的教材，通过合作办学，引进国外最新和优秀的原版教材和参考书，加快了我国教材更新的速度，紧扣教育发展的国际步伐。

2. 促进高校科研交流与合作

通过合作办学，促进各方人员交流，特别是学术跨国界的交流、科学研究的

国际化。首先，合作办学促进了高校产学研合作的国际化发展。通过与国际合作教育机构的深入合作与交流，合作办学逐步从教学发展到合作科研和产学研相结合的合作模式。双方以大学的研究力量为依托，以政府的支持为后盾，努力开发和发展高科技工业园区，通过“大学—企业—政府”之间的相互关联，互动互补的三边关系促进科学技术发展，创建了企业孵化器，促进科研成果、专利和技术的转让及应用。产学研的发展又为高校的教学与科研注入了新的活力，加速了教育国际化的发展。其次，合作办学极大地带动了青年教师科研项目的国际化发展。通过合作办学，邀请外国专家讲学、做专题学术报告，激发了青年教师力求掌握最新学术动态、探讨学术问题的合作欲望，使他们活跃在国际学术舞台，进一步拓宽了视野，结交了国际朋友，了解和获取了相关领域的最新动态和信息，有力促进了青年教师的教学和科研能力和水平。

3. 满足国际化人才发展的社会需求

中外合作办学是我国改革开放、经济全球化应运而生的一个新鲜事物。它不但直接引进了境外优质教育资源，而且使我们充分认识到高等教育国际化的必然性与重要性，使我们确定了国际化人才的培养目标。通过合作办学，帮助学生形成开阔的视野，树立全球化开放的思想观念，同时具备国际意识，包括相互理解意识、相互依存意识、和平与发展意识、共赢意识、诚信意识等。通常优秀的中外合作大学，在教学实践中注重培养学生的国际交往能力、独立思考能力、信息处理能力、跨学科知识交融能力等，合作办学的教师和学生互动使我国教育真正走出去，使中国的声音、形象和教育在国际教育大舞台上得到重视和赞誉，同时有力促进了我国留学生工作的开展，加快了我国教育的国际化。随着跨国公司的大量资金和技术持续加速涌入我国，使得国际复合型人才的质量和数量需求大大增加，而中外合作办学模式满足了入世后我国的人才需求，对于培养高技术、技能型人才具有积极的意义。

4. 推动我国高教改革与发展

中外合作项目为我国高等教育的发展带来了新思路。受传统教育观念的束缚和影响，目前我国高等教育机构所培养的学生在一定程度上显得实践能力不强。而国外以学生为中心的教育理念值得我们学习和借鉴。美欧的优质大学不仅在学术方面非常严谨，有独创性和实用性，在产学研一体化等方面也值得我国大学学习。我国高校要转变传统的教育观念，坚持以人为本的教育思想，同时遵循我国的教学规律，坚持以我为原则，扬长避短，营造优良环境，以培养学生的主动性和创造性为目标。中国并不缺大学，在高等教育毛入学率不断攀升的今天也不缺大学生，缺的是世界一流大学和一流的人才。高等学历人才培养的趋同，是我国高等教育发展的明显弊端。因此，需要通过合作办学，剖析国际一流大学教学、科研、社会服务、学校管理等全方位的做法和经验，反思国内高等教育发展中遭遇的问题和需要改进的地方。中外合作办学将在多元化、多层次人才培养中发挥示范、探索作用。这些来华的海外名校，不少历史悠久，文脉深厚，在课程、专业的设置上、教师的授课理念和风格上，都有很多值得中国取经的地方。中方合作院校通过观摩交流、学习借鉴，将推动自身从教学方式到管理模式等全方面的改革。①

二　中外合作办学存在的主要问题

（一）中外合作办学目前存在的主要问题

我国的中外合作办学一直处于多种类型并存的状态，包括学历教育和非学历教育、引进合作与非引进合作、单文凭与双文凭等，中外双方在政策、法规及观念等方面的差异势必导致合作办学会出现一些问题。教育部国际合作与交流司司长曹国兴也多次提到了目前中外合作办学存在的几个主要问题，包括：办学层次偏低，学科门类相对偏少，几个门类在布局和地域上分布还不平衡，低水平重复现象严重；有过分追求经济利益的表现，商业性过强；审批标准不一，重审批，轻管理；办学规模较小，不能满足需要；法规不健全等。这些问题在很大程度上制约了中外合作办学沿着科学、规范的方向发展。在利益的驱使下，一些国外的末流大学纷纷抢占中国教育市场，同时国内一些大学期望借助中外合作办学提高学校知名度，扩大生源，造成一些质量不高的中外合作办学项目的存在。一些在国外的学位和质量根本得不到认证的末流大学，在中国却开办了授予所谓“国际认证”的学位的各种层次的合作项目，一些即便是正规的合作办学，由于课

---

① CNC 中国电视网：《中外合作办学能否推动高等教育改革》，http：//www. xhstv. com/showvideo. asp? vid_ id =14975，2011 年 3 月 30 日。

程设置或师资的原因，教学质量低劣，显示不出中外合作办学的教学优势来。

1. 相关法规滞后，配套政策不完善

对于中外合作办学的规范性法律一般认为是以2003年颁布的《办学条例》和随后的《中外合作办学条例实施办法》为基准，再往前追溯便是《教育法》、《职业教育法》、《民办教育促进法》等更加宏观意义上的法律。但这些规范性法律都已经与时代的步伐严重脱节。例如，按照《办学条例》中的规定来说，其中提到“中外合作办学机构根据需要，可以使用外国语言文字教学，但应当以普通话和规范汉字为基本教学语言文字。”但实际的情况是许多中外合作办学，尤其是办学机构都为了标榜自己的国际化特色都使用纯英文教学，显然与办学条例冲突。

此外，教育部颁布的《办学条例》，对中外合作办学机构的设立、组织与管理、教育教学、资产与财务、变更与终止及法律责任等都做了详细的规定，但是仍然有一些问题在法律法规中没有明确表述出来，例如《办学条例》规定中外合作办学者可以获取合理回报，但是如何取得合理回报，合理回报和盈利又怎样区分对待都没有明确。现行的条例、法规只是从原则上规范着中外合作办学，但是在具体操作过程中，由于地域差异和办学学校的档次差异，执行上存在一定的难度，例如，合作办学的收费标准很难合理确定。

2. 办学目的不明，市场管理不规范

中外合作办学应该是引进优质的教育资源，提升高校自身的教学、科研实力，实现社会效益和经济效益并重。然而，不少高校开展中外合作办学，只是想借助与国外高校的合作办学，实行高收费，只重经济收益，不顾教育质量，所聘请的外方教师不具备相当学位和执业证书，缺乏一定教育教学经验或者是外方教师偏少，导致中外合作办学项目的教学质量不高，有的学生最后因英语不过关，同样去不了国外或不能适应国外的语言教学。在经济利益驱动下，引进的国外教育资源档次低、质量差，既损害了学生的利益，也极大地影响了高校的声誉。同时，一些中外合作办学缺乏学生管理工作经验，学生自我价值观的体现较差。比如一些合作办学院校建立时间短、学生社团较少使得校园活动匮乏，学生很难享受丰富多彩的大学生活。

此外，中外合作办学项目和机构都是以高收费著称的。这个高收费是相对于国内的普通高校的学费而言的，一般会是普通高校学费的几倍甚至十几倍。而中外合作办学是公益性事业，是中国教育事业的组成部分。显然，公益性与高收费相去甚远。公益性即非营利性，虽然中外合作办学也是需要成本支出的，但在满足成本要求之下便应尽量减少开支，而现在的高学费的核算是按照所谓的“市场”价格计算的。在中国这样一个社会主义市场经济条件下的发展中国家内，所谓的“市场”定价远非合理定价。

3. 监管执行不力，办学质量难保证

中外合作办学的生命线在于质量。很多合作办学学校在引进教育资源的时候存在问题，导致了中外合作办学的质量难以提高，以至于大多数的中外合作办学层次一直在低水平徘徊。没有引进隐性的优秀教育资源，徒有其表，未具其里。引进的外籍教师资源学历层次偏低——我国对高校引进外籍教师的资格认证仍然停留在本科学历，而且对于外籍教师的教学内容、教学质量的检查监督也流于形式，缺乏规范的监督体系。在中国缺乏这样的质量监管机构，无论是采用行业自律的方式还是采取自愿认证的形式，面对着其质量监管的空白如何去填补都是一个重要的问题。在质量没有保证的情况下，中外合作办学的前景堪忧。

在规范管理和严格执法方面，我国的中外合作办学也存在着执法力度不够大、监管不到位的问题。有些高校的中外合作办学只注重表面形式，并没有进行实质性的优质教育资源的引进，把合作办学做成了单纯的留学预科，缺乏有效的质量监管体系；有些高校借助合作办学的名义，发布的招生简章夸大其词，对合作项目宣传不实，误导了学生及家长对中外合作办学性质的认识。这些机构的做法尽管背离了《办学条例》的规定，却并没有受到相应的处罚和处理。这些问题在一定程度上都影响了中外合作办学的健康发展。①

4. 考核标准不同，中外理念难融合

教育体制的不同也导致了学历之争、学分之争。比如，在中国讲究学历和学位两样俱全，而国外多数国家不存在学历的问题，因为学历是计划经济的产物，但是现实是没有学历的学位在中国的官方，包括国有企业，是得不到承认的。同样，国外多数大学看重学分的积累，而对学习时间的长短是有相当的弹性的。但是在中国，学习时间是固定的，还没有任何一所大学真正地实行了弹性学分制度。再如，中国普通高校的同类或者是相同专业的考核标准也出现了差异。在中

① 叶敏：《关于新建学院国际合作办学的探索与思考》，《教育与职业》2007 年 8 月。

国，英语专业的学生需要考取英语的专业四级（CET4）、专业六级（CET6）考试等。但部分中外合作办学便将此取消了，理由便是教育理念的国际化。再者，一些中外合作办学机构对于国内的等级考试，如 CET4、CET6 嗤之以鼻，但这些恰恰是在中国就业市场上所必需的。

中外合作办学融合了中外的元素，如教学人员与行政人员、课程设置中的中文与英文比例、中国国情与国际化等等矛盾元素。在教学中，有的中外合作办学项目与机构中外教的比例增大，这的确是一种国际化理念的体现。但其行政人员一般都是中国人，并没有做到国际化。这样形成一种中外人员的分野，待遇问题便会提上日程。而在实际的课程中，中文的比例越来越少。这是一种进步还是一种文化，或者是教育的侵略还是一种国际化的理念，不管是什么，这显然已经是一种中西融合过程中消化不良的表现。

（二）影响规范合作办学的主要因素

中外合作办学是我国高等教育事业的组成部分，是中国教育对外交流与合作的重要形式，承担着为国家经济建设培养国际化复合型人才的任务。但是目前在中外合作办学的具体实践中，存在着以下几点因素影响合作办学的规范发展。

1. 观念认识

中外合作办学是我国改革开放后出现的新生事物，人们对它还缺乏正确的理解。主要表现为：一是不能正确认识开放教育市场和维护教育主权的关系。一些人对在开放教育市场后能否维持教育主权的完整存有疑虑，担心教育市场开放后，西方的文化思潮会大量地涌入中国，中国高等教育市场被外方抢占。这种顾虑的存在影响了高校中外合作办学的发展。二是无视中外合作办学的重要作用和意义，一些教育行政管理者缺乏对合作办学工作的重视，放松了对合作办学工作的管理。三是把营利当做合作办学的目的，使得中外合作办学成为一种纯粹的商业行为，导致办学质量难以保证，同时也容易使非法办学的事件屡屡出现。

2. 体制机制

尽管改革开放后我国的教育体制为适应经济发展的要求不断进行了改革，但是从目前我国整个教育体制来看，仍然存在着一些不适应中外合作办学发展的问题。一是各级教育行政部门对中外合作办学的管理权责不明，使得中外合作办学陷于“有人管又没人管”的尴尬局面。二是中外合作办学的监管体系不健全，缺乏科学合理的评估体系，难以根据市场需求调整合作办学的专业结构。三是缺乏规范中外合作办学活动的法律法规，使得一些办学资质不高的外国机构乘虚而入，造成洋文凭的泛滥。

3. 管理运营

中外合作办学管理运营方面的问题主要是管理经验不足，管理人员素质不高，兼职教师与专职教师比例搭配失调，教师队伍不稳和办学经费不足等。

三 规范中外合作办学的相关对策

中外合作办学虽然存在各种问题，但是只要我们立足国情，合理地解决好这些问题，必然会促进中外合作办学沿着规范的道路发展。

（一）完善合作办学的法律法规，加强监管力度

为了保障合作办学双方的合法利益，保证引进优质教育资源，确保教学过程的严谨，必须完善、规范中外合作办学的各项制度、条例。转变对中外合作办学的认识，以加强师资队伍建设为抓手，积极开展教师双语及专业培训。建立严格的评教标准和教学质量监督体系，对中外合作办学教学评价体系和质量监控、处罚及奖励办法要建立起立法制度，规范中外合作办学的模式和流程，减少管理工作中的随意性，使得管理制度有法可依，管理工作科学有序。

（二）树立合作办学的科学理念，明确办学方向

第一，要正确认识国际合作办学在高校国际化发展中的作用，利用其国际性的教育理念、办学体制、投融资体制以及管理体制，促进我国高校高等教育国际化进程，提高办学水平。

第二，要坚持正确的办学方向。《办学条例》中明确规定了中外合作办学的方式必须是合作办学，办学的主体应该是具有法人资格的中国教育机构和外国教育机构，受教育的对象必须是中国公民，教学地点主要在中国境内。所以，中外合作办学始终是为了培养我国的人才，是为了提升我国的教育整体水平，从而增强国际竞争力。

第三，要树立正确的办学宗旨。中外合作办学不能只注重表面效益，比如多

招生，高收费，为学校创造经济效益；而是应该引进高水平的教育资源，开展新兴学科、急需学科的合作项目，从加强学校的学科建设为宗旨进行实际意义而不是口头上的中外合作办学，避免“重数量不重质量”、“重金钱不重学术”。

（三）建立科学有效的管理机制，提高教学质量

第一，加强政治思想教育和道德教育，提高学生素质。教育学生树立正确的人生观、世界观、价值观，加强学生入党积极分子的培养和教育。

第二，建立学校—家庭—学生会的共同管理体系，提高学生管理效率。不少中外合作办学项目往往只注重办学效益和办学规模，对学生的学习兴趣和心理健康教育缺乏必要的疏导，造成一些学生因学习压力大，不适应双语教学和专业课的难度，出现情绪困扰和心理问题，这就要求我们从学校到家庭，积极配合，加强沟通。中外合作办学项目的管理要以辅导员、班主任为主导，充分发挥学生会的先锋模范和监督管理作用，从学生干部到老师、家长，多渠道做好学生管理和思想疏导工作，及时解决“问题学生”的各种困扰，减轻学生的学习压力和思想负担。

（四）制订实际可行的规划方案，严格落实执行

第一，严格按程序进行审批。从国外教育机构的资质、学科专业的社会适用性、教育资源的优质性等方面进行严格审批，确保中外合作办学的质量。

第二，慎重选择国外合作院校。应选择经过国外教育部门认证，同时经中国教育部公认的质量可靠、有信誉的国外高校或法人团体，并认真核查其办学的真正目的及其在国际上的学术地位、教师和教学水平、社会背景、资信情况等。

第三，中外合作办学对双方学校的师资配备要有很严格的要求和考核，高水平的师资是中外合作办学成功的关键。①

---

① 叶敏：《关于新建学院国际合作办学的探索与思考》，《教育与职业》2007年8月。

B.12

外国留学生来华留学现状及问题研究

摘　要： 来华留学事业是我国教育国际化的重要组成部分，从新中国成立以来的公费来华留学为主到如今的自费来华留学为主，来华留学生人数、学历层次、所选专业经历了重大变迁。虽然我国成为众多亚洲国家（特别是东亚及东南亚地区）留学生的目的地，但是来华留学仍然处于比较初级的阶段，我国教育存在着较大的贸易逆差。

关键词： 来华留学历史　现状　存在问题

一　来华留学历史与原因分析

（一）中国招收留学生历史

新中国成立以来来华留学生的发展，大致经历了以下三个历史时期。

第一，新中国成立之初至改革开放前期（1949～1978年）。为加强与当时社会主义国家的友好合作关系，在新中国成立初期百废待兴、经费严重匮乏的情况下，中国政府克服各种困难，拿出经费，提供奖学金，招收原东欧社会主义国家的留学生来华学习。这一时期来华留学政策上的一个突出特征就是履行国际主义义务，为友好国家培养人才。1950年1月，捷克斯洛伐克和波兰分别向我国提出交换留学生，相互学习语言、历史等学科的建议，正式揭开了外国学生来华留学的序幕。随后，我国与波兰、捷克等5个东欧国家交换了25名留学生。①

① 张雪蓉：《新中国建立以来我国留学教育的历史变迁和时代特点》，《教育科学文献》2010年第4期。

1966～1976年“文化大革命”期间，来华留学生工作中断。可见，在1950～1978年的历史条件下，接收留学生的范围和数量十分有限。据统计，这28年间，全国30余所院校累计共接收培养了12800余名留学生，几乎全部由我国政府提供奖学金。1978年在华学习的留学生人数为1200余名。

第二，改革开放初期（1979～1990年）。1978年改革开放为来华留学发展提供了新机遇。我国开放自费来华留学政策，成为来华留学生的一项重要改革。1979年，国务院批准了《关于接受自费留学生收费标准问题的请示》，为招收自费来华学习的留学生创造了条件。1979年的自费留学生为300余名，1989年发展到2500余名，增加了7倍多。随着改革开放的深入，我国进一步开放来华留学政策。1989年教育部发布《关于招收自费外国留学生的有关规定》，这一规定将接收来华留学生的审批权下放至各高校。1990年，自费来华留学生的人数首次超过拿政府奖学金留学的学生人数，达到3800人，比1979年增加了10倍。尽管如此，由于中国社会与世界的相互了解还远远不够，自费留学生的来华渠道尚不十分畅通，加上招生计划需提前报告上级主管部门审批等限制，这一时期的自费来华留学生的规模和层次还处于一个较低的水平。自费留学生的来源国家主要是日本、美国等20多个西方发达国家。其中一年中自费来华留学人数超过1000人的只有日本和美国，其他超过100人的也只有法国和澳大利亚。①

第三，扩大开放时期（1991年至今）。这是中国深化改革，扩大开放的新时期，也是来华留学生教育事业迎来的空前大发展时期，其主要特征是学校成为来华留学生教育的主体，自费留学生在来华留学生中的比例逐年上升。1993年国务院颁布了《中国教育改革和发展纲要》，要求建立“与社会主义市场经济体制和政治体制改革相适应的教育新体制”，提出了转变政府职能，从政府角度加强国家教委宏观指导和调控的功能，提出了学校的法人地位，扩大了高等学校办学自主权。自此，自费生成为来华留学生的主流，来华留学生步入高速发展的时期。

1990年，中国具有接收来华留学生资格的高等学校已经达到100余所。

① 刘新芝：《中国新时代的来华留学生教育——以北京大学为例》，《外国语教育研究》2006年3月第11号。

1991年中国接收来华留学生总数首次突破10000名，全年在华学习的各类留学生达12000余名。1999～2002年，来华留学生数量的年增长速度超过30%。特别是在2001年中国加入WTO以后，来华留学生规模增长更加迅速。2002年在华留学生总数超过8.5万人，跻身世界12强之列。[①] 2011年在华留学生人数首破29万人，留学生来源国家和地区数量增长至194个，[②] 学生结构趋于优化，学历生占全年来华留学生总数的比例进一步提高，奖学金生的数量也再次增长，中国培养的外国留学生的质量也有很大提高。

（二）来华留学的原因分析

伴随着我国经济的繁荣发展，高等教育事业的发展以及外交关系的拓展也在稳步推进。越来越多的人选择来华留学，来华工作的外国高等技术、管理人员人数也在不断增加，中国正成为受外国人青睐的求学和谋职的目的地。实际上，外国人选择来华留学，有中国经济实力、政治稳定、文化优越、教育质量等多方面考虑因素，综合而言，可以概括为以下几点。

1. 综合实力整体提升

中国经济快速发展、国际影响日益显著等国家综合竞争力的整体提升促进了来华留学生规模的增长。随着中国经济发展，中国与各国的交往日益增多，世界各国对掌握汉语、了解汉文化和中国经济的人才需求也日益高涨，全球性的“汉潮”滚滚而来。特别是中国加入世界经济贸易组织（WTO）后，中国市场在更大的范围内按世界通行的WTO规则向全球开放，中国的经济实力增强，跃居世界贸易大国之列。如今，中国已成为世界上最具发展潜力的经济大国之一。根据2010年IMF（国际货币基金组织）发布的数据显示，中国人均GDP达到了3600多美元，世界排名第99位。

中国与世界国家的贸易往来增加使世界需要更多“中国通”。与中国开展贸易往来的国家和地区共有220多个，十大贸易伙伴依次是：欧盟、美国、日本、中国香港、东盟、韩国、中国台湾、俄罗斯、澳大利亚和加拿大，这就出现了世

---

① 叶莎莎：《开放的中国吸引世界青年来华求学》，2004年3月19日《中国教育报》。

② 中国教育部：《2011年全国来华留学生数统计》，http：//www.moe.edu.cn/pnblicfiles/business/html－Files/moe/55987/201202/13117.html，2012年2月28日。

界性的对熟悉中国经济的人才的大量需求。对一个外国人来说，要学习汉语，了解和熟悉中国经济，最好的方法和最便捷的途径，就是到中国留学。比如，中国和韩国双边经济贸易合作快速发展，为韩国来华留学生毕业回国就业创造了良好的条件，加上文化相通、地缘相近等因素，这使得韩国来华留学生数量连续12年居各国首位。此外，近年来中国高等教育的质量逐渐得到国外大学和国外来华青年的认可，越来越多的外国学生希望来华学习。

2. 社会政治环境稳定

政治是社会内部整合与发展所必需的“上层建筑”，是构成人类社会活动和社会生活的最基本要素。来华留学生教育的发展状况总是和一定时期的政治形势密切相关。可以说，政治形势是直接影响来华留学事业兴衰的重要因素。中国具备吸引各国留学生来华学习的稳定政治环境。中国对外奉行独立自主、维护世界和平、促进世界各国共同发展的外交政策，对内加强法制建设，民主化和法治化程度取得了巨大的进步。稳定的政治环境、安定的社会、健全的法制，使中国国际地位和声誉不断提高，是我国吸引留学生的一个重要因素。很多留学生正是认识到这一点，而选择来中国留学。

3. 留学环境日渐改善

中央、教育部、地方政府和高等学校领导都高度重视来华留学工作，并采取多项措施优化来华留学环境，例如提高奖学金标准。2008年，中国政府奖学金有较大幅度提高。各省级人民政府及高等学校也纷纷设立了来华留学奖学金或助学金，为优化来华留学环境创造了有利条件。同时，各高校还积极完善来华留学教育的各项软硬件设施，比如改善留学生的教学和住宿条件，开设英语或其他外语授课的专业，加强留学生管理干部及授课教师的培训等等，尽可能为留学生提供学习和生活上的便利，使来华留学环境不断得到优化。此外，中国高校加强留学生教师和管理团队建设，形成了一支高素质的来华留学教师队伍和管理队伍，为来华留学生教育提供了基础。加强教育改革与创新，改善留学生教育办学条件；提供雄厚充足的科研资金，完善的教学设施，优越的学习和生活条件；实现教学内容、手段的现代化与先进的教学设备相结合，营造良好的留学氛围。这些都使得包括留学生居住、就学、医疗保险等方面的留学整体环境日益人性化和国际化。

4. 留学费用相对低廉

与其他国家相比，来华留学的收费标准相对较低，这也是中国吸引留学生的重要原因之一。表1将2009年来华留学的各项费用幅度与主要留学热门国家留学费用幅度进行比较研究，可以看出，在中国留学一年的费用最低需要3.8万元人民币，最高也只需7万元人民币（包括学费和生活费）。韩国是除中国之外留学费用最低的国家，但是在韩国一年费用约为6万~8万元人民币，澳大利亚为15万~23万元。可见来华留学的费用与其他主要留学热门国家相比是最低廉的。另外，虽然中国处于物价上涨时期，但是相对于多数工业国家，中国消费水平不高。低成本消费可以带来舒适生活，比如雇佣保姆，每月出门旅行，经常去餐厅酒店用餐。

表1　留学中国与留学其他主要热门国家留学费用统计

单位：万元

国　家	人均费用每年		
	学　费	生活费	总费用
中　国	1.8~3	2~4	3.8~7
美　国	6.5~15	6~10	12.5~25
英　国	7.6~13	7	14.6~20
澳大利亚	10~15	5~8	15~23
日　本	6~8	5~8	11~16
韩　国	3~4	3~4	6~8
加拿大	7~8	6~7	13~15
新西兰	6~8	3~4	9~12
新加坡	5	3~4	8~9

注：本表所列生活费包括“住宿费”及“伙食费”等生活开支。
资料来源：教育部发布的2001~2011年来华留学生教育统计数据。

5. 独特历史文化魅力

我国是一个至今已有五千年悠久历史和灿烂文化的文明古国，拥有众多世界自然遗产和文化遗产，例如，长城、故宫、秦始皇陵及兵马俑、布达拉宫、泰山、黄山等名目众多的名胜古迹。同时还有博大精深的古典哲学、丰富的古典文学、饮食文化等。留学中国将给外国人提供极好的机会，让其亲自感受这个世界

上人口最密集的国家，亲历其古典文化与现代文明的交融，畅游这里旖旎的风光，纷繁的街景等。与中国人生活在一起，融入中国的社会，会用全新的视角看世界，留学中国将成为一生中最珍贵的一段回忆。出于对遥远而陌生的东方文化的向往，欧美（英国、法国、美国等）和大洋洲（澳大利亚和新西兰）等国家有大批学生来华留学。

二　来华留学现状及存在的问题

（一）2011 年来华留学生现状

来华留学是我国教育事业的重要组成部分，一直受到党和国家领导人的高度重视。教育部在中央统一部署下，以科学发展观统领来华留学工作，坚持“扩大规模、优化结构、规范管理、保证质量”的工作方针，保障来华留学规模稳步扩大，学生结构不断优化，生源国别日益多元的良好发展态势。经过数十年的发展，来华留学生人数、学习专业门类、生源国、自费生的比例也都有了较大变化。2011 年是中国“十二五”规划的开局之年，来华留学生总人数、生源国家和地区数、接收留学生单位数及中国政府奖学金生人数四项均创新中国成立以来新高。

1. 数量增长较快，接收院校增加

根据教育部网站公布的数据显示，2011 年，全年在华学习的外国留学人员总数达 292611 人，与 2010 年相比，总人数增长 27521 名，增长了 10.38%。而 1978 年改革开放的第一年来华留学生总人数仅为 1200 余人。① 来华留学生教育得到快速发展是 20 世纪 90 年代以后。1991 年在华外国留学生首次突破 1 万人，进入 21 世纪后，来华留学生继续保持快速增长，2002 ~ 2009 年，学生总规模平均以每年 20% 的增长率在逐年递增。2008 年来华留学生人数已达到 223499 人，2009 年达到 238184 人，② 如图 1、表 2 所示。总体看，1978 ~ 2011 年来华留学生人数增长了 240 余倍，接收留学生院校数目增加了两倍多。

---

① 于富增：《改革开放 30 年的来华留学生教育》，北京语言大学出版社，2009。

② 王葆莉：《来华留学生教育的现状及扩大对策》，《新学术论坛》2010 年 9 月。

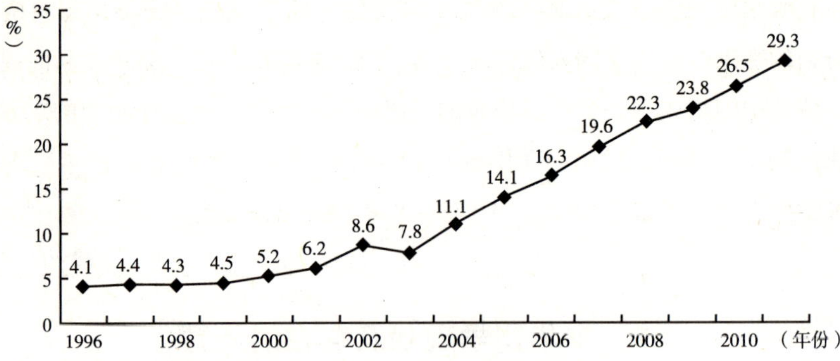

图1　1996～2011年来华留学总人数增长趋势

资料来源：教育部发布1996～2011年来华留学生教育统计数据。

表2　1996～2011年来华留学教育情况表

单位：人，所

年　份	1996	1997	1998	1999	2000	2001	2002	2003
总人数	41211	43712	43084	44711	52150	61869	85829	77715
院校数	289	335	339	356	346	363	395	353
年　份	2004	2005	2006	2007	2008	2009	2010	2011
总人数	110844	141087	162695	195503	223499	238184	26509	292611
院校数	420	464	519	544	592	610	620	660

资料来源：教育部发布的1996～2011年来华留学生教育统计数据。

15年间，接收留学生的院校也在逐年增加。各类来华留学人员分布在全国31个省、自治区、直辖市（不含中国台湾、香港特别行政区和澳门特别行政区）的660所高等院校、科研院所和其他教学机构中学习。与2010年的620所高等院校、科研机构相比，2011年接收来华留学生院校增加了40所，详见表2。

2. 生源国分布广，周边国家为主

目前世界上有224个国家和地区，2011年全年共有194个国家和地区留学生来华留学，来华留学生的国别覆盖了世界上86%的国家和地区。与2001年相比，留学生来源国增加了25个，平均每年增加2个以上，如表3所示。按洲别统计，来自亚洲的留学生人数占首位，共计187871名，占全年来华留学生总数的64.21%；其他依次来自欧洲、美洲、非洲、大洋洲，如图2所示，来自非洲和美洲的留学生人数增长显著，增长率分别为26.46%和18.75%，而来

自亚洲、欧洲和大洋洲的留学生增长相对较慢，增长率分别为 6.86%、12.87% 和 16.41%。随着在华留学生规模的继续扩大，在华留学生生源国家和地区将更加多元化。

表 3　2001～2011 年来华留学生生源国数量

单位：个

年份	2001	2002	2003	2004	2005	2006	2007	2008	2009	2010	2011
数量	169	175	175	178	179	185	188	189	190	194	194

资料来源：教育部发布 2011 年来华留学生教育统计数据。

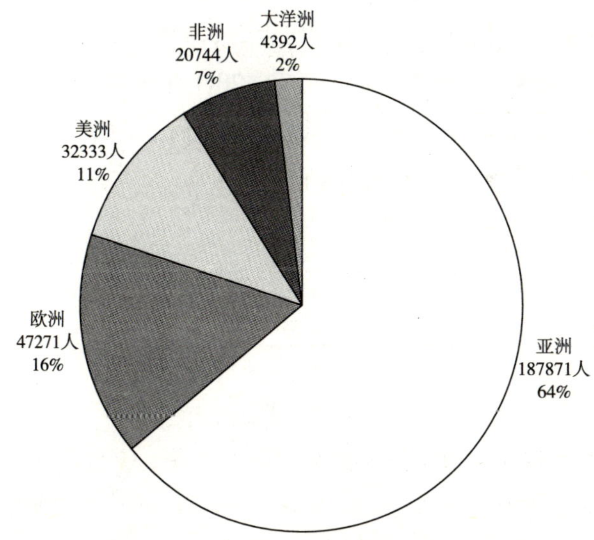

图 2　2011 年来华留学生来源按洲统计分布情况

资料来源：教育部发布 2011 年来华留学生教育统计数据。

从来华留学生的来源国别统计来看，人数超过 5000 人的国家共 13 个，分别是韩国（62442 名），美国（23292 名），日本（17961 名），泰国（14145 名），越南（13549 名），俄罗斯（13340 名），印度尼西亚（10957），印度（9370 名），哈萨克斯坦（8287 名），巴基斯坦（8516 名），法国（7592 名），蒙古（7112 名）和德国（5541 名）。这 13 个国家的留学生总数为 202104 人，占 2011 年来华留学生总数的 69.07%。其中分布在亚洲及中国周边的国家有 10 个，这

10个国家来华留学生总数为165679人，占全年来华留学总数的56.62%。① 来华留学生的来源国别分布不仅印证了文化及地缘的因素在国际学生流动中的影响，同时也显示亚洲和我国周边国家对我国留学生数量有举足轻重的影响。

3. 学历生增多，非学历生仍占多数

我国对不同类别的来华留学生，采用不同的教学方法和培养手段，大致可以分为学历教育和非学历教育两种，其中，学历教育包括专科生、本科生、硕士生和博士生。来华留学生接受学历教育的为学历生，反之为非学历生。按留学生接受教育类别统计，2011年来华留学生中学历生有118837名，占来华生总人数的40.61%，同比增长10.62%，高于来华留学生总人数的增长速度。其中专科生和本科生88461人，占学历生总数的74.44%；硕士研究生23453人，占学历生的19.74%；博士研究生6923人，占学历生的5.83%。非学历生173774名，占来华总人数的59.39%，如图3所示。可见，2011年来华学历留学生中学历生所占比例有所提升，但非学历生人数仍占多数。此外，学历生中专科和本科生占绝大多数，硕士和博士研究生所占比例偏低。

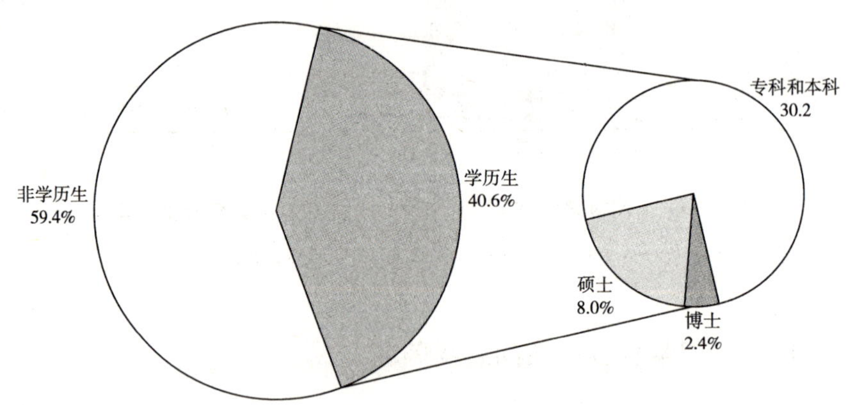

图3　2011年来华留学生接受教育类别分布情况

资料来源：教育部发布2011年来华留学生教育统计数据。

4. 奖学金资助的来华留学生增长快于自费来华留学生

2006年以来，教育部不断开拓来华留学新渠道，推动中国政府及企业设立

① 教育部发布2011年来华留学生教育统计数据。

来华留学奖学金项目。2007 年我国提供了 10151 个政府奖学金名额，与 2001 年相比几乎翻了一番。2008 年中央财政加大对来华留学生的投入，达到了 5 亿元人民币。2011 年中国政府奖学金留学生达 25687 人，相比 2010 年增加了 3297 人，同比增长 14.73%，占当年来华留学生总数的 8.18%；自费生增长 24224 人，达 266924 名，同比增长 9.98%，详见图 4。根据以上数据推算，来华留学的留学生中自费生仍占 90% 以上的比重。可见，我国开放自费留学教育，简化审批手续，使得自费留学已成为来华留学的主流。同时，随着来华留学教育的发展，来华留学生留学的经费来源也日趋多元化。国家设立多种奖学金项目，目的是为了吸引更多外国留学生来华留学，2011 年奖学金留学增长率超过自费留学增长率，足以显现政府奖学金政策的成效。

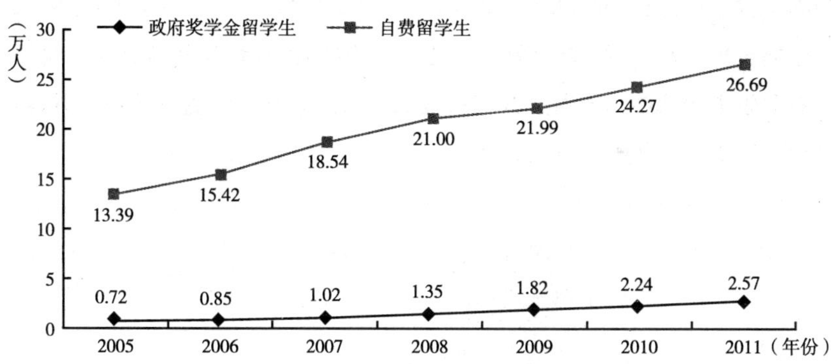

图 4　2005 ~ 2011 年来华留学生自费和政府奖学金人数变化趋势

资料来源：教育部发布 2005 ~ 2011 年来华留学生教育统计数据。

（二）来华留学教育存在的主要问题

1. 规模层次偏低

20 世纪 90 年代以来，来华留学教育发展迅速，无论是招生规模还是教学质量都取得了长足的进步。尽管如此，与世界留学教育发达国家相比，来华留学生教育规模、留学层次仍存在较大的差距。教育部公布的有关数据显示，在我国高校学生总人数中，来华留学生所占比例极低。我国长短期留学生的总数尚不足在校生总数的 1%，而西方发达国家大学的国际学生数量占在校生比例已经接近或超过 10%，经合组织国家 2006 年高等教育机构外国留学生比例平均值为9.6%。[①] 另据2009年11月16日美国国际教育协会（IIE）公布的在美国国际学生的统计数据显示，美国2008~2009学年留学生人数为671616人，相当于当年来华留学生数量的3倍。来华留学生数量偏小、接收留学生院校数偏少的状况，与我国在国际上所处的大国地位是极不相称的。

2009年，联合国教科文组织统计并公布了各国接收的外国留学生的数量，其中，美国66万，英国36万，德国19万，法国25万，澳大利亚25万，日本13万，俄罗斯12万，这些数据均为学历留学生人数。[②] 尽管2009年到我国留学的留学生总人数为23万多，但其中学历生仅为9万多，同上述国家相比差距甚大。此外，近年来，中国的来华留学教育从最初单一的本科生发展到本科生、普通进修生、高级进修生、研究生、研究学者和短期生6个层次，且层次有明显提高，但专科和本科生仍占大多数，如图5所示。相比而言，发达国家一些院校限制留学本科生的招生数，研究生在留学生中所占比例很高。20世纪90年代初，美国加州大学国际学生中研究生与本科生之比就为2.5∶1；宾州大学为3∶1；常春藤联合会会员院校为4.3∶1。另据2011年来华留学人员数统计，接近60%的学生参加短期的语言培训，只有40%的留学人员来华攻读学位。这也意味着大部分留学人员在华时间较短。可见，来华留学生接受教育层次也明显偏低，总体上仍处于非学历生多、学历生少，学历生中本科生多、高层次研究生少的状况。

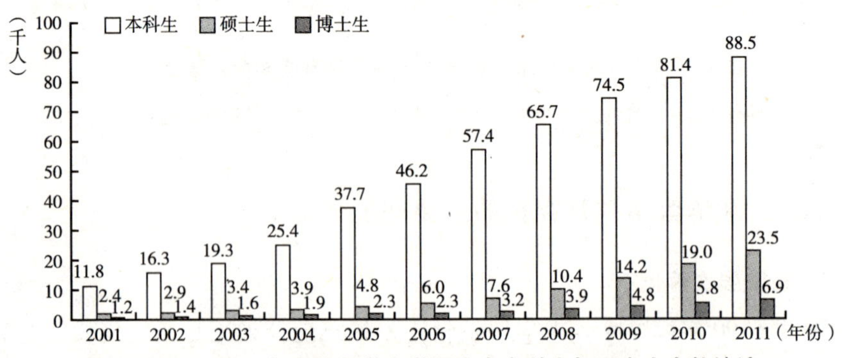

图5 2001~2011年来华留学生学历生中本科生与研究生人数统计

注：2007、2008、2009、2011年的本科生中包含少数专科生。

资料来源：教育部发布的2001~2011年来华留学生教育统计数据。

① 赵婀娜：《教育视界：来华留学生，映日荷花别样红》，2010年9月17日《人民日报》。

② 联合国教科文组织数据库：http：//syays. uis. unesco. orglunesco。

2. 专业以文科为主，分布不均

我国接收来华留学生的专业分布不均，以文科居多。根据教育部统计，来华留学生中学习汉语言、中医、法律、经济等学科的留学生数量占来华本科生总数的80%左右，而理、工、农等学科留学生数量较少。来华留学生专业主要分布在汉语言、西医、文学、经济、中医、管理、工科、法学、艺术、理科、体育、历史、农科、哲学和教育等15个专业类别。2008年来华留学生的专业分布和比例分别为：文科143344名（其中包括汉语类124574名、艺术类2835名、其余5935名为其他文科专业学生），占总人数64.14%；医科28651名（其中西医19233名、中医9418名），占总人数12.82%；经济11335名，占总人数5.07%；管理10728名，占总人数4.80%；理科9978名，占总人数4.46%；工科9128名，占总人数4.08%；法学4688名，占总人数2.10%；教育3395名，占总人数1.52%；历史、农学、哲学占总人数的1%，详见图6。

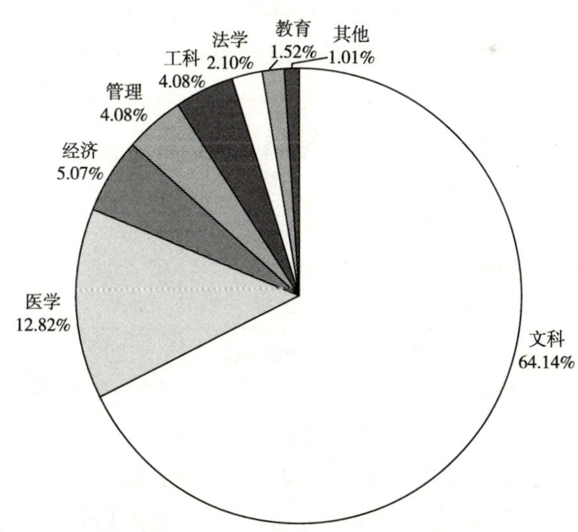

图6 2008来华留学生专业分布比例

资料来源：教育部发布的2008年来华留学生教育统计数据。

3. 生源国以亚洲临国为主

从近几年教育部对外公布的来华留学教育统计数据看，来华留学生以亚洲为主，占到了80%以上，其中又以韩国、日本来的学生最多。2011年来华留学生人数名列前10位的国家是韩国（62442人），美国（23292人），日本（17961人），泰国（14145人），越南（13549人），俄罗斯（13340人），印度尼西亚（10957人），印度（9370人），巴基斯坦（8516人）和哈萨克斯坦（8287人）。而2009年来华留学生人数名列前10位的国家分别为韩国（64232人），美国（18650人），日本（15409人），越南（12247人），泰国（11379人），俄罗斯（10596人），印度（8468人），印度尼西亚（7926人），哈萨克斯坦（6497人），巴基斯坦（5738人），主要生源国变化不大，如表4所示。由于生源国主要集中在亚洲，中国的留学教育实际上属于区域留学教育，远非国际留学教育。

表4　2005、2007、2009、2011年来华留学生人数生源国统计排名

排名	2011年	2009年	2007年	2005年
1	韩　国	韩　国	韩　国	韩　国
2	美　国	美　国	日　本	日　本
3	日　本	日　本	美　国	美　国
4	泰　国	越　南	越　南	越　南
5	越　南	泰　国	泰　国	印度尼西亚
6	俄罗斯	俄罗斯		
7	印度尼西亚	印　度		
8	印　度	印度尼西亚		
9	巴基斯坦	哈萨克斯坦		
10	哈萨克斯坦	巴基斯坦		

注：2005、2007年来华留学生生源国排名仅列出前5位。

资料来源：教育部发布的2005、2007、2009、2011年来华留学生教育统计数据。

4. 来华留学生主要集中在北京、上海、天津等大城市

目前，来华留学生主要集中在北京、上海、天津等大城市，二、三线城市及西部地区留学生人数微乎其微。而各大学接收情况不均衡现象也很严重。留学生教育在我国发展不均衡的现象比起美、日等国家更为突出，出现了留学生云集少数名校的现象。一些地方性大学，尽管它们的软、硬件都不错，可还是出现了生源不足的情况。客观上讲，名校、大校招收留学生的能力是有限的，不宜超负荷运转，国家教育主管部门还需把发展的眼光投向其余有发展潜力、校方又希望招收或扩招留学生的学校，可有计划地组织一些有条件而生源不足的学校，联合走

出国门，参加国家举办的教育博览会和招生说明会等活动，提高学校的知名度，让外国学生有更多的择校机会。

5. 来华留学教育投入产出失衡

我国政府一直非常重视来华留学教育，无论是政策上还是经费上都给予了非常大的支持。然而，我国培养的留学生与国际相比，存在着较大的投入产出的效益差距。据《世界年鉴 1996》统计，截至 1995 年各国现任国家元首中有 95 人具有留学经历，其中 25 人留法，21 人留英，19 人留美，只有 1 人曾经短期留学中国。从中国毕业的留学生对所在国或世界政治、经济、文化、社会等产生重大影响的更是凤毛麟角。

在经济效益方面，我国在高等教育服务领域贸易逆差更加明显。在“高等教育服务贸易”观念支持下，许多国家将扩大“教育出口”作为国家贸易发展战略。2002 年在华盛顿“国际教育服务贸易论坛”上赢得“教育出口大国”的澳大利亚，从教育服务贸易中获得 50 亿澳元收入，教育服务成为该国最大服务贸易产业之一，贸易额甚至超过了传统的羊毛出口产业。① 而目前中国教育存在贸易逆差，很大程度上是因为来华留学生较出国留学生数量少，且学费低。中国与美国最高留学费用的比率约为 1∶7，英国高校录取一名海外学生所收费用等于录取 10 名本地学生。② 有资料表明，虽然改革开放以后，来华留学生中自费留学占据绝大多数，但由于自费留学生数量有限，其经济收益也并不明显。我国虽然没有公布来华留学生的经济贡献，但鉴于我国收费较低，2000 年后，我国的出国留学市场紧俏，且继续呈现低龄化的趋势，教育服务贸易逆差巨大。

此外，来华留学教育还存在着诸多问题与不足，例如教育质量难以保证、留华毕业生就业存在问题等。此外，专业资质的国际知名度和认同度不高、能够吸引留学生的强势学科缺乏、开设英语课程的高校较少等招生宣传问题以及留学生校外住宿和打工等社会管理问题也十分突出。如何规范留学生语言教学市场、加强营销意识和宣传力度，如何让留学生真正地融入中国的本土文化，也是值得思考的。随着留学生数量的不断增多，来华留学教育工作对我国高校的教学、服

① 张民选：《澳大利亚：迅速崛起的教育出口大国》，《教育发展研究》2003 年第 11 期。
② 崔庆铃：《来华留学教育存在的问题及其原因分析》，《教育与现代化》2008 年 3 月。

务、管理都提出了更高的要求。来华留学工作的开展在一定意义上反映了我国教育整体发展的现状与水平，尤其会受到我国高等教育国际化程度的制约，因此，亟须我们进一步探索思考并改进完善。

三 来华留学政策及制度概述

1. 来华留学写入规划

招收外国留学生对增强我国的软实力具有重大意义。外国留学生作为文化交流和传播者，在华的学习和生活会让他们深入了解中国的政治、经济以及文化生活。来华留学教育是我国对外工作的组成部分，也是大学校际国际合作与交流的重要内容。同时，留学服务作为重要的服务贸易，也为我国提供了一定的教育收入。我国对吸引外国学生来华工作十分重视。在《国家中长期教育改革和发展规划纲要（2010～2020年）》中写道："要进一步扩大外国留学生规模。增加中国政府奖学金数量，重点资助发展中国家学生，优化来华留学人员结构。实施来华留学预备教育，增加高等学校外语授课的学科专业，不断提高来华留学教育战略。争取到2020年全国当年外国留学人员数量达到50万，使中国成为亚洲最大的国际学生流动目的地国家。"①

2. 完善招生政策

2000年，中国政府制定了《外国人自费来华留学申请办法》，根据来华接受教育类型的不同，规定了不同的学历和学习期限，具体包括：接受非学历教育的人员：作为汉语进修生来华学习者，须具有高中毕业以上学历；作为普通进修生来华学习者，须具有大学二年级以上学历；作为高级进修生来华研修者，须具有相当于硕士研究生毕业以上学历或副教授以上职称。接受学历教育的人员：本科生学制4～5年，学习本科专业者须具有高中毕业以上学历；硕士研究生学制2～3年，攻读硕士学位者须具有学士学位以上学历；博士研究生学制3～5年，攻读博士者须具有硕士学位以上学历，具体规定见表5。

---

① 《国家中长期教育改革和发展规划纲要（2010～2020年）》，www.gov.cn/jrzg/2010-07/29/content_1667143.htm。

表 5　申请来华留学的条件和学期期限

学生类别	申请条件和录取办法	学习期限
本、专科生	具有相当中国高中毕业以上学历,通过中国大学的入学考试或者考核	本科生 4～5 年 专科生 2～3 年
硕士研究生	大学本科毕业,有两名副教授以上人员推荐,通过中国大学入学考试或考核,或在中国大学应届本科毕业且成绩优秀,经推荐免试入学	2～3 年
博士研究生	具有硕士学位,有两名副教授以上人员推荐,通过中国大学入学考试或考核合格	3 年
语言进修生	具有相当中国高中毕业以上学历者	1～2 年
普通进修生	具有大学二年级以上学历者	1～2 年
高级进修生	具有硕士学历或在读博士硕士研究生以上学历者	1 年以内
研究学者	具有副教授以上职称者	1 年以内
短期生	具有相当中国高中毕业以上学历者	4～20 周

注：申请来华留学者年龄一般应在 18 岁以上，且身体健康。
资料来源：《外国人自费来华留学申请办法》。

中国的大学大多数以汉语为主要授课语言，各大图书馆、档案馆的藏书、期刊、资料一般也以汉语居多。为顺利完成学业拿到学历证书，要求外国留学生必须具备一定的汉语水平。来中国前没有学过汉语或汉语水平达不到专业学习要求的学生，来中国后需要学习 1～2 年的基础汉语，通过中国大学的入学考试或考核后，方可攻读相应的学位。

2. 理顺管理制度

为加强来华留学生教育工作的法制化管理，规范和简化外国留学生来华留学申请手续，教育部先后颁布了《中小学接受外国学生管理暂行办法》（1999 年 7 月 21 日教育部令第 4 号）和《高等学校接受外国留学生管理规定》（2000 年 1 月 31 日教育部、外交部、公安部令第 9 号），文件规定对留学生采取三级管理：教育部负责制定相关政策，省级单位进行协调，高校负责留学生的招收、录取、教学管理、生活管理和服务以及留学生毕业生的联系等。

在招收、录取过程中，中国政府明确留学生的发展目标和主要任务，提出指导思想和“扩大规模，优化结构，规范管理，保证质量”的十六字方针。在教学管理上，积极推动来华留学生与我国学生的管理趋同化，加强法律法规、优秀文化和国情教育，帮助来华留学人员客观了解中国社会发展状况。加强留学师资队伍建设，结合高等学校人才队伍建设，加强教师外语教学等方面的能力培训，完善来华留学生教师业绩评价办法，使一批具有较高学术造诣、精通教学、关爱学生的优秀教师成为来华留学教育的骨干力量。

在管理队伍上，完善来华留学生管理工作人员培训制度。加强培训机制的建立，建设一支相对稳定、爱岗敬业、熟悉外事、精于管理的留学人员管理队伍。从生活服务上，改善在华留学人员的后勤生活保障制度，完善在华留学人员医疗保险体系，为在华留学人员举办各类文体活动，进一步丰富校园文化生活，不断优化在华留学环境。自 2008 年 3 月起，各高校国外留学生实行新生学籍和学历证书认证电子注册制度，建立外国留学生学历生完整信息库，使留学生学籍学历管理更趋规范。

从招生办法、培养模式、办学体制、管理机制和保障机制等各个方面全面推进来华留学事业的改革。教育体制改革发展的新规划为提升来华留学生规模、促进高校内涵建设、推动来华留学发展提供了内在动力。近年来中央财政对来华留学工作财政投入大幅增加。1997 年，中国在来华留学生事业上投入财政资金 6000 万元，这一数字到 2010 年增长了 12 倍，约达到 8 亿元，受益留学生也从 4677 人提高到 2010 年的 22390 人。政府奖学金发放规模及受益范围明显扩大，奖学金来源也从单一的中央政府奖学金发展到省市政府奖学金，高校奖学金、大企业奖学金相互补充，为优化来华留学环境创造有利条件。

3. 完善奖学金制度

我国设立了各类奖学金资助世界各国学生、教师、学者到中国高等学校学习及从事研究活动。从经费来源情况看，目前我国外国留学生奖学金种类大致可分为四类：中国政府奖学金、地方政府奖学金、高校奖学金和企业奖学金。

（1）中国政府奖学金。该类奖学金是指中国政府设立的用于资助世界各国学生、学者到中国高等学校学习、进修和从事研究活动的奖学金。中国政府奖学金分为全额奖学金和部分奖学金，部分奖学金为全额奖学金的一项或几项待遇。中国政府设立了一系列的奖学金项目：中国政府国别奖学金、长城奖学金、亚洲留学奖学金、中国－东盟（AUM）奖学金项目、中国太平洋岛论坛奖学金项目、中国政府专项奖学金－高校研究生项目、中国政府专项奖学金－省、自治区学历生项目、中国政府奖学金－支持地方奖学金项目、世界气象组织奖学金、中国－欧盟学生交流奖学金项目、优秀外国留学生奖学金、中德海洋高层次人才培养项目奖学金、上海合作组织奖学金项目等。中国政府奖学金由中国中央财政出资，

教育部负责制定中国政府奖学金年度计划，委托国家留学基金委负责奖学金生的具体招生工作及在华日常的管理工作。

（2）地方政府奖学金。伴随着经济全球化带来的高等教育国际化，许多省市政府都十分重视本地区的教育国际化的进程，注重通过教育、科技、文化的交流来提升本地区在国际上的影响力。例如，上海市政府设立了“上海市外国留学生政府奖学金”项目，北京市教委设立“北京市外国留学生奖学金”，重庆市政府设立了“外国留学生市长奖学金”。地方政府奖学金由地方财政出资，各省市教委或教育厅负责具体实施和管理。地方政府奖学金类别和特点有所不同。

（3）高校奖学金。该类奖学金是由高校设立的，用于资助外国留学生、学者到本校学习、进修和从事研究活动。例如，北京大学 1999 年设立了“留学生学习优秀奖学金”，复旦大学设立了“复旦大学优秀外国留学生奖学金”和“复旦大学一二三中国文化奖学金”，重庆大学设立了“重庆大学外国留学生奖学金”项目。高校奖学金由高校出资，学校外事处或国际学院负责实施和管理。

（4）企业奖学金。该类奖学金由企业出资，用于资助友好国家的优秀人才到中国高等院校学习、进修和从事研究活动。目前，国家开发银行、华为技术有限公司、中国石油公司、路桥公司等大企业都设立了该类专项奖学金。

各类别、项目奖学金生的招生类别和申请途径、奖学金内容、具体标准都有所不同。教育部每年都出台《中国政府奖学金年度评审办法》、《优秀留学生奖学金申请办法》、《中国政府长城奖学金申请办法》等相关的政策，详细说明中国政府奖学金各具体子项目的申请人资格、奖学金资助的内容、保准期，申请途径和事件等内容。具体情况请参见由中国高等教育学会外国留学生管理分会（CSC）印制的《中国政府奖学金来华留学生招生指南》。部分地方政府和学校设立的外国留学生奖学金，具体情况可直接向有关地方政府和大学查询。

附　　录

Appendix

B.13 大陆学生赴港台接受教育现状

摘　要：2004 年，香港与大陆互认学历后，香港的高质量教育便吸引了无数优秀学子的目光，港校在大陆招生日益火暴，甚至出现与大陆名校抢生源的现象。出现赴港求学热的原因主要是香港高质量和国际化的教育水平和良好的就业前景。2009 年，台湾正式允许大陆学生赴台求学，这使台湾成为我国留学生的新选择。从近两年的招生情况看，大陆赴台留学不温不火，这与台湾对大陆学生实行“三限六不”政策和与大陆相比较高的求学成本有关。

关键词：求学香港　港校招生热　赴台求学　限制政策

一　大陆学生赴香港接受教育现状

（一）大陆学生赴香港接受教育概况

2004 年 7 月 11 日，时任教育部部长周济和香港特区政府教育统筹局局长李

国章在北京签署了《内地与香港关于相互承认高等教育学位证书的备忘录》，这一文件的签订使得香港和内地相互承认高等教育学位证书，为两地学生流动铺平了道路。此举不仅有利于双方高校互相招收学生，推动高校之间交流合作，也极大促进了其他领域及行业的交流与合作。从2005年开始，许多大陆高中毕业生将目光投向香港。

1. 求学人数稳定增长，本科生比例稍高

2008年以来，在港接受教育的大陆学生人数增长稳定，尤其是研究生增长迅速，但在读本科生比例相对研究生略高。2011年中国内地在香港的大学学习的总人数为8936人，其中攻读研究生学位的有4353人，攻读学士学位的有4583人。在招收动态上看，香港招收人数不断增加，截至2011年底，香港12所高校招收内地生源本科生约1400人，比例已经占本科招生总数的25%。而2012年人数将达到1600人。① 2008~2011年，在港内地学生人数增长了15.85%，平均每年增长5.29%。求学人数的高增长是依靠研究生人数的迅速增长而拉动的：在港研究生四年增长了29.4%，本科生仅增长5.35%。2011年底，在港本科生4583人，占总人数的51.29%，其中研究生4084人（见表1），占总人数的46.81%，本科与研究生人数之比约为1.05∶1。

表1　内地学生在香港高校的人数

单位：人

学位＼年份	2008	2009	2010	2011
学士学位	4350	4564	4640	4583
研究生学位	3363	3865	4084	4353
总　计	7713	8429	8724	8936

资料来源：香港教育局网站。

2. 香港高校大陆招生火暴，吸引众多优秀生源

近年来，香港院校在大陆的招生日益火暴，吸引了大陆众多优秀生源前往就读，其中还包括不少各省高考状元。2011年，香港大学录取的内地本科生共有291名，包括17名“省市状元”。香港科技大学2011年在北京录取57名学

① 根据中国教育在线报道数据整理而得。

生，平均高考分数为652分；而广东则有32名，平均高考分数为645分。[①] 2011年，浸会大学录取的内地考生中，约95%的考生分数为一本线以上30分，考分为一本线以上50分的考生约占88%，而考分为一本线以上100分的考生则占总录取人数的43%。

多所香港高校重点吸引大陆学生赴香港读研。2009年，香港研究资助局还专门推出"香港博士研究生奖学金计划"，吸引世界各地优秀的研究生来港修读博士学位。获奖的博士研究生将得到每月高达2万元港币的津贴及每年1万元港币的会议及研究活动交通津贴。而为了留住生源，一些港校还开出了本硕连读、本硕博连读的条件，凸显了香港高校对大陆高层次学生的重视。[②]

（二）大陆学生选择香港接受教育的原因

1. 教育质量出众，国际化程度高

香港的国际化教育水平高，是吸引大陆学生前去接受教育的首要理由。

由于历史的原因，在很长时间里，香港的高等教育秉承英国精英教育的传统，教育质量十分出众。香港的大学内部都制定了严格的学术评审条例，建立了教学质量保证体系。另外，由于香港高校的学位结构和学位考试类似欧美大学，因此学位考试通常委任海外著名大学及学院的学者担任校外主考人，他们大多是欧美学者，这对欧美国家承认香港各大学颁授的学位十分有利。香港高校颁授的学士、硕士和博士学位，均获得世界各地高等教育院校广泛认可。[③] 因此，香港对于大陆学生来说很有吸引力，经常被大陆学生当做留学英美的跳板。

香港教育国际化程度高则主要体现在高校国际化师资、国际化生源和国际化教学等方面。

第一，香港各大学不分种族、信仰、文化，面向世界招聘优秀教师。这些教师来自世界不同国家、具有不同的教育和文化背景，他们把世界各地丰富多彩的

① 中国高校网：《香港科技大学2011年度内地本科招生情况》，http：//www. huaue. com/gzxx/201178145546. htm，2011年7月8日。

② 中国教育在线：《内地学生赴港读研升温，研究生班大陆生过半》，http：//kaoyan. eol. cn/chuguo_ 9533/20101018/t20101018_ 529969. shtml，2010年10月18日。

③ 新浪网：《浅谈香港高等教育特色》，http：//news. sina. com. cn/c/2006－01－13/19058860200. shtml，2006年1月13日。

文化带进香港各大学，并以自身高超的学术水平和优秀素质从整体上提升了香港高等教育水准，比如，香港科技大学教师100%具有海外名校博士学位，香港中文大学95%的教师拥有国外名校学历，香港大学、香港理工大学、香港城市大学等八大校情况基本如此。分布在香港各大学的每一名从海外名校归来的老师，都会带来他的国际联系网络，使香港大学跟世界各地的知名大学有更为密切的联系。

第二，香港高校与欧美和部分发展中国家高校每年都开展学术交流、教学研究、合作办学、教师互访等活动，国际往来交流十分频繁。比如香港高校重视制定与国外大学的学生交换培养计划，增加学生到国外学习的机会。例如香港中文大学与180多所著名的海内外学府开展学生交换计划（时间不少于一学期，正式参与对方学校的课程，并且学分互认），其中就包括哈佛、耶鲁、康奈尔等世界顶级大学。香港大学、香港科技大学的情况与香港中文大学的情况基本相似，3所学校每年的学生交换计划均不少于400个名额。

2. 就业前景好

香港毕业生就业状况良好，是吸引大陆生前往读书的最重要理由之一。根据香港大学学生发展及资源中心2010年公布的《2010年毕业生就业调查报告》，香港毕业生就业率达99.7%，基本实现全部就业。每位本科生平均可以收到2.09个录用聘书，平均总月薪达到17336港币，详见表2。而在港留学生毕业生（以非本地毕业生数据代替）就业情况也十分理想，本科生84.6%都可留港就业，研究生国外就业的比例也相当高，达11.8%，其中去美国就业的有4.7%，去澳大利亚的有1.2%。

表2　香港毕业生就业情况

学生类别	总就业率(%)	本科毕业生平均收到聘书(个)	本科毕业生平均总月薪(港币)
香港全部毕业生	99.7	2.09	17336

学生类别	就业地点(%)		
	中国香港	中国大陆	其他国家和地区
非香港本地本科毕业生	84.6	13.5	2
非香港本地研究生毕业生	49.4	38.8	11.8

资料来源：香港大学学生发展及资源中心：《2010年毕业生就业调查报告》。

香港优良的经济环境和发展速度为毕业生创造了良好的就业环境，再加上专业化的办学模式将教育与就业合理的衔接，极大地促进了香港毕业生就业。香港院校以社会需求来确定高校定位，实行专业化办学：学校根据自身的办学传统、资源条件、特色优势以及经济社会环境来确定在什么领域、哪个层次及地域范围办出自己的特色，避免了专业设置重复及盲目追求学校升格而出现的“大而全”问题。如香港八大校①中，每所院校都有自身独特的亮点和价值取向，不同类型的大学有不同的分工，如香港理工大学及香港城市大学是英式研究型学院，用来培养高端人才；浸会大学及岭南大学则是推动通识教育②的博雅学院型。

而与此形成对比的是，大陆高等教育机构都希望办成综合型、研究型大学。而中国的劳动力市场却需要大量技能型人才。根据咨询公司麦肯锡的一份研究报告，由于中国技能人才短缺，虽然目前中国大学生的数量是美国的两倍多，但只有不到10%能够满足跨国公司的要求。③ 教育对劳动力市场的快速反应能力非常欠缺，造成教育的培养功能失去了现实意义。

3. 丰厚的奖学金

吸引内地学生到香港高校就读除了香港优质的教学质量，还有另一个重要的因素就是香港高校为了吸引内地的优秀学生而设立了丰厚的奖学金。表3列出了几所港校提供的奖学金种类和数额。

4. 方便快捷的入学程序

香港高校在内地招收本科生主要有两种形式，一是纳入高考统招，香港中文大学和香港城市大学属于统招之列，考生直接填报高考志愿，无须另行向大学申请报名。二是自主招生，其他10所院校实行自主招生，高考成绩公布后，这10所港校会根据考生高考成绩和面试成绩进行录取。这些学校的面试形式包括个人

---

① 香港“八大校”指的是香港12所高等院校中由香港大学教育资助委员会资助的8所学校，俗称“八大校”。这8所学校指的是：香港大学、香港中文大学、香港科技大学、香港城市大学、香港理工大学、香港浸会大学、香港岭南大学和香港教育学院。

② 通识教育指的是“非专业、非职业性的教育”；关于人的生活的各个领域的知识和技能的教育，是非专业性的、非职业性的、非功利性的、不直接为职业做准备的知识和能力的教育，其涉及范围宽广全面。详见中国教育学会会长顾明远主编《教育大辞典》（增订合卷本），上海教育出版社，1998。

③ 麦肯锡公司：《应对中国隐现的人才短缺》，2005年10月。

表 3　香港高校部分奖学金情况

学　校	内地学生奖学金种类	内地学生奖学金数额	申请条件
香港大学	入学奖学金	14 万/年(最高)	入学成绩突出
香港中文大学	“奖学金基础班”奖学金	相当于四年本科学费,加每年45000 港元住宿及生活津贴	录取入读“奖学金基础班”,奖学金名额分布于二十五省、市、自治区
香港科技大学	内地招生奖学金	—	高考成绩卓越,入学面试表现突出
	内地招生助学金	—	成功录取,家中经济困难
	工程学院本科奖学金	80000 港元/年	—
香港理工大学	学术奖学金	最高 110000 元港币/年(其中 70000 元用作支付每年学费,余款资助住宿及生活费)	应届高考成绩优异(包括在其他学术领域有出色表现而获加分),并符合本校要求(包括英语科成绩达 120 分或以上)
香港理工大学	非学术奖学金	—	曾在艺术、音乐(如肖邦国际钢琴比赛)、体育等非学术领域内获卓越成绩,以及在应届高考成绩达到所属省市报读第一批重点高校分数线
香港城市大学	状元奖学金	相当于在校期间全部学费、住宿费及生活费(现为每年港币12 万元)	各省市区名列文科或理科第一至三名的高考生,报读城大并获录取
	分等奖学金	头等和二等奖学金	头等奖学金为每年学费全免;二等奖学金为每年学费半免
大部分高校	“研究式”研究生奖学金	每月约 12500 港币	—

资料来源：留学 360 网站，《留学 360：香港留学奖学金》，http：//edu. cnr. cn/cglx/rd/201206/t20120605_ 509812096. html，2012 年 6 月 5 日。

面谈或小组讨论，主要评核考生的英语能力、个人素质及各方面的综合能力，包括沟通能力、表达能力、组织能力、批判思维、解难技巧等。

2012 年香港高校最大变化就是将学制从 3 年制变为 4 年制，即各高校将于 2012 年首次招收 4 年制学生，实现了香港与内地学制接轨。另外，内地生若成功被港校录取，将不再需要修读一年预科班，而是直接与香港的本地学生一起入读一年级。这有利于内地生融入香港本地群体，从而更容易适应香港校园生活。学制延长一年后学生将会有更多的机会出境交流。

与出国留学不同，大陆学生到香港去上学不需要办理个人护照，只需要办理港澳通行证，通行手续十分方便。办理港澳通行证的步骤如下。

（1）香港高校的录取申请书；

（2）向香港入境事务处申请学生签证；

（3）携带户口本、个人身份证、入学证明等材料到当地出入境管理局办理往来港澳学习通行证；

（4）携带身份证、户口簿的原件及复印件、学生签证和港澳学习通行证在户口所在地办理 D 类签注；

（5）将学生签证和逗留证贴在港澳通行证上；

（6）到香港后 7 日内到特区入境事务处去换取临时香港居民身份证。

5. 重视实践，文化生活丰富多彩

香港的大学为学生提供各种机会，让学生在校期间广泛接触社会，了解社会，并创造条件与成功人士结识和交流，为未来步入社会打下基础。如香港大学举办的高桌晚宴，香港科技大学举办卓贤汇，由学校出钱定期举行晚宴，请学生与社会成功人士同桌共聚，共同交流。而香港高校的丰富多彩的学生社团和宿舍文化，是大陆学生眼中与内地高校最大的不同之一。学生社团和宿舍文化，不仅丰富了学生们课外业余生活，还培养了学生们的沟通能力、社交能力、组织能力、协同合作能力及领导能力，促使学生全方位发展。

二　大陆学生赴台接受教育现状

（一）大陆学生赴台接受教育概况

1. 赴台接受教育人数近千，与招生计划相差甚远

2011 年是第一批大陆生赴台接受教育，共 933 人，其中学士 725 人，硕士 185 人，博士 23 人。而当年台湾计划招收 2141 名大陆学生（学士 1488 人，硕士 571 人，博士 82 人），两者差距较大，缺额率达到56.4%。[①] 这与台湾对大陆

① 出国留学网：《留学台湾：台地区大学招收大陆学生首年达成率约 43.6%》，http：//www.chuguo.cn/news/197380.xhtml，2011 年 12 月 25 日。

学生接受教育限制过多有直接关系。[①] 另外由于台湾第一次招收大陆学生，高校宣传时间紧迫、制度颁布时间过迟等原因也影响了学生数量。但是，首次赴台学生数目比首次赴港接受教育的学生人数高出很多。[②] 相信随着台湾高校对大陆学生的了解，以及台湾接受外国学生政策的不断放开，大陆赴台接受教育将会逐年升温。

2012 年台湾报收大陆学生本科录取工作没有结束，但从硕士博士学位招生来看，缺额率仍然很高。2012 年大陆共 329 人被录取赴台攻读硕士和博士学位，比 2011 年增加了 81 人，其中硕士 299 名，博士 30 人。硕博招生缺额达 246 人，缺额率为 42. 8% 。

2. 台湾名校对大陆招生名额较多

从图 1、图 2 的 2011 年台湾学校对大陆招生的名额分配上可以看出，台湾名校对大陆学生青睐有加。根据台湾的政策，大陆学生赴台攻读硕士和博士学位只能申请公立大学。根据 2011 年度台湾各公立大学的名额分布，台湾几所国立名校，如台湾大学、“清华大学”、交通大学和成功大学对大陆的硕博招生名额都在 20 人以上，[③] 加起来共 146 人，占到全台湾公立学校招生名额的 30. 22% ，占全部学校招生名额的 22. 15% 。[④]

在最终录取的学校分布上，录取人数较多的学校有：台湾大学（86 人）、政治大学（42 人）、新竹“清华大学”（28 人）、成功大学（25 人）、中央大学（16 人）、辅仁大学（15 人）、台湾科技大学（14 人）、台湾交通大学（13 人）、台湾“中山大学”（13 人）。[⑤]

3. 工科和管理学为热门专业

在 2012 年录取专业分布上，录取最多的学科类是电子工程专业，共 44 人。财务金融与企业管理也是大陆赴台接受教育的热门专业，其次是法律、中文、经

---

① 台湾教育主管部门出台的针对大陆留学生的“三限六不”政策：限制采认高校、限制来台陆生总数、限制医事学历采认、不加分优待、不影响岛内招生名额、不编列政府奖助学金、不允许在学期间工作、不会有来台就业问题、不得报考公职。详见（三）赴台留学“三限六不”。

② 中国台湾网：《求学香江，体验香港：内地学生赴港留学 14 年记》，http：//www. chinataiwan. org/xwzx/gaq/201206/t20120621_ 2755594. htm，2012 年 6 月 21 日。

③ 2011 年台湾大学招生名额 58 人，新竹“清华大学”24 人，交通大学 27 人，成功大学 27 人。

④ 海峡两岸招生服务中心网站，http：//hxla. gatzs. com. cn/。

⑤ 海峡两岸招生服务中心网站，http：//hxla. gatzs. com. cn/。

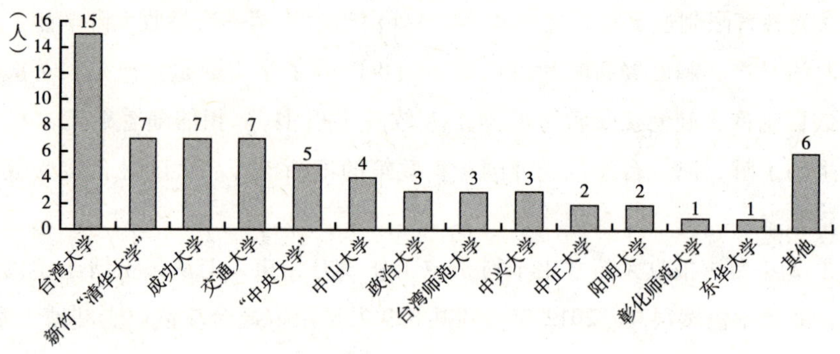

图1　2011年台湾招收大陆攻读博士学位公立院校招生名额

资料来源：海峡两岸招生服务中心。

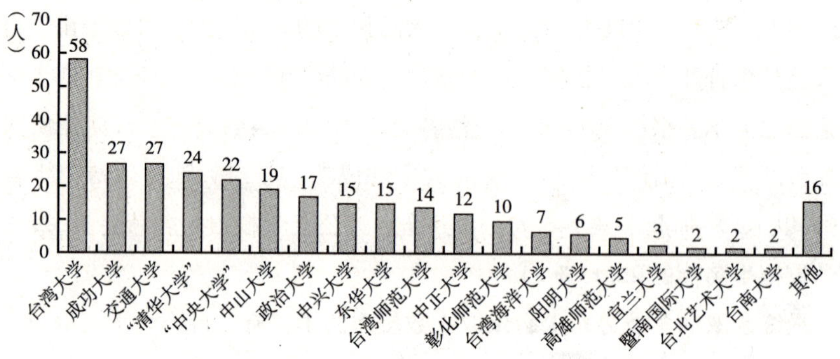

图2　2011年台湾招收大陆攻读硕士学位公立院校招生名额

资料来源：海峡两岸招生服务中心。

济和新闻学类。①

另外，录取学生最多的专业基本上都是台湾各个学校的优势专业。这是因为在招生专业方面，台湾学校突出自身特色，在优势专业上设置了更多招生名额，大陆生也对这些专业表现出青睐。比如台湾"清华大学"在2011年共招收了17名大陆生，其中仅有2名为社会学科学专业（人文社会学院），其余全部为理工科，其中电机资讯专业招生最多，共7人。②

① 中国新闻网：《台地区大学招收大陆学生首年达成率约43.6%》，http://www.chinanews.com/tw/2011/12-23/3554008.shtml，2011年12月23日。

② 台湾"清华大学"网站：http://www.nthu.edu.tw/。

（二）大陆学生赴台接受教育的原因及障碍

1. 赴台接受教育多为拓展视野和建立人脉

随着大陆与台湾两岸关系不断好转，台湾与大陆人民互通互联，已经在经济上实现了诸多合作。尤其是“大三通”后，两岸关系大大改善，两岸官方交流也逐渐增多。经济合作和官方关系好转，也促进了两岸的文化交流。教育交流与合作便是其中的重要部分。自2009年起，台湾当局正式允许大陆学生赴台接受教育。这不仅标志着两岸教育合作的正式开始，也使台湾成为了大陆学生异地求学的新选择。

台湾与大陆的教育体制、方式和环境相差较大，赴台求学不仅可以体验不同的教育，也可以建立人脉、开阔视野。因此，建立人脉和拓展视野成为大陆学生赴台求学的主要原因。

如图3所示，赞成赴台求学理由主要为“建立台湾地区的人脉关系”（44.4%）和拓展视野（31.3%）。其中，男性家长更注重子女未来的社会和职业发展，64.5%男性家长表示送子女去台湾读书的主要原因是建立台湾地区的人

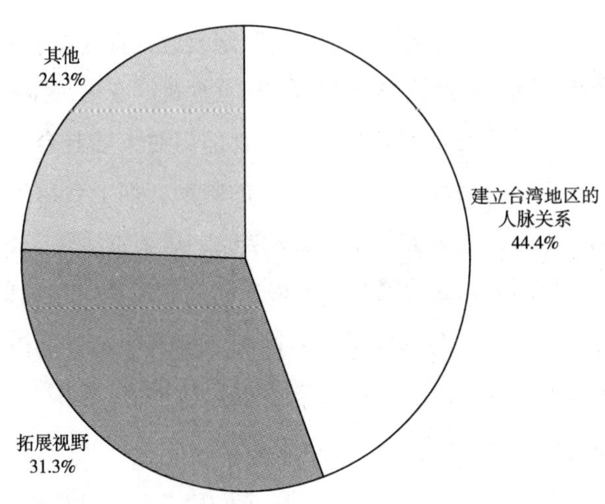

图3 大陆学生赴台求学理由

资料来源：《远见》杂志与零点研究咨询集团《两岸父母对子女赴对岸就学看法大调查》。

脉关系，22.5%的男性家长看重未来的工作机会，而女性家长则更注重孩子的性格和能力培养。①

2. 求学成本和政策限制是求学主要障碍

求学成本相对较高和台湾对大陆的政策限制阻碍了大陆学生赴台接受教育。

首先，台湾的求学生活费用相对大陆较高。虽然与很多西方发达国家和留学热门的亚洲国家相比，台湾学费低廉很多，但生活费方面，台湾比大陆高出不少。在台湾，公立学校学费平均为1880美元（技术院校为1531美元），大大低于日本、美国、英国和韩国。私立学校学费相对昂贵，平均在3100～3400美元，但也只相当于美国的1/10。② 据招生简章显示，2011年在台就读大学的学费，理工科为每年2.2万人民币，文史类为2万元人民币。③ 但是，台湾生活成本相对大陆来说较高。以往在台的大陆交换生每月生活费约为8000元新台币（人民币1050～1680元），住宿费每年约4000～10000元人民币。④ 总起来算，赴台的求学成本——学费和生活费之和，大约为4～5万元人民币，略高于大陆水平。但由于台湾与大陆临近，传统文化相同，很多工薪阶层的家长习惯将台湾的求学成本与大陆的学习成本相比。这样比较，台湾的求学成本就相对较高了。

其次，台湾方面出台诸多对大陆学生的限制政策，直接影响了大陆学生赴台求学的热情。台湾方面，招收大陆学生的名额、方式、资格、办理时间等相关办法由台湾教育主管部门拟订。而台湾教育主管部门对大陆赴台求学制定了“三限六不”政策，其中包括对于奖学金和兼职的限制，加上台湾生活费用相对大陆昂贵许多，相当于间接增加了大陆学生求学的学费和生活费成本，使很多工薪家庭望而却步。而台湾对就业的限制则使得大陆学生对求学的目的和前景不明，影响赴台求学的决策制定。对过往学校的限制（被台湾认可学历的大陆学校都属名校，对学生要求较高），则直接将台湾承认学历的41所大学之外的有意赴台

---

① 《远见》杂志与零点研究咨询集团《两岸父母对子女对岸就学看法大调查》。

② 台湾教育主管部门网站数据库：http：//english. moe. gov. tw/mp. asp？mp＝1。

③ 海峡两岸招生服务中心网站：http：//hxla. gatzs. com. cn/。

④ 《赴台上大学，1年才5万》，http：//finance. ifeng. com/money/wealth/consume/20100830/2567543. shtml，2010年8月30日《法制晚报》。

的学生排除在外。①

根据调查，对于赴台求学，即攻读学位，家长的赞成率仅为6.8%。如图4所示，不愿意将孩子送往台湾读书主要理由是学费昂贵（48%）、生活习惯差异（30%）、学制教学方法差异、学制换算复杂（29%）；对过往学历限制过多（23%）和接受大陆学生名额有限（19%）也是家长不愿意送孩子赴台求学的主要理由。②

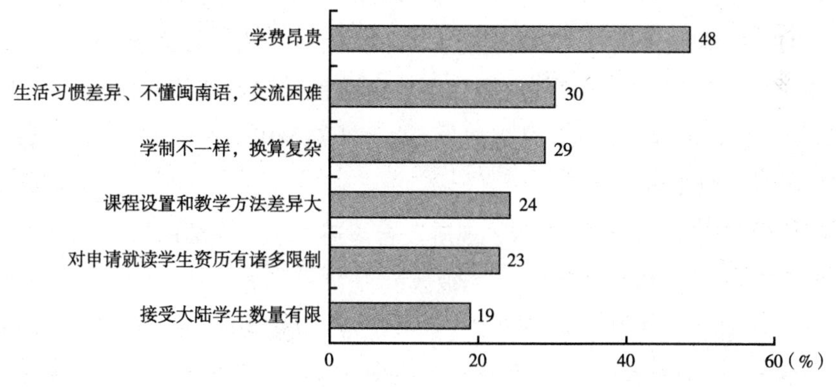

图4　大陆学生赴台求学障碍

资料来源：《远见》杂志与零点研究咨询集团编《两岸父母对子女赴对岸就学看法大调查》。

（三）赴台求学"三限六不"政策

虽然台湾已经修改了《两岸人民关系条例》、《大学法》及《专科学校法》，在法律层面上对大陆开放留学市场，但通过台湾教育主管部门制定了一系列对大陆学生的限制政策，给求学造成诸多不便。这些限制政策包括：限制采认高校、

① 台湾承认学历的大陆学校名单：北京大学，中国人民大学，清华大学，北京航空航天大学，北京理工大学，中国农业大学，北京师范大学，中央民族大学，南开大学，天津大学，大连理工大学，东北大学，吉林大学，哈尔滨工业大学，复旦大学，同济大学，上海交通大学，华东师范大学，南京大学，东南大学，浙江大学，中国科学技术大学，厦门大学，山东大学，中国海洋大学，武汉大学，华中科技大学，湖南大学，中南大学，中山大学，华南理工大学，四川大学，重庆大学，电子科技大学，西安交通大学，西北工业大学，西北农林科技大学，兰州大学，北京体育大学，中央音乐学院，中央美术学院。台湾教育主管部门：《大陆地区学生来台就学及停留办法》，2010年9月8日。

② 《远见》杂志与零点研究咨询集团编《两岸父母对子女赴对岸就学看法大调查》，2010年2月。

限制来台陆生总数、限制医事学历采认、不加分优待、不影响岛内招生名额、不编列政府奖助学金、不允许在学期间工作、不会有来台就业问题、不得报考公职等。因此被称为“三限六不”。

具体来看，“三限”指的是以下三点。

（1）限制采认高校，是指台湾只承认大陆部分学校的学历。这就意味着申请攻读硕士及博士学位以上的学生须具有台湾指定学校的本科学历，才能申请。根据随后颁布的《大陆地区学生来台就学及停留办法》，被台湾承认学历的大陆学校共41所，包括了北京大学、复旦大学和北京航空航天大学等。

（2）限制来台陆生总数，是指台湾对大陆每年仅设置一定限额招生名额。台湾教育主管部门规划：每年计划招收大陆学生总量限制在台湾大专院校招生总量的1%，约2000名。

（3）限制医事学历采认是指，现阶段台湾还不承认大陆的医事学历。41所承认学历的高校中的医事学历也不能被认可。

“六不”指的是大陆学生不能享受加分优待、大陆招生指标不影响岛内招生名额、大陆学生不能享受政府奖助学金、不能在校内外从事专职或兼职工作、不能留台就业、报考所谓的“台湾”高校“机密相关系所”、不得参加公职考试。虽然有这些限制政策，有些台湾高校为了吸引大陆优秀学生就读，会自筹经费设置奖学金。如交通大学每年为优秀学生提供10万~30万新台币的奖学金。

另外，台湾教育主管部门规定：大陆学生入校收费标准不低于台湾私立大学收费标准；申请攻读学士学位学生成绩采用大陆高考成绩，硕士、博士由各校单独进行试务及审查作业，汇报给“大学院校招收大陆地区学生联合招生委员会”统一公告录取结果。台湾只承认来台就读大陆学生在台取得的学位。大陆则承认台湾全部164所大学的学历。

B.14
中国出国留学大事记（1978～2012年）

第一个十年（1978～1987年）

1978年

1月31日，教育部和外交部向国务院提交《关于向国外派遣语言留学生和进修教师等问题的请示》并获批准。

3月7日，教育部、国家科委和外交部向国务院提交《关于1978～1979年向国外派遣科技生问题的请示》并获批准。

6月23日，邓小平听取关于清华大学工作汇报并谈到派遣留学生问题时指示扩大派遣出国留学人员规模。

7月11日至1979年8月6日，教育部向国务院连续提交五份涉及加大选派留学生数量和改进出国留学工作等问题的报告或请示。

7月31日，中科院物理所康寿万致信邓小平，提出有多位中国旅美学者对派遣高中生出国读大学持强烈反对态度。

8月4日，教育部印发《关于增选出国留学生（进修生和研究生）的通知》。

8月7日，教育部、卫生部和财政部联合印发《关于出国留学生体检问题的通知》和《出国留学生健康检查暂行标准》。

8月31日，教育部印发《关于选拔出国留学（本科）预备生的通知》。

8月21日至9月7日，教育部、外交部、国家科委在北京联合召开部分驻外使馆文化参赞会议，研究落实扩大派遣出国留学人员的工作。

9月19日，中组部印发《关于选调管理出国留学生干部的通知》。

9月27日，教育部报告国务院领导人，通过全国性外语统考确定12083人参加进修生和研究生外语统考。

10月，中国教育代表团访问日本并与文部省协商派遣中国留学生问题。

10月7~22日，中国教育代表团访问美国，其间中美双方协议达成《中华人民共和国和美利坚合众国关于互换留学人员的口头谅解》。

12月13~14日，日本教育代表团回访中国并与中国教育部继续协商派遣中国留学生问题。

12月26日，改革开放后第一批留美人员50人赴美，方毅副总理临行前接见。

1978年度，经过业务复查、政治审查和体格检查，共选拔出国预备人员4252人，其中进修人员3066人，占72.11%；研究生537人，占12.63%；大学生649人，占15.26%。1978年度中国在日本的留学生达到23人。

1979年

1月，中国留美人员代表到机场参加美国总统卡特欢迎邓小平的仪式。邓小平在与美国总统卡特所签协议中，将中美关于派遣留学生的口头谅解作为正式协议加以签署。

1月，教育部相继在各地部分直属院校组建出国留学培训部或集训部。

6月3日，经国务院批准，教育部、国家科委和外交部联合印发《出国留学人员管理教育工作的暂行规定（试行）》和《出国留学人员守则（试行）》。

7月，李政道教授提议的中美合作培养物理研究生项目（CUSPEA）开始招生。

8月6日，教育部、外交部、国务院科干局联合向国务院上报《关于改进出国留学人员工作的请示报告》，其后国务院批准该《报告》。

8月8日，经国务院批准，教育部、财政部、国家科委和外交部联合印发《出国留学人员经费开支规定（国外经费部分）》。

- 12月10日，上述四部门联合印发对上述规定的《补充说明》。

11月9日，李政道教授致信中国科学院副院长严济慈，建议持续举办已于本年度开展起来的“中美联合招考物理研究生（CUSPEA）项目”。

12月20~29日，教育部和国务院科干局联合在北京召开出国留学人员工作会议。

12月6日，中日签订《中华人民共和国政府和日本国政府为促进文化交流的协定》。

1979年度，中英富布莱特项目开始执行，作为中英官方教育交流项目之一。

1979年度，中国向32个国家派出1750名留学人员；其中进修人员和访问学者1298人，占74.2%；研究生117人，占6.7%；本科生335人，占19.1%。其中自然科学类1445人，占82.6%；语言类282人，占16.1%；社科类23人，占1.3%。

1980年

1月21日，教育部印发《关于选拔1979～1981学年出国留学预备人员的通知》。

1月26日，教育部印发《关于增设出国留学生预备部并加快建设的意见》。

5月13日，教育部和中科院印发《关于推荐学生参加赴美研究生考试的通知》。

9月15日，国务院印发《关于修改出国留学人员、访问学者所获得的奖学金和资助费实施办法的通知》。

- 12月31日，财政部、教育部和外交部印发《关于部分出国留学人员、访问学者所获得奖学金和资助费交由本人支配后有关财务结算办法的具体规定》。

10月28日至11月8日，教育部、外交部、国务院科干局、财政部、文化部和中科院联合召开出国留学人员管理工作会议。

- 1981年7月16日，国务院印发《批转教育部等六个部门关于出国留学人员管理工作会议情况的报告的通知》。

1980年度，教育部留学生管理司与外事司合并为外事局。

1980年度，教育部向外派出2124名各类留学人员。其中进修人员和访问学者1635人，占77.0%；研究生260人，占12.2%；本科生229人，占10.8%。其中自然科学类1895人，占89.2%；语言类165人，占7.8%；社科类64人，占3%。

1981年

1月14日，国务院批转教育部、外交部、公安部、财政部、国家人事局、国务院科干局和国家劳动总局等七个部门联合印发的《关于自费出国留学的暂行规定》。

- 9月8日，教育部印发《关于在校研究生自费出国留学问题的通知》。

• 1982 年 1 月 21 日，教育部与国家人事局、国家劳动总局和财政部联合印发《关于自费出国留学生在国外学习期间工资待遇问题的处理意见》。

2 月 26 日，教育部印发《关于做好留学人员回国工作的通知》。

3 月 24 日，美籍华人吴瑞教授致信教育部长蒋南翔，建议仿效李政道教授举办“中美生物化学和分子生物学研究生（CUSBMBEA）考试项目”。

• 10 月 4 日，教育部印发《关于招考赴美生物化学及分子生物学研究生的通知》。

5 月 11 日，教育部考试中心中国国外考试协调处（后更名为海外考试处）与美国教育考试服务处达成协议并签署《会谈纪要》。

• 1990 年 12 月 10 日，国家教委印发《国家教育委员会海外考试考务管理规则》。

• 1990 年 12 月 11 日，中国大陆北京、上海和广州首次举行英语托福考试。

7 月 29 日，教育部印发《关于 1981 年（攻读硕士学位）出国预备研究生代选、代培工作的通知》。

7 月 29 日，国家人事部、国家劳动总局、财政部、教育部和国务院科干局联合印发《关于出国留学生回国以后的工资待遇问题的通知》。

8 月，教育部在大连召开出国留学预备人员培训工作会议。

8 月 7 日，根据美国哈佛大学著名化学教授威廉·多林的建议，教育部印发《关于成立中美化学研究生培养规划（CGP）中方工作小组的通知》，决定首批选派 40 人赴美攻读博士学位。

12 月 7 日，教育部印发《关于 1982 年出国预备研究生招生计划的通知》。

12 月 31 日，教育部印发《关于安排（出国留学）研究生、大学生回国休假的通知》。

1981 年度，向外派出 3416 名各类留学人员。其中进修人员和访问学者 3049 人，占 89.3%；研究生 212 人，占 6.2%；本科生 155 人，占 4.5%。其中自然科学类 3076 人，占 90.0%；语言类 154 人，占 4.6%；社科类 186 人，占 5.4%。

1982 年

1 月 30 日，教育部印发《关于加强出国留学预备人员培训工作的意见》和《出国留学预备人员培训工作部管理教育工作暂行规定》。

1月20日，中日教育管理机构签署《中日双方关于1982年度中国赴日本国研究生进行预备教育的实施方案》，规定对150人培训24周。

3月31日，中共中央印发《关于自费出国留学若干问题的决定》。

4月2日，教育部印发《关于1982年试行选拔出国攻读博士学位研究生的通知》。

- 1983年3月21日，教育部印发《关于1982年试选出国攻读博士学位研究生事的（补充）通知》。

5月6日，根据丁肇中教授的建议，教育部印发《关于选拔赴美物理研究生的通知》。

7月16日，国务院批转教育部、公安部、外交部和劳动人事部印发重新制定的《自费出国留学的规定》。

1982年度，〔日〕实藤惠秀著《中国人留学日本史》（中文版）由香港中文大学出版社出版。

- 1983年8月，《中国人留学日本史》（增补版）由三联书店出版。

1983年

1月，包玉刚出资设立“包兆龙中国留学生奖学金”。同年成立“包兆龙中国留学生奖学金管理委员会”。

3月30日，根据美国著名数学家陈省身教授的建议，教育部印发《关于选拔赴美数学研究生的通知》。

7月20日至9月11日，教育部和中科院派遣赴欧洲看望留学人员小组。

9月13日，劳动人事部、教育部、公安部和财政部联合印发《毕业留学生分配派遣暂行办法》。

11月23日，胡耀邦总书记访问日本期间在中国驻日使馆接见中国留学生代表并发表讲话。

12月21日，国务院批准教育部、财政部和外交部联合上报的《关于修改出国留学人员获得国外奖学金和资助费处理办法的请示》。

12月21日至1984年2月10日，教育部派遣看望留学人员慰问团。

12月22日，教育部印发《关于补发“文化大革命”前出国留学生学历证明书的通知》。

12月24日，经中央书记处同意，中共中央办公厅转发中共教育部党组《关于留学人员工作中几个具体政策的请示》。

1983年度，中共中央批准在当年开办留法预备班的河北保定市育德中学旧址修建留法勤工俭学运动纪念馆。

● 1992年6月，江泽民总书记为纪念馆题写馆名。

1984年

1月，新年前夕，胡耀邦总书记等党和国家领导人发表慰问留学人员的录像讲话。

● 1984～1991年，中国和苏联两国政府多次签订涉及派遣留学人员的年度《教育合作计划》。

4～9月，根据中央"对自费留学，要坚决大胆放开"的指示精神，教育部牵头组成自费留学问题调研小组，会同公安部、国家科委、外交部、财政部和劳动人事部对原有于1982年印发的《自费出国留学的规定》进行了修改。

● 12月26日，国务院印发修改后的《国务院关于自费出国留学的暂行规定》。

5月21日，邓小平会见李政道教授时表示赞成在中国建立博士后流动站的建议。

7月19日，民政部、教育部和外交部联合印发《关于出国留学生办理婚姻登记的暂行规定》。

8月24日，中日双方签署《中国教育部长和日本文部大臣会谈纪要》，就留学生交流取得一致意见；日方表示，努力争取5年后，使享受日本政府奖学金的在学中国留学生总数达到500名。

9月3日，教育部印发《关于部门、地方自行选派出国留学人员的通知》。

11月30日，中央召开全国引进国外人才和出国留学人员会议。

12月19日至1985年2月10日，教育部派遣慰问留学人员代表团亚太组，前往澳大利亚、新西兰、朝鲜和日本的26个城市，看望慰问了2266名在外留学人员。

1985年

元旦前后，国务院组织慰问留学人员代表团并分四路前往21个国家，慰问

在外留学人员。

2 月 2 日，外交部和教育部联合印发《关于改善和加强出国留学人员领导工作的通知》，批评个别使领馆对出国留学人员漠不关心的错误态度。

4 月 18 日，教育部印发《关于部属高等院校自行选派留学人员审批办法的通知》。

5 月 2 日，根据国务院 1981 年 9 月 25 日印发的《关于驻外、援外人员在国外牺牲、病故善后工作的暂行规定》的有关原则规定，教育部印发《关于留学人员在国外发生意外事故处理意见的通知》。

6 月 26 日，财政部、国家教委和外交部联合印发《关于公费出国留学人员经费开支规定》。

7 月 5 日，国务院批转国家科委、教育部和中国科学院上报的《关于试办博士后科研流动站的报告》。

7 月 7～12 日，国家教委留学生司政策研究处撰写的《自费出国留学问答》在《人民日报》连载。

7 月 23 日，中美两国政府在华盛顿签订两国之间交换留学生与学者的《中华人民共和国政府和美利坚合众国政府教育交流合作议定书》，有效期为五年，并取代 1978 年 10 月双方协议达成的《中华人民共和国和美利坚合众国关于互换留学人员的谅解》。

9 月 26 日，中德（民）签订《中华人民共和国政府和德意志民主共和国政府关于交换和接受进修生、研究生和大学生的协定》，有效期为五年，并取代 1965 年 7 月 15 日双方签订的《互派大学生、研究生和进修生的协定》。

12 月 28 日至 1986 年 2 月 7 日，国务院副秘书长张文寿率领国务院留学人员工作组前往美国 66 个城市看望 7000 多名在美留学人员。

1985 年度，国家教育委员会设立，出国留学工作具体由国家教委外事局分管。

1986 年

5 月 4 日，中共中央、国务院印发《关于改进和加强出国留学人员工作若干问题的通知》。

5 月 7～13 日，国家教委召开出国留学人员工作会议，学习领会并研究讨论如何贯彻改进和加强派遣留学人员工作的方针和政策。何东昌作《改进出国留学人员工作更好地为四化建设培养人才》的报告。

• 6月25日，国家教委和公安部联合印发《关于贯彻、落实改进和加强出国留学人员工作方针政策的通知》。

5月24日，中国国家教委和联邦德国德意志科技交流中心签订《关于联合培养中国博士研究生的协议》。

• 8月30日，国家教委印发了《关于与联邦德国联合培养博士生的通知》。

6月9日，中英两国政府及包玉刚爵士基金会签署有关“中英友好奖学金项目”的谅解备忘录。胡耀邦总书记出席签字仪式。

7月15日，文化部和教育部联合印发《关于艺术院校学生、教师出国留学的审批原则》。

7月24日，邓小平接见获得“有突出贡献的中青年专家”称号的优秀留学回国人员马颂德博士等人。

10月24日，国家教委印发《关于出国留学人员毕业回国后工作分配问题的通知》。

12月13日，国务院印发《批转国家教育委员会〈关于出国留学人员工作的若干暂行规定〉的通知》。

• 1987年1月28日，为了帮助理解和执行上述文件中的相关政策，国家教委印发五个《出国留学人员工作管理细则》。

12月，《瞭望》周刊发表《李鹏谈改进派遣留学工作》。

1987年

2月19日，国家教委印发《关于公派赴美访问学者攻读研究生的通知》，要求对转读学位的申请，审批时要严格把关。

2月20日，国家科委印发《关于申报对非教育系统回国留学人员科研资助经费问题的通知》和《关于对非教育系统回国留学人员择优资助经费的使用与管理暂行办法》。

3月，国家教委召开出国留学人员培训部工作会议。

3月30日至4月4日，国家教委召开出国留学人员经费管理工作会议。

4月23日，国家教委向中国驻外使领馆印发了《关于做好自费留学人员工

作的通知》。

4月11日，国家教委印发《关于加强公派出国留学人员政治审查工作的通知》，提出对出国留学人员进行“政审”的原则、程序和标准。

5月，《神州学人》杂志创刊（时为双月刊），邓小平题写刊名。

6月2～14日，中国教育代表团访美并与美国新闻总署签署和发表《中美教育会谈新闻公报》。

7月8日，国家教委、财政部和外交部联合印发《关于国家公派出国留学人员经费管理的暂行规定》。

7月31日，国家教委印发《我国赴苏联及东欧国家公费留学人员费用管理的补充规定》。该规定是根据《驻外使领馆出国留学人员经费管理的暂行规定》并结合实际情况提出的补充意见。

8月15日，国家教委和外交部联合印发《关于加强对赴苏联、东欧国家留学人员教育管理工作的通知》和《关于加强对赴苏联、东欧国家留学人员教育管理工作的若干规定》。

8月21日，国家教委和公安部联合印发《关于国内外组织和个人不得擅自在我国招收自费出国留学人员的通知》。

10月10～14日，国家教委联合外交部、公安部、国家科委和中组部召开有关出国留学人员工作的座谈会。

● 12月30日，国家教委于会后印发《关于进一步贯彻中央出国留学人员工作方针的通知》。

10月12日，国家教委印发《关于第一期赴日研究生结业回国工作的通知》。

● 10月30日，国家教委外事司印发《关于赴日研究生留学期限及结业回国后待遇等问题的暂行规定》。

10月31日，外交部和国家教委印发《关于加强对外交部公派留学人员管理的通知》和《关于对外交部派出的留学人员加强管理的若干规定》。

12月5日，国家教委和司法部联合印发《关于签订〈出国留学协议书〉的通知》。

12月9日，国家教委印发《关于1988年度与欧洲共同体合作培养博士研究生的通知》，确定从中国人民大学等31所高校在读博士生中遴选20～30名出国留学候选人。

1987年度，王宽诚教育基金会与中国科学院开始合作并先后设立“中国科学院王宽诚教育基金会奖贷学金”、“中国科学院王宽诚科研奖金”、“卢嘉锡学术交流基金”、“中国科学院王宽诚博士后工作奖励基金”、中国科技大学“王宽诚育才奖”、紫金山天文台“王宽诚行星科学人才培养基金”等项目，以资助、培养和引进留学人才。

第二个十年（1988～1997年）

1988年

1月，国家教委在天津召开出国留学工作会议。

2月16日，国家科委、国家教委和中国社科院联合印发《关于报送留学生学位论文的通知》。

3月12日，国家教委印发《关于加强与加拿大国际开发署和联合国机构合作项目派出留学人员管理工作有关事项的通知》。

4月2日，国家医药管理局印发《国家医药管理局关于出国留学人员工作的若干规定（暂行）》。

4月5日，国家教委专职委员黄辛白发表有关出国留学政策的《答新华社记者问》时表示，派遣留学人员是中国的长期政策，没有改变，也绝不会改变；所谓大大减少留学生特别是去美国留学生数量是没有事实根据的。

5月10日，国家教委印发《关于保证公派出国进修人员、访问学者选派质量的通知》。

7月6日，国家教委印发《关于加强对代招或推荐出国留学生管理教育工作的通知》。

9月12日，邓小平提出要给留学生创造回国工作的条件。

10月5日，国家教委印发《关于我向美方提供公派留美人员名单的情况说明》，说明此举系应美国新闻署要求，既符合美国有关法律规定，也符合国际公认准则和中国留学政策要求。

10月6日，国家教委和人事部联合印发《关于赴苏联、东欧国家留学获得博士、副博士学位人员工龄计算的通知》。

10月7日，国务委员兼国家教委主任李铁映会见美国美中学术交流委员会主席柯·阿兰博士时表示，公派留学人员有回国义务是世界各国通例，但他们希望继续进修和深造的要求可以理解，中国采取合情合理政策，充分尊重、灵活对待、合理解决；中国将根据需要继续派遣出国留学人员，以加快人才的培养和增加与世界各国的交流与合作。

12月3日，国家教委在人民大会堂召开留学回国人员座谈会，53名留学回国人员出席并受到党和国家领导人接见。

12月，国家教委在出国留学人员北京集训部基础上组建中国留学服务中心。

1988年度，人事部成立留学人员服务部。

1989年

2月25日，国务院侨办和国家教委联合印发《关于对申请自费出国留学的归侨、侨眷不收“培养费”等问题的通知》。

3月25日，中国科学院印发《中国科学院公费出国留学人员国外管理及回国工作安排暂行条例》，规定4月1日起取消所谓“自费公派”的留学方式。

3月31日，教育部在出国人员北京集训部基础上组建中国留学服务中心。

4月，国家教委设立“资助优秀年轻教师基金”并印发了《资助优秀年轻教师基金试行办法》，资助对象包括在国内高校任教的留学回国人员。

5月，国家教委撤销外事局并分别设立留学生司和国际合作司。

5～6月，中国留学服务中心组建招聘工作组赴西欧国家招聘留学人员。

7月26日，国家教委发言人就出国留学人员的有关问题回答记者提问时表示，公派留学人员有回国服务的义务，这在世界各国都有明确规定；对少数不能按规定回国者，将采取通情达理的态度予以解决。

8月4日，国家教委留学生司印发《关于在日留学人员管理工作中若干问题的实施办法（试行）》。

9月27日，海关总署、国家教委和外交部印发《关于加强对自费留学人员携带进境行李物品管理的通知》。

10月6日，江泽民等党和国家领导人接见留学回国人员代表并举行座谈。

10月，国家教委在法国召开西欧留学生工作会议。

11月18日，国家计生委和国家教委联合印发《关于出国留学人员计划外生育问题的通知》，规定应向留学人员宣传我国计划生育政策，同时应允许其回国后为在国外超生子女申报户口。

11月19~20日，美国众、参两院分别通过《中国公民紧急救援法案》。

11月26日，《人民日报》发表评论员文章《恶化中美关系的一个严重步骤》。文章指出，美国国会通过的《1989年紧急放宽中国移民法案》，决定豁免全部持J-1签证的中国留美人员在学业期满后必须回国服务两年的限制，是任意撕毁中美双方达成的有关教育交流协议的行为，完全违背国际准则。

11月，中国留学服务中心组建招聘工作组赴日本招聘留学人员。

12月2日，国家教委印发《关于对西欧留学人员管理工作中若干问题的实施办法（试行）》。

1989年度，英国文化协会、澳大利亚教育国际开发署和剑桥大学考试委员会共同开发、推出雅思考试。雅思考试通过提供规范英语水平测试，衡量考生在真实场景中的英语沟通能力，被国际众多教育机构认可。作为英语交流能力的有力证明，雅思考试已得到全球6000多家教育机构的认可，2008年全球有120万名考生参加雅思考试。在中国，雅思考试在29个城市设有31个考试中心，2008年有超过26万名考生参加雅思考试，60%的雅思考生年龄为19~22岁，大部分考生是准备出国学习硕士课程的学生。

1990年

1月4日，国家教委在北京召开全国自费出国留学工作会议。

1月15日，国家教委副主任滕藤就加拿大政府鼓励和纵容中国留加人员移民问题紧急约见加拿大驻华大使狄鄂。

1月17日，中共中央办公厅印发《关于印发〈中共中央政治局常委会议讨论出国留学问题纪要〉的通知》。根据纪要的要求，国家教委于当年设立“留学回国人员科研资助费”更名为“教育部留学回国人员科研启动基金”。

• 2001年5~12月，教育部委托并资助北京师范大学完成《留学回国人员科研启动基金项目评估报告》。

• 2002年1月31日，教育部国际司印发《关于进一步加强留学回国人员科研启动基金管理的通知（教外司留［2002］38号）》，因留学基金委秘书处留学人员科研资助费项目重复设置项目而被取消。

• 2002年5月15日，教育部国际司批准教育部留学服务中心重新修订《留学回国人员科研启动基金管理规定》。

1月19日，国家教委、劳动部和人事部联合印发《关于博士生和在职人员考取硕士生学习期间工龄计算问题的通知》，其中涉及出国留学人员回国后的工龄计算问题。

1月25日，国家教委印发《关于具有大学和大学以上学历人员自费出国的补充规定》。

1月25日，外交部发言人对美国国会众院就中国留学人员问题再次通过决议一事发表谈话，强烈谴责美国国会众院的霸权主义行径，敦促美方采取有效措施，防止事态恶化。

2月23日，国家教委印发《关于调整高级访问学者费用标准的通知》和《关于调整国家公费留学人员费用标准的通知》。

3月1日，国务委员兼国家教委主任李铁映会见由雷蒙德·谢弗主席率领的美国美中关系全国委员会代表团时重申中国派遣留学生的一贯政策。

3月20日，李鹏总理在全国人大第七届三次会议的政府工作报告中表示，派遣留学生出国学习，是执行对外开放政策的组成部分。今后要在总结经验的基础上，根据德才兼备、按需派遣、保证质量、学用一致的原则，改进和完善派遣工作，并努力为留学生学成回国工作创造必要的条件。

4月11日，国家教委印发《关于下达1991年国家公费与日本合作培养博士生名额的通知》。5月29日，国家教委印发《关于1990年度与国外合作培养博生工作的通知》。

5月3日，江泽民总书记在首都青年纪念五四报告会上向在海外为振兴中华勤奋学习的留学人员表示亲切慰问。

6月13日，国家教委留学生司印发《赴苏联、东欧地区公费留学人员管理工作中若干问题的处理办法》。

6月14日，中共中央总书记江泽民在全国统战工作座谈会上进一步阐述了中央对广大留学人员和在海外的中国知识分子的政策。

6月19～23日，国家教委与保加利亚科学和高等教育部签署“关于相互承认文凭学位和证书的协议”。

6月30日至7月8日，国务委员兼国家教委主任李铁映在东京中国驻日使馆和大阪中国总领馆会见留日学生代表时，鼓励留日人员刻苦学习、增长才干，为祖国为人民服务。李铁映在日中友好会馆为留日学生书写“今日万里求学，明日百年报效”的赠言。

7月18日，国家教委留学生司与人民日报海外版合办《人民日报》（海外版）“中国留学生之页”出刊。国家教委副主任何东昌为首刊撰文《向留学人员致以最好的祝愿》。“中国留学生之页”每周三在《人民日报》（海外版）第2版刊出。后变更为《海外学子》专版，每周出刊一版。

9月14日，国家教委印发《关于出国留学生回国学习有关问题的通知》。

9月27日，国家教委印发《关于开展表彰在工作中做出突出贡献的回国留学人员活动的通知》。

10月27日，国家教委和人事部联合印发《关于获得苏联、东欧国家副博士学位人员回国后待遇的通知》。

9月28日，国务委员兼国家教委主任李铁映，国家教委副主任何东昌、滕藤在人民大会堂会见了回国参观第十一届亚洲运动会的留学生代表，并同大家座谈。

11月15日，国家教委、人事部和劳动部就已辞职的自费留学人员回国后工作安排、工龄及待遇等问题请示国务院办公厅，经批准同意后发表对上述问题做了解答。

11月16~22日，国家教委、人事部在北京联合举办首届全国留学回国人员科技成果展览会。宋平、薄一波、严济慈、钱伟长共同为展览剪彩。国务委员宋健、国家教委副主任何东昌在开幕式上讲了话，参展项目有2500多个。

1990年度，《煤炭系统留学回国人员科技基金的使用管理暂行办法》开始实施。

1990年度，中国人民银行批复国家教委可以设立“中国留学基金”。

1991年

2月7日，外交部照会各国驻华大使馆：《外国组织和个人不得擅自在华招收留学生》。

1月24日，卫生部印发《卫生部公派出国留学管理暂行办法》。

4月29日，公安部三局、六局印发《关于我国留学人员在国外所生子女回

国落户有关手续的通知》。

3月12日至4月2日、10月23日至11月18日、11月21日至12月15日国家教委与中科院、上海市、陕西省和大连市等20个单位组成联合招聘组，先后赴日本、英国、法国、德国、荷兰、比利时和瑞士等国家招聘在外中国留学博士生回国工作。

6~9月，在外留学人员为国内十几个省市区遭受严重水涝灾害地区捐款76万美元。

7月9~12日，国家教委在天津召开有部分院校和单位参加的改进公费出国留学试点工作会议。

• 8月7日，国家教委印发《关于在部分院校、单位改进公派出国留学工作的意见》，提出公派留学“按我之需，取人之长，精选精派，定人定向，保质保回”的原则。

8月7~11日，国家教委在长春召开出国留学预备人员培训部会议。

• 9月16日，国家教委印发《关于进一步加强出国留学预备人员培训工作的通知》。

9月3日，中国高等教育学会出国留学工作研究专业委员会（又称全国出国留学工作研究会）成立，并在天津召开成立大会及出国留学工作研讨会。

• 2005年，中国高等教育学会出国留学工作研究专业委员会更名为中国高等教育学会出国留学教育管理分会。

10月11~13日，国家教委在北京召开国家公费出国留学选派工作会议。

12月7日，国家教委印发《关于国家计划选派非通用语种出国留学生回国补发毕业文凭并授予相应学位的通知》。

1992年

1月25日，邓小平视察广东珠海留学人员高科技企业时表示，希望所有出国学习的人回来。不管他们过去政治态度怎么样，都可以回来，回来后妥善安排。这个政策不能变。告诉他们（指中国在外留学人员），要做出贡献，还是回国好；希望大家通力合作，为加快发展我国科技和教育事业多做实事。

3月14日，李鹏总理在“全国科技工作会议”上表示，对近年出国的留学人员，国家从政策上保证他们来去自由，往返方便。国务委员宋健要求各级政府和科技界，要理解和关心海外学人，加强交流并坚决实行来去自由的方针。

3月20日，李鹏总理在全国人大第七届五次会议的政府工作报告中表示，海外留学人员是国家的宝贵财富，不管过去的政治态度如何都欢迎他们回来报效祖国，回来后要妥善安排。

6月16日，人事部印发《关于“文革”前赴苏联、东欧国家留学的本科生学习期间工龄计算问题的通知》。

6月，国家教委留学生司编辑《出国留学工作文件汇编》由群众出版社出版。该书收录了1978～1992年涉及有关出国留学工作主要问题的政策性文件360余篇；全书1000多页，约83万多字。

8月12日，国务院办公厅印发《关于在外留学人员有关问题的通知》。《通知》指出，欢迎留学人员回国工作。公派在外学习人员有义务在学成之后回国服务。所有在外学习的人员，不论他们过去的政治态度如何，都欢迎他们回来。

8月29日，公安部印发《关于执行〈国务院办公厅关于在外留学人员有关问题的通知〉应注意事项的通知》。

8月8日，国家自然科学基金委印发《留学人员短期回国工作讲学专项基金实施办法》和《海外青年学者合作研究基金管理办法》。

8月12日，人事部印发《非教育系统留学回国人员择优资助经费有偿使用暂行办法》。

8月18日，人事部和国家教委联合印发《关于进一步争取优秀留学博士回国做博士后的通知》。

8月23日，海关总署印发《关于对在外留学人员回国携带进境行李物品给予优惠的通知》。

8月23日，国务委员兼国家教委主任李铁映在参加92’中国长春电影节期间，在与长春高校师生座谈时就出国留学工作发表了一系列看法，并首次提出我国留学工作的总方针应该是：“支持留学，鼓励回国，来去自由”。

10月12日，海关总署等七部委联合印发《关于回国服务的在外留学人员用现汇购买个人自用（免税）国产小汽车有关问题的通知》。

10月12日，江泽民在中国共产党第十四次全国代表大会报告中指出：“我们热情欢迎出国学习人员通过多种形式关心、支持和参加祖国的现代化建设。不论他们过去的政治态度如何，都欢迎回来参加社会主义建设，给予妥善安排，并

实行出入自由、来去方便的政策。”

10月24日，人事部、公安部、商业部联合印发《关于出国留学人员工作单位调整有关问题的通知》。

10月27日，上海市政府印发《上海市鼓励出国留学人员来上海工作的若干规定》。

11月5日，江苏省政府印发《关于鼓励在外留学人员为江苏经济建设服务的若干规定》。

11月27日，河南省政府印发《河南省鼓励出国留学人员来我省工作的暂行规定》。

12月，国家教委组建两个慰问团，分别前往美国和欧洲为在外留学人员进行慰问演出活动。

1993年

1月14日，英国驻华使馆文化处、教育处和国家教委留学生司举办留英回国人员迎春联谊会。

1月15日，国家教委举行记者招待会，有关负责人表示，我国将继续贯彻“支持留学，鼓励回国，来去自由”的方针，进一步放宽自费出国留学的政策，改进公费出国留学的选派工作，动员更多的留学人员回国工作。

1月17日，国家教委在北京举行留学回国人员春节联欢会。江泽民、胡锦涛、李铁映等国家领导人及社会各界知名人士与留学回国人员共400余人出席。李铁映代表党中央、国务院致辞，向留学回国人员和在国外学习的留学人员致以节日问候。江泽民主席即席发表谈话时表示，“欢迎更多的留学生学成归国”。

2月1日，司法部印发《关于鼓励留学归国人员从事律师工作的通知》。

2月13日，中共中央、国务院发布《中国教育改革和发展纲要》，首次正式提出，应“根据‘支持留学，鼓励回国，来去自由’的方针，继续扩大派遣留学生”。

2月25日，黑龙江省科委印发《黑龙江省留学回国人员科学研究资金项目管理暂行办法》。

3月6日，国家教委副主任王明达与乌兹别克斯坦共和国高等和中等专业教育部部长阿布杜拉耶夫签订相互承认高等教育学历证书（文凭）及学位的协议。

3月15日，李鹏总理在第八届全国人民代表大会政府工作报告中表示，对出国留学人员要实行“支持留学，鼓励回国，来去自由”的政策，欢迎他们采取多种方式参加祖国建设。

3月16日，国家教委留学生司就出国留学政策问题召开座谈会。首都部分高校及国务院部委有关负责同志参加座谈，并对出国留学工作提出了建议。

5月5日，国家教委主任朱开轩会见全日本中国学友会干部回国考察团全体成员。

5月18~31日，国家教委派出招聘团赴加拿大开展国外留学人员回国工作的招聘活动。参加招聘团的有上海、海南、深圳等省市，中国科学院、农业部、首都钢铁公司、北京大学、重庆大学等单位的人事工作干部。招聘团在加拿大7个城市召开16场招聘会或接待座谈会，接待2600多名留学人员。

5月19日，广西壮族自治区政府印发《关于欢迎出国留学、进修人员来广西工作的有关问题的通知》。

6月，教育部留学服务中心建立“留学人才与技术项目供需信息网”。

• 1997年1月20日，“留学人才与技术项目供需信息网”更名并升级为“中国留学网”。

6月24日，国家教委主管出国留学工作负责人就美国实施“1992年中国学生保护法”一事，向中国国际广播电台华语台记者发表谈话，阐述中国政府对法案的原则态度。

7月8日，国家教委、公安部和外交部联合印发《关于公民出国持用因私普通护照的通知》。

• 1997年1月8日，国家教委、公安部和外交部联合印发了《关于公派留学人员出国留学统一持用因私普通护照的通知》。

7月10日，国家教委印发《关于自费出国留学有关问题的通知》，对国家教委1990年《关于具有大学和大学以上学历人员自费留学的补充规定》进行重要修改。

8月11日，国家教委留学生司印发《关于启用〈留学回国人员证明〉的通知》。

10月8日，国家教委留学服务中心印发《留学人员回国工作和办理有关派遣手续的实施办法》。

10月23日，“欧美同学会”举行成立80周年庆祝大会。江泽民主席出席大

会并表示要继续执行“支持留学，鼓励回国，来去自由”的方针，把各项留学工作做得更好。党和人民热忱欢迎更多的留学人员回国服务。

11 月 14 日，中国共产党第十四届三中全会通过《关于建立社会主义市场经济体制若干问题的决定》。其中首次以中共中央文件的形式确立“支持留学、鼓励回国、来去自由”的出国留学工作方针。

12 月 30 日，国家教委主任朱开轩在《中国教育报》上发表题为《刻苦学习 报效祖国》的对海外留学人员的讲话。

1994 年

1 月 4 日，国家卫生检疫总局印发《关于进一步贯彻国办［1992］44 号文件（即《关于在外留学人员有关问题的通知》）的通知》。

2 月 1 日，国家教委在北京举行慰问留学回国人员新春文艺晚会。党和国家领导人胡锦涛、李岚清在晚会前接见 24 位有突出贡献的留学回国人员代表。

2 月 17 日，国家自然科学基金委印发《资助留学人员短期回国工作讲学专项基金管理办法》。

3 月 12 日，公安部印发《关于办理出国留学人员户口登记问题的通知》。

7 月 11 日，国务院印发《关于〈中国教育改革和发展纲要〉的实施意见》。

9 月，中国大陆第一个留学人员创业园——金陵海外学子创业园在南京成立。

10 月 14 日，人事部印发《资助留学人员短期回国到非教育系统工作暂行办法》。

11 月 21 日，为便于已加入外国籍或取得国外永久居留权的海外高层次留学人才回国工作，国务院办公厅转发人事部、财政部印发的《关于来华定居工作专家工作安排及待遇等问题的规定》。

- 1995 年 3 月 27 日，人事部、国家教委和外交部印发《关于回国（来华）定居专家工作有关问题的通知》。

11 月 26 日，国家教委发布《中外合作办学条例》。

1994 年度，中科院设立“百人计划”。截至 2002 年 9 月，先后有 839 人入选，其中 95% 以上有在国外留学经历。

1995 年

1 月，《神州学人》杂志创办电子版。

1 月 19 日，国家教委致电向在日本兵库县发生强烈地震而遇难、受伤或受灾的中国留学生及其家属表示哀悼和慰问。

1 月 20 日，国家教委在人民大会堂举行“95’新春音乐会”，慰问留学回国人员。

1 月 20 日，国家教委、国务院宗教局和公安部联合印发《关于严格控制外国宗教组织在华招收自费生有关问题的通知》。

1 月 26 日，国家教委外事司印发《关于加强〈留学回国人员证明〉管理有关问题的通知》。

1 月 26 日，国家教委发布《中外合作办学暂行规定》。

2 月 15 日，国务院新闻办举行记者招待会，邀请国家教委副主任韦钰就《中外合作办学暂行规定》答中外记者问。

4 月 4 日，国家教委印发《改革国家公费出国留学选拔管理办法的方案》。

4 月 12～18 日，国家教委副主任张孝文率教育代表团访问日本期间，代表国家教委、全国教育系统师生前往日本遭受地震灾害的神户地区看望中国留日学生，并向留日学生遇难者及家属表示哀悼和慰问。

4 月 27 日，李岚清副总理在人民大会堂接见优秀留美人员。

5 月 8～24 日，国家教委组织中国留德学人回国考察团到各地考察与洽谈。

5 月 6 日，中共中央、国务院颁布《关于加速科学技术进步的决定》，首次提出在全国实施“科教兴国”的战略。

5 月 30 日至 6 月 1 日，中国留学服务中心召开首次留学服务工作会议。

6 月 2 日，国家教委印发《关于在美留学人员申办豁免事宜的通知》。

6 月 5～8 日，国家教委副主任韦钰在英国出席“中英友好奖学金第十次计划委员会会议”，并代表国家教委与英国外交部签署了中英教育科技交流计划（1995～1998 年）。

7 月 10～14 日，国家教委在北京召开部分驻外使领馆教育参赞工作会议。会议研究和交流了在外留学人员工作的问题，并着重研究了如何做好留学人员回国服务的问题。李岚清副总理在中南海与参加会议的教育参赞座谈，就留学生工

作和教育对外交流工作中的一些具体问题发表意见。

11月14～16日，人事部在北京召开全国人事系统留学回国人员工作会议。国务委员李贵鲜出席会议并发表讲话。人事部部长宋德福发表《充分开发利用留学人才资源》的工作报告。

1996年

1月22～24日，国家公费出国留学选派工作会议在北京举行。国家教委公布关于国家公费出国留学人员选派管理工作的改革方案，并决定于1996年内在全国试行。

2月6～8日，国家教委和人事部在清华大学联合召开全国留学回国人员代表成果汇报暨慰问活动。202名留学回国人员应邀出席。

4月25日，国家教委外事司设立旨在鼓励并适当资助在外高层次留学人员短期回国工作或服务的“春晖计划项目”，并印发《资助海外留学人员短期回国工作专项经费实施办法》。

5月10日，国家教委印发《中外合作举办教育考试暂行管理办法》。

6月13日，文化部印发《文化部优秀海外留学归国人才专项专业技术职务岗位限额管理办法》。

6月20日，中编办批准设立国家留学基金管理委员会。

7月9日，浙江省政府办公厅印发《浙江省鼓励出国留学人员来浙江工作的意见》。

7月23～25日，欧美同学会在北京召开“21世纪中国：新一代留学生”研讨会。全国人大常委会副委员长、欧美同学会会长吴阶平在开幕式上致词，国家教委副主任韦钰出席开幕式并讲话。

7月23日，中共中央总书记、国家主席江泽民在人民大会堂会见参加“21世纪中国：新一代留学生”研讨会的代表并发表讲话，指出党和人民对广大留学生寄予厚望，希望海外的留学人员关心祖国的改革和建设事业，继续通过各种方式和途径，为祖国的繁荣和发展作出贡献。截止2009年，欧美同学会每年或隔年在世界不同城市连续举办了10届以发挥留学人员作用为主要内容的“21世纪中国”系列研讨会。

8月21日，人事部印发《“九五”期间人事系统留学人员工作规划》。

10月，国家留学基金管理委员会制订《资助出国留学协议书》，并与司法部公证司联合印发《（资助出国留学协议书）公证的通知》。

10月29日，国家留学基金管理委员会第一次全体委员会议举行。会议讨论并原则通过《国家留学基金管理委员会章程（草案）》。

11月3日，国务院副总理李岚清访问英国期间在伦敦接见中国留学生代表。

11月13日，国家主席江泽民在北京会见旅外青年学者团体负责人回国访问团成员。访问团的48名成员分别来自美国、加拿大、日本、澳大利亚等国，均为20世纪80年代出国的留学人员。

12月23日，国家教委印发《关于做好国家公费留学改革后派出人员国外管理工作的通知》以及《国家留学基金资助人员国外管理若干问题的规定》。

12月25日，1997年国家公费出国留学选派工作会议在北京召开。会议决定，在1996年国家公费留学选派工作改革方案全面试行并取得初步成果的基础上，在1997年内进一步深化改革，完善相关政策和管理办法。

1997年

1月21～23日，国家教委和人事部联合召开全国留学回国工作会议，教育部副部长韦钰院士发表《再创新局》的工作报告。国务院副总理李岚清会见会议代表时表示，我们热情欢迎更多的在外留学人员回国工作或以多种方式为祖国的现代化建设做贡献。

2月23日，第一位以国家留学基金资助方式派出的留学人员、长春水利电力高等专科学校的景志华从英国学成回国。

4月11日，国务院学位委员会办公室发文指出，未经批准，任何单位和个人不得举办授予境外学位的中外合作办学活动，所授境外学位国家不予承认。国务院学位办将定期公布获得批准的授予境外学位的中外合作办学项目清单，以便于加强管理和监督。

5月8日，民政部和外交部联合印发《出国人员婚姻登记管理办法》。

6月6日，公安部六局印发《关于留学人员在国外所生子女回国后办理户口登记等手续事》的文件，并重新印发《关于我国留学人员在国外所生子女回国落户有关手续的通知（1991）》。

6月30日午夜至7月1日凌晨，中英两国政府香港政权交接仪式在香港举

行。从即日起内地赴港学习人员不再被称为“出国留学人员”。

7月31日，1997年国家公费出国留学人员选拔工作结束。共有3420名初审合格申请者，比1996年增加了1000人。选拔录取工作保证了国家急需，并体现了国家对边远、少数民族地区的适当倾斜政策。

7～8月，在国家教委、甘肃省政府和中国驻法使馆教育处的共同组织下，25名留法学者组成的“留法学者参加西部建设小组”在甘肃进行科技项目的对口洽谈与交流活动。

8月20日，国家教委印发《关于进一步加强国家留学基金资助留学人员国外管理工作的通知》。

9月2日，在美新泽西州医科大学留学的中国博士生崔剑平为营救一名落水中国学生不幸遇难。

9月12日，江泽民总书记在中共十五大报告中表示，要鼓励留学人员回国工作或以适当方式为祖国服务。

9月17日，教育部留学服务中心成立留学人员档案管理工作办公室

9月，沈殿成主编《中国人留学日本百年史1896～1996》由辽宁教育出版社出版；该书约76万字，由日本国际交流基金出资赞助。

10月20日，国家留学基金委秘书处设立留学回国人员科研资助费项目。

11月21日，按国家公费出国留学改革新办法派出的留学人员中第一位未能按期回国的人员，按照出国前签订的协议履行了赔偿义务。

12月9日，公安部六局印发《关于办理（留学人员）退籍手续有关问题的复函》。

第三个十年（1998～2007年）

1998年

1月2日，国家教委、人事部、解放军总政治部、广播电影电视部在中国剧院联合举办慰问优秀留学回国人员的新春文艺演出活动。

2月，国家留学基金资助的赴美留学人员苏晓庆教授作为贵州省的全国人大代表，在留学期间由国家留学基金资助回国参加第九届全国人民代表大会。

2月26日，国家有关部委事业单位和地方政府职能部门联合共建苏州留学人员创业园挂牌。

5月26～27日，人事部流动调配司与山东省人事厅在烟台举办留学回国人员工作站首届联谊会。

6月15日，教育部副部长韦钰会见参加海内外青年制造科学会议暨第三届吴贤铭制造科学研究会，赴京参观制造企业及进行学术交流的35名留学人员，表示教育部愿以多种渠道和形式支持留学人员为国服务。

6月22日，国家留学基金管理委员会召开座谈会和研讨会，纪念邓小平关于扩大派遣留学生讲话20周年。

7月27～29日，首届中华学人与21世纪上海发展国际研讨会举行。其后约每年举行一次"中华学人与21世纪上海发展"系列国际研讨会。

8月4日，教育部印发《高等学校特聘教授岗位制度实施办法》，决定与香港爱国实业家李嘉诚及其领导的长江基建（集团）有限公司共同筹资设立"长江学者奖励计划"。

10月6日，国务院副总理李岚清在北京会见我国赴11个国家的36名留学人员，并同他们座谈。

10月28日，教育部部长陈至立与白俄罗斯教育部长斯特拉热夫签署《中华人民共和国政府和白俄罗斯共和国政府关于相互承认学历证书的协议》。

12月28～30日，广州市政府举办第一届中国留学人员广州科技交流会举行。其后每年12月28日～30日如期举行"广州留交会"。教育部、科技部、人事部和中科院等国务院部委先后被列为共同主办单位。截至2011年12月28～30日，广州市政府已连续举办了14届"广州留交会"。

1998年度，国务院侨办支持创建武汉留学生创业园，并于2000年确定武汉留学生创业园为"国侨办引智引资重点联系单位"。

1998年度，教育部建立国家留学网。人事部建立中国留学人才信息网。

1999年

1月13日，国务院批转教育部实施的《面向21世纪教育振兴行动计划》，把出国留学工作安排在比较重要的位置。

- 9月，国家留学基金管理委员会执行《面向21世纪教育振兴行动计划》

中的国际交流项目。

2月1日，辽宁省政府印发《辽宁省鼓励留学人员来辽工作暂行规定》。

2月3～4日，全国留学回国成果汇报会在北京举行。教育部邀请1995年前后陆续回国的105名优秀留学回国人员与会交流回国后工作或创业经验；教育部副部长韦钰出席会议开幕式并做了《做好留学工作为科教兴国服务》的会议主题报告。

● 2月4日，国务院副总理李岚清会见出席会议的代表；教育部部长陈至立向海内外全体中国留学人员发表一九九九年新春贺词——《团结奋进，共创未来》；国务院副秘书长徐荣凯和科技部部长朱丽兰等参加了4日的会议；教育部国际司司长李东翔是本次会议的主要组织者和领导者。

3月19日，IBM（国际商业机器中国有限公司）与国家留学基金管理委员会联合设立的"IBM中国优秀学生奖学金"的合作协议文本交换仪式及首届奖学金颁奖仪式在北京举行。

5月14日，广东省政府印发《关于鼓励出国留学高级人才来粤创业的若干规定》。

5月19日，北京市科干局印发《北京市留学人员身份认定办法》。

5月21日，教育部印发《国家留学基金管理委员会章程》。

5月25日，教育部印发《关于调整国家公派留学人员在部分国家的奖学金资助标准的通知》。

5月25日，美国众议院特别委员会公布所谓中国"窃取"美国核技术事件的报告——《考克斯报告》，在美国民众最为关切的国内安全问题上捏造谎言，攻击中国，对中美关系造成极大伤害，给中美教育交流带来不良影响。

7月15日，教育部印发《自费出国留学人员偿还的高等教育培养费管理使用办法》。

7月，科技部火炬高技术产业开发中心和人事部专业技术人员管理司在天津召开海外学人科技创业园工作座谈会。

● 2000年10月26～27日，科技部火炬高技术产业开发中心在成都召开第一届全国留学人员创业园网络年会。

8月24日，教育部、公安部、国家工商行政管理局以第5号令和第6号令的形式印发《自费出国留学中介服务管理规定》和《自费出国留学中介服务管理规定实施细则》。

9 月，国家留学基金管理委员会受教育部委托，负责执行著名美籍华人王嘉廉捐赠设立的“新闻奖学金项目”。

10 月 1 日，数百名在外留学人员代表应教育部和国侨办等单位邀请在天安门观礼台参加首都各界庆祝中华人民共和国成立 50 周年大会等国庆观礼庆典活动。

12 月 3 日，国家宗教事务局印发《关于转发〈中国基督教选派及培训神学毕业生出国留学试行办法〉的通知》。

12 月 13 日，海关总署印发《关于对留学回国人员携带行李物品验放问题的通知》，对原有规定及审批办法予以调整。

12 月，教育部编印《学子风华（1～2）——优秀留学回国人员业绩录》由中央编译出版社出版。

1999 年，第一届留学中国教育展在日本举行。

2000 年

1 月 1 日，财政部、教育部决定提高赴突尼斯、埃及、蒙古、巴基斯坦、泰国、老挝、尼泊尔、约旦、斯里兰卡、孟加拉、越南、印度、缅甸、以色列、摩洛哥、菲律宾等亚非 16 个国家的中国国家公派留学人员奖学金标准。

1 月 3 日，教育部印发《关于妥善解决优秀留学回国人员子女入学问题的意见》。

1 月 13 日，教育部办公厅印发《关于进一步加强“长江学者奖励计划”海外宣传力度及协助做好有关特聘教授受聘后管理工作的通知》。

1 月 15 日，教育部印发首批“自费出国留学中介服务机构资格认定书”。

1 月 17 日，国务院学位委员会和教育部联合印发《关于同意“教育部留学服务中心”和“全国学位与研究生教育发展中心”开展外国学位证书认证咨询工作的通知》。

1 月，李滔主编《中华留学教育史录：1949 年以后》由高等教育出版社出版。全书辑录了 1949～1993 年期间有关出国留学工作约 500 多篇文献，约 115 多万字。

2 月 22～23 日，教育部召开第一次全国教育外事工作会议。会议总结了改

革开放20年来出国留学工作的成绩并确定了今后5年出国留学工作的基本内容。

3月，国务院决定实施西部大开发战略，其中要求各地各部门采取或制定相应措施，吸引、鼓励、推动和支持在外留学人员特别是尖子人才积极参与西部大开发，在西部创业。

5月17日，江泽民接受美国《科学》杂志专访，充分肯定改革开放以来出国留学人员的贡献。

6月8日，中共中央和国务院批准人事部印发《关于鼓励海外高层次留学人才回国的意见》。

6月21日，科技部、人事部和教育部联合印发《关于组织开展国家留学人员创业园示范建设试点工作的通知》。

6月29日至7月1日，辽宁省政府策划和创办的第一届中国海外学子辽宁（大连）创业周举行。

7月5日，人事部、科技部、教育部、财政部、国家计委、中国科协、国家自然科学基金委员会发出《关于批准1999年度“百千万人才工程”第一、二层次人选及做好有关工作的通知》。

7月17日，教育部印发《关于调整国家公派留学人员在英国等国家的奖学金资助标准的通知》。

7月31日，公安部印发《关于为高科技人才、投资者等外籍人员提供入境、居留便利的通知》；外交部印发《关于为来华外籍专业人才提供入出境方便的暂行办法》和《关于进一步简化外籍专业人才来华手续的规定》。

10月9～11日，中共十五届五中全会通过的《中共中央关于制定国民经济和社会发展第十个五年计划的建议》中提出，采取多种措施吸引和聘用海外高层次人才；继续实行“支持留学，鼓励回国，来去自由”的方针，鼓励留学人员回国工作或以适当方式为祖国服务。

10月20日，教育部印发《关于调整国家公费留学人员在哥伦比亚奖学金资助标准的通知》。

10月26日，科技部、人事部和教育部联合印发《关于确定北京、上海等（11家）留学人员创业园为国家留学人员创业园示范建设试点的通知》。

11月27日，根据国务院9月11日《关于加强出入境中介活动管理的通知》的精神，公安部、教育部、劳动和社会保障部、国家工商行政管理局联合印发

《关于清理整顿出入境中介机构的通知》。

12月31日，中共中央印发《关于加强统一战线工作的决定》。《决定》将出国和归国留学人员明确为新世纪新阶段的统战工作对象。其后，中央统战部加强了对欧美同学会的指导，成立了欧美同学会·中国留学人员联谊会党组。

2001年

1月15日，人事部印发《留学人员创业园管理办法》。

春季~秋季，教育部国际司和财务司启动并委托北京大学和中山大学开展改革开放以来公派留学效益研究课题。

3月5~15日，朱镕基总理在九届全国人大四次会议所作报告中表示，吸引聘用海外高级专门人才，鼓励留学人员回国工作或以适当方式为祖国服务；并在记者招待会上再次强调，我们决定要从海外我们的留学生中吸引和利用人才，引进这些人才的重点，是那些开放程度越来越大、竞争越来越强烈的部门。

3月，《全国教育事业"十五"计划》的编制工作完成，其中提出要扩大派出留学人员的规模。

4月6日，人事部印发《留学人员科技活动项目择优资助经费申请与管理办法》。同时宣布此前陆续印发的《关于非教育系统留学回国人员科技活动择优资助经费管理办法（1990年）》、《非教育系统留学回国人员择优资助经费有偿使用暂行办法（1992年）》、《资助留学人员短期回国到非教育系统工作暂行办法（1994年）》、《关于重点资助优秀留学回国人员开展科技活动的通知（1995年）》等4个文件予以废止。

4月，国家留学基金管理委员会设立西部地区人才培养特别项目。

5月14日，人事部、教育部、科技部、公安部和财政部联合印发《关于鼓励海外留学人员以多种形式为国服务的若干意见》。

5月20~23日，全国出国留学工作研究会2001年年会暨十周年纪念会召开。

6月8日，科技部、人事部、教育部和国家外专局联合印发《关于确定天津、沈阳等（10家）留学人员创业园为国家留学人员创业园示范建设试点的通知》。

6月28日，国务院侨办、湖北省政府和武汉市政府联合举办以开发"留学人才资源"为主要内容的"第一届华侨华人创业发展洽谈会"——"华创会"。从2006年第六届华创会开始连续举行四届"海外人才与中国发展国际学术研讨

会”。

7月，教育部国际司编辑《出国留学工作手册（2001年版）》由北京语言文化大学出版社出版发行。该书收录了1986～2000年期间涉及出国留学工作主要问题的政策性文件79篇；全书230多页，约13余万字。

11月30日，国家外国专家局在深圳举办中国国际人才交流大会。大会设有留学人员项目推介和海外人才招聘会等板块以及国际人才论坛。

12月23～27日，团中央、全国青联、欧美同学会和中国留日总会联合举办科技创业、报效祖国——海外学人回国创业周活动。

2002年

1月4日，教育部国际司印发《关于办理高层次海外留学人才身份证明的通知》。

1月25日，教育部、公安部、外交部发出《关于在校学生短期出国持用因私护照有关事项的通知》。

3月16日，朱镕基总理在九届人大五次会议上所作的政府工作报告中表示，进一步采取有效措施，吸引和聘用海外高级人才，鼓励留学人员回国创业。

4月9日，教育部部长陈至立与德国外交部国务部长弗尔马签署《中华人民共和国政府和德意志联邦共和国政府关于互相承认高等教育等值的协定》。

4月29日，国务院办公厅转发公安部、外交部、教育部、科技部、人事部、劳动和社会保障部、外经贸部、国务院侨办和国家外国专家局同年3月26日联合制定的《关于为外国籍高层次人才和投资者提供入境及居留便利的规定》。

5月7日，中办、国办印发《2002～2005全国人才队伍建设规划纲要》，其中首次提出实施“人才强国战略”。

5月23日，人事部、科技部、教育部、财政部、国家发展计划委员会、国家自然科学基金委员会、中国科学技术协会等7部门联合印发《新世纪百千万人才工程实施方案》。选拔对象包括回国工作的海外高层次留学人员。

6月24日，教育部部长陈至立与吉尔吉斯教育文化部长博尔朱洛娃签署《中华人民共和国政府和吉尔吉斯共和国政府关于互相承认学历、学位证书的协定》。

7月3～5日，教育部召开全国教育外事工作会议。国家公派留学改革、规范留学中介等问题是会议重要议题。

7月，教育部公布中国留学生较多的26个国家中13000多所国外正规院校名单。

8月13日，国家计生委印发《出国留学人员生育问题规定》。

8月26日，人事部印发《人事部与地方人民政府共建留学人员创业园的意见》。

9月1日，教育部国际司印发《关于启用教育部〈留学回国人员证明〉专用印章的通知》。

9月28~30日，中华海外联谊会和欧美同学会联合召开第一届海外留学人员团体负责人代表座谈会。

10月1日至2009年2月，英国驻华使馆文化教育处编撰《英国留学指南2003》——《英国留学指南2009》由中国大百科全书出版社按年度连续出版。

10月17日，教育部办公厅印发《关于吸引海外留学人员为西部服务，支持西部建设有关工作的函》。

10月25日，教育部、公安部和国家工商行政管理总局联合印发《关于进一步规范自费出国留学中介活动秩序的通知》。

2003年

1月18日，人事部印发《关于开展高层次留学人才回国资助试点工作的意见》。

1月23日，《中国留学生创业》杂志（月刊）创刊。

1月24日，胡锦涛总书记视察北京中关村科技园并接见留学人员代表。

2月12日，教育部印发《关于简化大专以上学历人员自费出国留学审批手续的通知》。

2月19日，国务院第68次常务会议审议并原则通过《中华人民共和国中外合作办学条例（草案）》。

• 3月1日，国务院总理朱镕基签署国务院令第372号，发布《中华人民共和国中外合作办学条例》，并自2003年9月1日起施行。

2月19日，人事部、教育部、科技部、财政部等12个部委联合印发《留学人员回国服务工作部际联席会议制度》。

● 2月27日，经国务院同意，国务院办公厅印发《国务院办公厅关于转发人事部教育部科技部财政部等12个部委〈留学人员回国服务工作部际联席会议制度〉的通知》。

● 12月1日，经国务院批准，国务院侨办也成为该联席会议组成的成员单位，中国侨联则为列席会议的单位。

2月23日，教育部部长陈至立与英国教育与技能终身教育和高教国务大臣玛格丽特·霍奇签署《中华人民共和国政府和大不列颠及北爱尔兰联合王国政府及托管政府关于相互承认高等教育学位证书的协议》。

3月1日，新疆维吾尔自治区科技厅、人事厅印发《关于在乌鲁木齐市鼓励留学人才入驻创业园创业的若干规定（试行）》。

3月20日至4月18日，中国国家博物馆举办《求学海外建功中华——百年留学历史文物展》，这是新中国成立以来举办的第一个以近现代留学历史为题材的大型展览。

3月21日，国家人口和计划生育委员会办公厅印发《对〈关于出国留学人员、华侨身份界定及相关问题的请示〉的批复》。

3月，《回国五十年——建国初期回国旅日华侨留学生文集》由台海出版社出版。

4月1日，海关总署监管司印发《关于启用“中华人民共和国教育部留学人员认证专用章”的通知》。

4月10日，教育部国际司编印《留学回国工作文件汇编》。该书收录了1986年至2003年4月期间有关留学回国工作和为国服务等方面的政策性文件180余篇；全书390多页，约70余万字。

5月23日，中央政治局召开人才工作会议。会议批准于6月9日成立“中央人才工作协调小组”。

6月23日，为帮助自费出国留学人员正确选择国外学校，加强对自费留学中介活动的监管，教育部通过教育涉外监管信息网（www. jsj. edu. cn）和中国留学网（www. cscse. edu. cn），首次公布了美国、英国、丹麦、南非、挪威、马来西亚、爱尔兰、荷兰、希腊、塞浦路斯等10个国家的3000所正规学校名单。

7月16日，教育部部长专题办公会审议并批准通过“高级研究学者”、“研究生选派项目”和“国家优秀自费留学生奖学金”三个出国留学项目的立项。

周济部长提出要实施“三个一流”的选派方针，即“选拔一流的学生、派往国外一流的学校、师从世界上一流的导师”。

8月31日，上海市启动“万名海外留学人才集聚工程”项目，并通过“21世纪人才网”向海外留学人员发布1000个招聘岗位目录。

9月22日，经中央机构编制委员会办公室批准，欧美同学会增冠“中国留学人员联谊会”的称谓。

9月30日，经中共中央、国务院批准，中组部、中宣部、统战部、人事部、教育部和科技部联合召开“全国留学回国人员先进个人和先进工作单位表彰大会”。

10月8日，欧美同学会举行成立90周年庆祝大会。中共中央总书记、国家主席胡锦涛出席大会并发表讲话，号召广大留学人员要把自己的前途命运同党和国家的前途命运紧紧联系在一起，与时俱进、发愤学习，为国服务、建功立业，心系祖国、热爱祖国，积极为全面建设小康社会贡献智慧和力量。

10月8日，欧美同学会·中国留学人员联谊会举行第一届中国留学人员回国创业与发展论坛。

- 2005年11月25日~26日，第二届中国留学人员回国创业与发展论坛举行。
- 2006年10月28日，第三届中国留学人员回国创业与发展论坛举行。
- 2007年10月28日，第四届中国留学人员回国创业与发展论坛举行。
- 2010年6月27日，第五届中国留学人员回国创业与发展论坛举行。
- 2011年8月25日，第六届中国留学人员回国创业与发展论坛举行。

10月22日，教育部部长周济与加拿大政府代表续签《关于中国——加拿大学者交换项目的谅解备忘录》。

10月24日，中国与澳大利亚签署《关于相互承认高等教育学历和学位的协议》。

10月26日，中国教育部与新西兰教育部签署《关于在高等教育领域内相互承认学历和学位的协议》。

11月18日，教育部批准在教育部留学服务中心设立港澳台地区学历学位认证办公室。

11月24日，俄罗斯莫斯科卢蒙巴各族人民友谊大学一留学生楼发生火灾，

造成34名中国留学生受伤，十余人遇难。

11月，人事部在财政部支持下，设立了“海外高层次留学人才引进专项经费”项目。

12月26日，中共中央、国务院印发《关于进一步加强人才工作的决定》。

12月30日，逄丹、陈昌贵、魏祖钰、赵峰等主编《中国当代留学回国人员大典（第1卷）》由中国档案出版社出版。

2003年度，国家留学基金委在财政部的支持下，对到85个国家留学的公派留学人员奖学金标准进行大幅度提高。

2003年度，2003年公派留学做出两项重要调整：一是为充分发挥国家留学基金效益，确定重点支持的七大领域；二是对留学人员类别进行了调整，设立“高级研究学者”，并将传统的“普通访问学者”和“高级访问学者”合并为“访问学者”。

2004年

2月5日，教育部公布270家自费出国留学中介机构核心资质情况。

2月9日，中国科协启动“海外智力为国服务行动计划”。

2月29日至3月2日，中宣部、人事部、教育部、科技部联合举办的“中国留学人员回国创业成就展”。

3月26日，教育部和国家工商行政管理总局联合印发《自费出国留学中介服务委托合同》的示范文本并在全国推广使用。

5月7~10日，教育部副部长章新胜赴伦敦，陪同温家宝总理与中国留英尖子人才座谈；其间签署中英两国教育部关于设立高层次人才联合奖学金的联合声明。

6月10日，教育部印发《高等学校“高层次创造性人才计划”实施方案》和有关实施办法。

7月11日，教育部部长周济与香港特区教育统筹局局长李国章签署《内地与香港关于相互承认高等教育学位证书的备忘录》。

8月12日，教育部印发《关于做好中外合作办学机构和项目复核工作的通知》。

8月15日，公安部、外交部发布第74号令，印发并实施《外国人在中国永久居留审批管理办法》，实施中国“绿卡”制度，以吸纳外籍人才。该《办法》于2003年12月13日经国务院批准。

9月1日，“国家优秀自费留学生奖学金”项目试点工作开始实施。

• 2005年8月25日，国家留学基金管理委员会印发《国家优秀自费留学生奖学金实施细则（试行）》。截止2008年底该项目共资助约1400余人，资助范围涉及在32个国家自费留学的中国博士生。

9月22～27日，教育部副部长章新胜与奥地利联邦教育、科学与艺术部部长盖勒和奥地利研究委员会副主任波恩签署《关于资助联合奖学金的双边合作备忘录》。

9月28日，国家留学基金委秘书处与河南省教育厅签署《合作资助出国留学人员项目协议书》。此前，国家留学基金委秘书处自1997年开始，已先后与江苏、湖北、山东、北京、辽宁、湖南、河北、青海等地方政府开展合作培养留学人才项目。

9月28日，部分留学回国人员在中共上海市委组织部支持下创建民办中国（上海）留学生博物馆。

10月13日，教育部印发《关于启用〈中外合作办学许可证〉和〈中外合作办学项目批准书〉等的通知》。

10月17日，教育部部长周济与奥地利教育、科学与文化部部长伊丽莎白·盖勒女士签署《关于相互承认高等教育等值的协定》。

10月，《中国青年报》社会调查中心受有关方面委托进行“海归搜索行动——海外留学与归国人员现状大调查”活动。

12月20日，中华全国青联留学人员联谊会在北京成立并举行“2004海外学人回国创业论坛”等一系列交流和联谊活动。

2005年

1月9日，国家留学基金管理委员会“青年骨干教师出国研修项目”签约仪式在湖北武汉举行。根据教育部“高层次创造性人才计划”的部署，国家留学基金管理委员会设立了“长江学者和创新团队发展计划”及“新世纪优秀人才支持计划”入选者出国研修项目和“青年骨干教师出国研修项目”。

1月12日，教育部部长周济代表中国政府签署《中华人民共和国政府和葡

萄牙共和国政府关于相互承认高等教育学历、学位证书的协定》。

1月19日，教育部部长周济与爱尔兰教育科学部部长签署两国教育部关于相互承认高等教育学历学位证书的联合声明。

1月20日，教育部部长周济签署《中华人民共和国教育部与加拿大农业和农业食品部关于科研与人才培养合作的谅解备忘录》。

2月，人事部编辑《爱国奉献拼搏进取——全国留学回国人员先进个人和先进工作单位资料汇编》，由中国人事出版社出版。

3月22日，人事部、教育部、科技部和财政部会同全国留学人员回国服务工作部际联席会议成员单位共同制定并联合印发《关于在留学人才引进工作中界定海外高层次留学人才的指导意见》。

3月25日，教育部副部长张保庆代表中国政府与日本驻华大使阿南惟茂签署了日本政府对华文化（东北师范大学中国赴日本国留学生预备学校）无偿援助政府换文。

4月5～12日，教育部部长周济签署选派100名中国软件专业学生赴印度INFOSYS公司实习协议。

4月16日，中美富布赖特在华项目25周年纪念大会在北京举行。该项目实施25年来，共有591名中方学者到美国留学或进修。

5月30日，教育部部长周济与荷兰王国教育、文化和科学部部长范德胡芬签署《中华人民共和国政府与荷兰王国政府关于相互承认高等教育学位证书及入学的协议》。

7月4日，教育部部长周济与意大利教育、大学和研究部部长莫拉蒂女士签署关于互相承认高等教育学位的协议。

9月23日，教育部部长周济与加拿大魁北克省省长让·夏雷签署《关于相互承认学历、学位和文凭的合作协议》。

9月30日，国家留学基金管理委员会秘书长张秀琴与英国剑桥大学校长Alison Richard教授、剑桥大学海外基金会会长Anil Seal博士在英国联合签署谅解备忘录，设立国家留学基金管理委员会/剑桥奖学金，资助中国学生到剑桥大学攻读博士学位。

10月，刘晓琴著《中国近代留英教育史》由南开大学出版社出版，全书40万字。

11月9日，教育部部长周济与加拿大安大略省省长道尔顿·麦坚迪签署《关于互相承认高等和高中后教育的谅解备忘录》。

11月22日，四川省海外留学人员工作厅际联席会议第一次会议召开。会议通过《四川省海外留学人员工作厅际联席会议工作规程》（讨论稿）。

12月，教育部国际司批复同意驻美使馆教育处“关于修订《J-1签证豁免申请办法》，进一步简化豁免审批工作的请示”。

12月，教育部国际司有关处室组织编纂《自费出国留学指南》由高等教育出版社出版发行。该书收录了1999~2005年涉及自费出国留学中介管理的5篇文件，全书约40余万字。

2005年度，中央人才工作协调小组印发《2005年工作要点》提出，加大吸引留学和海外高层次人才工作力度；开展调查研究，提出对策措施，制定出台选拔优秀留学回国人员担任领导职务的意见、国有企事业单位和国家机关选聘外籍高层次人才有关问题的意见；研究制定引进海外杰出人才暂行办法；加强海外引才引智工作。

2006年

2月7日，教育部印发《关于当前中外合作办学若干问题的意见》。

2月9日，国务院印发《国家中长期科学和技术发展计划纲要（2006~2020年)》，其中第十部分“人才队伍建设”中提出，要加大吸引留学和海外高层次人才工作的力度。

3月17日，《中华人民共和国国民经济和社会发展第十一个五年计划纲要》公布，其中提出，要“鼓励和引导海外留学人员回国工作、为国服务。积极引进海外高层次人才。”

3月19日，教育部部长周济在教育改革与发展讨论会上指出，派出大量留学生到海外学习是一个重要的决策；要扩大留学生数量，更要提高留学生出国留学的质量，为国家储备更多的人才；我国要选派一流的学生，到一流的国家，师从一流的老师，把沉重的人口压力转化为巨大的人力资源优势。

3月23日，中国教育部与法国教育部、外交部在巴黎宣布，中法双方正式创立中法联合博士生学院。

4月5日，中英两国教育部启动“中英卓越奖学金计划”。

4月17日，国家留学基金委秘书处与黑龙江省教育厅签署开展高层次人才海外培养合作项目的协议。

4月18～22日，教育部部长周济与美国副国务卿休斯女士续签《中华人民共和国政府和美利坚合众国政府教育交流合作的协定》。

4月，欧美同学会编印《中国留学生留日110周年纪念会文集》。

5月，辛铁樑主编《留学人员北京创业服务指南》由北京出版社出版。

7月7日，教育部发起组织教育部留学服务中心、科技部火炬高技术产业开发中心、广州留学人员科技交流会组委会办公室和威海经济技术开发区管委会共同主办了首届"春晖杯"创业大赛。

● 2007年第二届、2008年第三届、2009年第四届和2010年第五届和2011年4月第六届"春晖杯"创业大赛均取得了圆满成功。

7月19日，中科院印发《关于引进国外杰出人才和招聘海外知名学者的管理办法》。

7月，古巴政府单方奖学金项目设立。该项目在中国12省区市招收攻读学士学位留学生，项目设置西班牙语、旅游、教育学、医学和护理学等五个专业。

7月，姜新、小雨著《江苏留学史稿》由吉林人民出版社出版。

9月1日，教育部考试中心"新托福"即托福网考准备工作就绪，并于9月15日开始托福网考报名。

9月12日，教育部新增公布意大利、奥地利、比利时、保加利亚、匈牙利、俄罗斯、西班牙、乌克兰、波兰、埃及、菲律宾、泰国12个中国公民主要留学国家的部分学校名单。

10月18日，美国《星岛日报》报道，中国教育部授权纽约中国留学服务中心开始向在美中国留学人员提供学位学历认证服务，成为中国首家在境外提供此项服务的机构。

11月15日，人事部印发《留学人员回国工作"十一五"规划》。

11月21日，教育部部长周济与加拿大不列颠哥伦比亚省省长金宝尔签署《关于相互承认高等/高中后教育的谅解备忘录》。

12月7日，2007年国家公派出国留学选派工作会议在北京召开。

12月26日，海关总署印发《中华人民共和国海关对高层次留学人才回国和海外科技专家来华工作进出境物品管理办法》，并于12月31日印发了《关于实施〈中华人民共和国海关对高层次留学人才回国和海外科技专家来华工作进出境物品管理办法〉有关问题的通知》。

2007年

1月5日，国务院批准设立国家建设高水平大学公派研究生项目。

1月20日，国防部外事办公室发表《改革开放以来的中国对外军事交流与合作》的文章，披露改革开放以后先后派遣军事留学生2000多名。

1月25日，中国留学人才发展基金会在民政部注册登记。

2月1日，教育部长周济与法国国民教育、高教和科研部部长德罗比安在北京签署《关于签订新的学位、文凭互认协议的意向书》。

• 11月26日，教育部部长周济与法国驻华大使苏和共同签署了《中华人民共和国教育部与法国青年、国民教育和科研部高等教育学位和文凭互认行政协议》。

2月15日，人事部、教育部、科技部、财政部、外交部、国家发展改革委、公安部、商务部、人民银行、国资委、国务院侨办、中科院、国家外专局、海关总署、税务总局、工商总局等16个留学人员回国服务工作部际联席会议成员单位的部委以及有关部门共同制定并联合印发《关于建立海外高层次留学人才回国工作绿色通道的意见》。

2月16日，全国人大常委会副委员长、欧美同学会·中国留学人员联谊会会长韩启德录播的《致海内外留学人员新春慰问信》并用38种外语和5种中国方言对外播放。

3月2日，教育部印发《关于进一步加强引进海外优秀留学人才工作的若干意见》。

4月16日，人事部与湖南省政府宣布共建中国长沙留学人员创业园。

4月27日，第十届全国人大常委会第27次会议决定，任命留德回国人员万钢为科技部部长。

5月11日，教育部留学服务中心创办中国留学人才市场，并依托中国留学英才网为留学回国人员求职提供双向选择信息服务平台。

5月15日，中国教育部与加拿大艾伯塔省签署《关于相互承认高等和高中后教育的谅解备忘录》。

5月28日，中国与泰国两国教育部部长签署《中泰两国学历学位互认协议》。

6月28日，留学人员武平创办的展讯通信有限公司作为中国大陆第一支3G概念股在纳斯达克上市。

6月29日，“旅美中国科学家工程师专业人士协会”成立15周年纪念会在北京举行。该协会于1992年在美国芝加哥成立，主要由在美国的中国留学人员组成。

6月29日，第十届全国人大常委会28次会议表决通过国务院关于提请审议的任免案，任命留美回国人员陈竺为卫生部部长。

7月7日，《人民日报》（海外版）创办每周一期的海归创业版面。

7月16日，教育部和财政部联合印发《国家公派出国留学研究生管理规定（试行）》。

8月，北京市留学人员服务中心发布《北京市留学人员发展报告（2007）》。

10月21日，中国和西班牙两国政府在北京签署《关于相互承认学历学位的协议》。

10月27～29日，第二届中国博士后和留学人员徐州科技项目对接洽谈会举行。

10月，王辉耀主编《海归推动中国》系列丛书由中国发展出版社出版，分别由王辉耀著《当代中国海归》、王辉耀编《缤纷海归》、神州学人编《魅力学者》、胡冰著《创业英雄》、刑学军著《财富裂变》、李政著《叱咤华尔街》、王红茹著《资本推手》、冯佳雪等著《巅峰职业》等共八本研究当代留学人员的著作。

11月30日至12月1日，第六届中国国际人才交流大会在深圳举行。大会增设“留学人员项目推介”和“海外人才招聘”项目。

12月，教育部留学服务中心与《中国留学生创业》杂志等单位共同编撰《中国留学人员创业年鉴（2007年卷）》由中国财政经济出版社出版，此后每年出版一次。

12月23日，国家留学基金委与国内93所高等院校签署合作开展“青年骨干教师出国研修项目（2008～2010）”的协议。

第四个十年（2008 至 2012 年 7 月）

2008 年

1 月，日本首相福田康夫在 2008 年施政方针演说中提出“2020 年接收 30 万外国留学生”计划。

2 月 14 日，中央人才工作协调小组印发《2008 年工作要点》，提出在关系国家竞争力和安全的若干战略科技领域，面向海内外选拔一批优秀中青年科技人才，重点支持，大胆使用，努力培养和造就战略科学家和科技领军人才；继续实施“新世纪百千万人才工程”、“长江学者奖励计划”、“百人计划”、“中国青年科技奖”等高层次人才培养项目；加强吸引凝聚海外高层次人才和创新团队工作，完善关于引进海外人才和智力的政策措施，实施吸收凝聚海外高层次科技人才专项工程，年内引进 1~2 名战略科学家、几十名科技领军人才和数百名高层次紧缺人才；继续实施“海外留学人员归国创业工程”、“创新团队合作伙伴计划”和“海外智力为国服务计划”。

3 月底，上海和青岛两地留学回国人员服务机构在青岛市签署协议，正式建立两地留学人员服务工作交流制度。

4 月 19 日，中国留法学生李洹在法国巴黎共和国广场举行的主题为“支持北京奥运、反对媒体不公”的游行示威集会上，用法文发表题为《不能让祖国受委屈》的长篇演讲。李洹是来自中国西安并就读法国里尔第二大学高等商学院的硕士生。

7 月 26 日，由外交部、教育部和贵州省政府联合主办，贵州大学、中国教育国际交流协会和中国教学仪器设备总公司共同承办的首届“中国 – 东盟教育交流周”正式开始。

11 月 11 日，英国纽卡斯尔大学宣布开除 50 名涉嫌伪造留学申请文件的中国籍学生。原因是校方发现，这些学生的申请材料，包括毕业文凭、英文证书等“大部分”是伪造的。被开除的中国留学生中包括 33 名攻读硕士和 17 名攻读本科的学生，其中 49 人来自中国大陆、1 人来自中国台湾，他们中大部分人于当年 9 月刚刚入读纽卡斯尔大学商学院。

12月9日，中共中央政治局常委、全国政协主席贾庆林会见出席欧美同学会·中国留学人员联谊会第六届理事会第一次会议的全体理事。中共中央政治局委员、中央书记处书记、中央组织部部长李源潮在第六届理事会9日举行的人才工作报告会上指出，要把吸引和用好海外留学人才作为推动科学发展的战略举措来抓。

12月23日，中共中央办公厅转发《中央人才工作协调小组关于实施海外高层次人才引进计划（即“千人计划”）的意见》。12月，中组部等部门联合印发《引进海外高层次人才暂行办法》、《关于为海外高层次人才提供相应工作条件的若干规定》和《关于海外高层次引进人才享受特定生活待遇的若干规定》。我国规模最大的吸引海外人才计划“海外高层次人才引进计划”，（简称“千人计划”）正式开始实施。

• 2009年3月11日，《人民日报》发表仲祖文的文章《引才的关键是引心》。

• 2009年6月14日，《人民日报》发表仲祖文的文章《再谈“引才的关键是引心”》。

12月24日，北京海外学人中心成立并开通海外学人网站。

12月30日，澳洲《星岛日报》报道，澳洲移民部对为中国及印度留学生伪造学历及虚假工作证明文件、以协助他们申请技术移民、取得永久居留的机构进行大规模突击搜查。消息人士指出，先后有数百名来自中国及印度的留学生涉嫌其中。

2009年

1月10日，全比利时中国留学生工作会议在中国驻比利时使馆教育处召开。

1月10日，英国驻华使馆文化教育处在北京举办2009留英校友职业发展研讨会暨小型专场招聘会，以帮助留学英国的中国学子应对金融危机带来的求职“寒冬”。自2005年起已举办五届留英校友招聘会。除北京外，还在上海、广州和重庆三地同期举行。

1月12日，中科院常务副院长白春礼在中科院年度工作会议上表示，人才培养引进系统工程将把中科院各类人才计划整合为“高层次人才培养引进计划”、“优秀青年人才培育计划”、“支撑与管理人才培养计划”、“海外智力引进与人才国际交流培养计划”4 大计划。具体目标在未来 5 年内，引进海外高层次人才和领军人才 600 名，引进培养学术技术带头人 600 名，培养造就优秀支撑和管理人才 600 名，培养支持青年创新人才 6000 名，吸引和资助海外优秀学者和外国科学家 1500 名来院工作。

1 月 17 日，全法中国留学人员工作会议在中国驻法使馆教育处召开。

1 月 21 日，美国弗吉尼亚理工大学的中国留学生朱海洋残忍杀害来自北京的 22 岁中国女留学生杨欣。

1 月 22 日，国务院侨办和教育部印发《关于华侨子女回国接受义务教育相关问题的规定》。该《规定》中所称华侨子女是指定居国外的中国公民子女。

2 月，澳大利亚政府在联邦议会听证会上承认，在 2007 年 2 月至 2008 年 2 月期间，有 51 名外国留学生因遭歹徒杀害、交通事故、病故和意外等各种原因死亡。

2 月 13 日，由十余个部级单位共同组成的留学人员回国服务工作部际联席会议召开。联席会议组长、中组部副部长、人力资源和社会保障部部长尹蔚民出席会议并指出，自 2003 年成立联席会议以来，我国留学回国人员总数由 17 万人发展到约 37 万人，成为全面建设小康社会的一支生力军。

2 月 23 日，中国科协印发《关于贯彻落实海外高层次人才引进工作，深入实施海智计划的指导意见》。

3 月 26 日，数百名中国学生涉嫌贿赂校方买文凭，法国司法部门依涉及腐败、贿赂和诈欺罪嫌疑展开调查。

4 月 6～20 日，泰国、澳大利亚和尼日利亚连续出现中国公民人身安全事件，中国外交部连续发布三条安全警示，提请在外留学人员注意人身安全。起因是泰国、澳大利亚和尼日利亚接连出现中国公民人身安全事件。

• 7 月 30 日，中国外交部再次对在澳洲中国留学生安全形势提出重大警告。起因为四名中国留学生 7 月底在黄金海岸遭数名当地人殴打，其中一名学生重伤，脸部骨折，其余三名学生轻伤。

4 月 12 日，国务委员刘延东访问美国期间在中国驻纽约总领馆会见当地留学生代表。

4 月 15 日，国务委员刘延东出席中国驻美国大使馆 2008 年度“国家优秀自费留学生奖学金”颁奖仪式；教育部网站发布《2009 年第 1 号留学预警（总第

42 期)》。提示新加坡两所私立学校因生源不足倒闭以及 16 所私立学校退出新加坡“消协保证标志教育认证计划”，不能再招收国际学生。

4 月 16～17 日，国务委员刘延东在华盛顿出席中美两国教育部《关于推动高等教育交流与合作的联合声明》，两国科技部《关于中美暑期青年学者交流计划》的签字仪式。

4 月 18 日，私立浙江楷博新通留学预科学院发布《中国留学教育现状调研白皮书》。

4 月 18 日，“中国·张家港引进海外人才、科技项目推介会”在日本东京举行。其间，江苏省张家港市人事局、科技局与全日本中国人博士协会签订了合作共建“张家港市海外人才（日本）工作站”、“全日本中国人博士协会先进技术（成果）张家港市转移中心”的意向协议。

4 月 26 日，“中国留日同学会为国服务科技示范园”在宁夏永宁县三沙园正式挂牌成立。

4 月 28 日，日本众议院议长河野洋平在议长官邸会见全日本中国留学生学友会会长胡昂等 20 位中国留学生代表。

4 月 30 日，教育部部长周济和到访的越南副总理兼教育培训部部长阮善仁在北京签署《中越关于相互承认高等教育学历和学位的协定》。

5 月，李喜所主编并分别由徐玲著《留学生与中国考古学》、胡延峰著《留学生与中国心理学》、李秀云著《留学生与中国新闻学》、裴艳著《留学生与中国法学》、李翠莲著《留美生与中国经济学》、陈新华著《留美生与中国社会学》、李春雷著《留美生与中国历史学》、陈志科著《留美生与中国教育学》等，由南开大学出版社出版。

5 月 7 日，教育部宣布将古巴政府设立的单方奖学金项目纳入中国高考招生系统，面向国内 12 省区市招收 700 名高考生赴古攻读西班牙语、旅游、教育学、医学和护理学等五个专业的学士学位。该公派留学项目于 2006 年夏季开始实施，截止 2009 年 5 月已派出 2228 人，并仍有 1830 人在古学习，部分留古学生已学成回国。

5 月 11～16 日，成都、济南、北京先后确诊内地第 1、2、3 例甲型 H1N1 输入型流感，均为中国留学生包同学（留美）、吕同学（留加）和刘同学（留美）携带回国。

5月13日，美国哥伦比亚大学一中国留学生盛同学发出倡议，建议留学生推迟回国，以对祖国和家人负责。

5月18日，全国人大常委会副委员长、欧美同学会·中国留学人员联谊会会长韩启德向海外留学人员发表慰问信。

5月20日，教育部副部长郝平受刘延东国务委员委托，并代表周济部长与驻有关国家使（领）馆教育处（组）负责人通电话，了解在当地留学人员健康情况并表示慰问；称近期打算回国的留学人员，应确认自身的健康状况。

5月26日，有媒体报道，据不完全统计，近几年，北京每年参加“美国高考（AST）”的高中生超过3000人，其中不少人在中国高考前便顺利获得美国高校的录取通知书。

5月27日，欧盟27个成员国或地区代表正式通过旨在吸引外国高技术人才的“蓝卡”计划。

6月4日，美国国务院负责领事事务的副助理国务卿戴维·多纳休向法新社记者表示，美国正给面向研究人员和高校研究生的签证发放过程提速，以免人才转赴他国。

6月5日，中央企业引进海外高层次人才工作会议召开，140家中央企业主要负责人参加会议。中共中央政治局委员、中央书记处书记、中组部部长李源潮出席并讲话。

6月15日，教育部召开贯彻落实《中央人才工作协调小组关于实施海外高层次人才引进计划的意见》、实施“千人计划”视频会议，对高等学校加快实施“千人计划”进行动员部署。

7月5日，教育部长周济在巴黎与留法学者座谈时呼吁留法学子抓住机遇，为祖国的强盛做出贡献。

8月8日，中国留学人才发展基金会全球留学人员服务平台“留学人员交友、择友”首次大型派对活动在上海举行。

8月17日，由欧美同学会主办、中国与全球化研究中心参与组织的欧美同学会·中国留学人员联谊会在北京成功举办第一届海外高层次人才建言献策座谈会，会议邀请了海外45位各领域的优秀人才参加座谈和考察，中央政治局委员，中央书记处书记，中央组织部部长李源潮，全国人大常委会副委员长韩启德和国家有关部委领导出席了座谈会。中国与全球化研究中心协办了这次座谈会。

• 2010年9月27日，欧美同学会·中国留学人员联谊会成功举办第二届海外高层次人才座谈会建言献策座谈会，来自美、英、法等十多个国家和地区的海外高层次人才以及国内留学人员代表50余人参加了座谈会。全国人大常委会副委员长韩启德，全国政协副主席杜青林，万钢和国家有关部门负责人出席。中国与全球化研究中心协办了这次座谈会。

• 2011年8月21日，欧美同学会·中国留学人员联谊会第三届海外高层次人才建言献策座谈会在京召开。全国人大常委会副委员长、欧美同学会·中国留学人员联谊会会长韩启德出席会议并讲话，统战部副部长，欧美同学会党组书记陈喜庆等有关领导出席了座谈会。来自美国、英国、法国、德国、俄罗斯、日本等11个国家的52名海外留学人才代表出席会议。中国与全球化研究中心协办了这次会议。

9月14日，澳大利亚召开留学生事务圆桌会议，安全问题是主要议题之一。

9月21日，人力资源和社会保障部印发《关于实施中国留学人员回国创业启动支持计划的意见》。

10月12日，“国家建设高水平大学公派留学研究生项目”工作会议在京召开。

12月10日，国务委员刘延东出席全国教育外事工作会议并作重要讲话时指出，要建立健全科学规范、符合国际惯例的体制机制，加强教育外事管理和服务，建设政治素质高、业务能力强、经得起考验的教育外事干部队伍；要做好在外留学人员的有关工作。

2010年

5月25日，中美人文交流高层磋商机制成立仪式暨第一次会议在北京举行，国务委员刘延东和美国国务卿希拉里就教育、科技、文化、体育等领域共同关心的问题进行了广泛而深入的讨论，并宣布启动一系列人文交流项目。

5月25～26日，中共中央、国务院召开的全国人才工作会议在北京举行。国家主席胡锦涛在讲话中指出，要坚持扩大人才工作对外开放，做好人才“引进来”和“走出去”工作，坚持人才自主培养开发和引进海外人才相结合，加强人才和人才开发国际交流合作，积极引进海外人才和海外智力。国务院总理温家宝在会议期间指出，人才资源是国家的战略资源，各级党委和政府要把人才工作摆在突出位置，为人才的成长做好服务。要大胆使用和吸引人才。加强对拔尖创新人才、急需紧缺人才、战略性后备人才培养的支持力度。大胆引进和使用海外高水平拔尖人才，鼓励海外留学人员回国工作、创业或以多种方式为国家发展服务。

6月6日，《国家中长期人才发展规划纲要（2010~2020年）》经党中央、国务院批准，由新华社受权全文播发。《国家中长期人才发展规划纲要（2010~2020年）》全文约19000字，共分序言，人才发展指导方针、战略目标和总体部署，人才队伍建设主要任务，体制机制创新，重大政策，重大人才工程，组织实施等部分。

6月21日，中共中央政治局召开会议，审议并通过《国家中长期教育改革和发展规划纲要（2010~2020年）》。教育规划纲要指出，要创新和完善公派出国留学机制，在全国公开选拔优秀学生进入国外高水平大学和研究机构学习。加强对自费出国留学的政策引导，加大对优秀自费留学生资助和奖励力度。坚持“支持留学、鼓励回国、来去自由”的方针，提高对留学人员的服务和管理水平。吸引海外优秀留学人员回国服务。

7月29日，国家副主席习近平在北戴河看望“千人计划”入选专家代表，与他们进行座谈并讲话。他强调，实现科学发展，关键在科技，根本在人才。海外高层次引进人才是我国改革开放和社会主义现代化建设不可或缺的重要人才资源。要以更大力度推进“千人计划”，更好地发挥海外高层次引进人才的作用。

11月12~13日，2010年度暨首届中国留学人员创业园百家最具成长性创业企业评选评审会议于在北京上园饭店举行。参加评选的企业均由留学人员创业园推荐，来自留学人员创业园、留学人员回国服务机构、风险投资机构、专业研究机构、新闻媒体组成的评审委员会，对符合条件的124家申报企业进行了初审、复审和通审，最终确定83家入围2010年度中国留学人员创业园百家最具成长性创业企业。

- 2011年11月19日，2011年度“中国留学人员创业园百家最具成长性创业企业”评选活动评审会议在京举行。

11月15日，由中国教育部、广州市政府主办，广东省教育厅、广州市教育局承办的亚洲大学校长论坛在广州举行，亚洲近100所大学校长应邀出席。国务委员刘延东出席开幕式并发表主旨演讲。教育部部长袁贵仁表示，中国正在致力

于扩大政府间学历学位互认，大学教师互派、学生互换、学分互认和学位互授联授，加强与国外高水平大学合作。

11 月，教育部部长袁贵仁在接受媒体采访时表示，将进一步扩大中国教育对外交流。袁部长介绍说，在扩大中国教育对外交流方面，主要有科研合作、人才培养合作和中外合作办学等几种形式。中国将继续坚持“引进来”与“走出去”的战略，不断提高中国教育国际化水平和竞争力。袁部长指出，在“走出去”方面，要创新和完善公派出国留学机制，加强对自费留学人员的政策引导，实施学生海外学习和实习计划。

12 月 7 日，国家留学基金委秘书处发布消息指出，截至 2010 年 11 月 30 日，国家留学基金委 2010 年度共录取各类国家公派出国留学人员 13021 人，其中攻读博士学位研究生和联合培养博士生 5958 人，约占录取总数的 45. 76%。

2011 年

1 月 18~21 日，胡锦涛主席访美，中美就扩展人文交流达成新的共识，并表示继续各类留学计划。

3 月 11 日，全国留学人员回国服务工作部际联席会议召开，教育部国际司司长张秀琴代表教育部副部长郝平发表讲话。根据教育部完成的 2010 年度我国留学人员统计分析工作，梳理出当前我国留学人员群体的六大主要特征：第一，留学人员规模庞大。第二，留学人员的类别多样。第三，留学人员分布相对集中。第四，留学人员安全问题凸显。第五，留学人员回国人数超半。第六，留学人员发挥作用巨大。在新的一年里，教育部将进一步加大力度推进留学工作这项系统工程。第一，要着力加强出国留学工作。第二，要着力提升对在外留学人员的服务和管理水平。重点是要落实好《教育部外交部关于进一步做好在外留学人员工作的意见》。第三，要着力吸引更多在外留学人才回国工作或为国服务。

3 月，为贯彻落实教育规划纲要和人才发展规划纲要，提高对在外留学人员的服务和管理水平，推动出国留学事业科学发展，教育部、外交部联合印发《关于进一步做好在外留学人员工作的意见》，为进一步做好在外留学人员工作提出了指导性的意见。

4 月 12 日，中美在华盛顿结束第二轮人文交流高层磋商。主持磋商的国务委员刘延东宣布，中美双方在科教文体等 6 大领域达成 40 多项合作成果。据陪同刘延东参加磋商的教育部副部长郝平介绍，在“富布赖特项目”下，中方将增设赴美硕士研究生和杰出讲习者项目，并会在2011年选派500名大中小学校长及教师赴美研习，加强中美教育工作者的交流。

6月27~28日，亚太经济合作组织（APEC）跨境教育政策与监管研讨会”在上海举行。与会代表深入分析了APEC地区跨境教育的机遇与挑战，并就如何促进学生流动、保护学生利益，加强跨境教育质量保障合作与信息沟通，以及促进教育资格互认、加强结业证书管理等问题进行了充分的交流和讨论。

8月14日，世界各国大学校长论坛在深圳举行。站在经济全球化和教育国际化的战略高度，世界各国大学校长从关注世界高等教育发展趋势和国家、地区、大学发展面临的现实问题入手，紧紧围绕主题就高等教育国际化人才培养、提高大学生适应经济社会发展需求的能力、大学体育与国际实业和创新精神的培养、绿色大学建设等方面的内容展开了深入的研讨。

8月19日，中共中央组织部、人力资源和社会保障部、国家外国专家局印发《“千人计划”高层次外国专家项目工作细则》，“外专千人计划”的目标是，按照中央人才工作协调小组的统一部署，围绕我国经济和社会发展重点行业和关键领域的需求，利用10年左右的时间，引进500~1000名高层次外国专家，每年引进50~100名。

11月14日，中共中央办公厅、国务院办公厅转发《教育部关于深入推进高等学校哲学社会科学繁荣发展的意见》，明确提出实施高校哲学社会科学“走出去”计划。教育部、财政部印发了《高等学校哲学社会科学繁荣计划（2011~2020年）》、《高等学校哲学社会科学“走出去”计划》等配套文件，提出经过10年左右的努力，通过加强国际学术交流合作的内涵发展、品牌建设，使国际学术交流合作体制机制更加完善，高端国际型人才培养体系基本形成，服务国家外交战略能力大幅提升，国际学术对话能力和话语权显著增强，中国学术海外影响明显扩大的主要目标。

11月22日，来华留学工作部际协调机制成立大会暨协调小组正式成立。第一次工作会议在杭州召开，来华留学工作部际协调机制成员单位包括外交部、国家发展和改革委员会、公安部、财政部、人力资源和社会保障部等部委。

12月19日，中国与全球化研究中心在广州第十四届留交会上举办了中国首次海外高层次人才国际研讨会，来自全世界各地100多位专家，学者和留学人员

研讨了中国留学人员与国际人才流动现象。中组部，国务院侨办和广州留交会领导到会祝贺。

2012 年

3 月 9 日，教育部发布新“长江学者奖励计划”。中央财政将每年拨出 2 亿资金专项支持“长江学者奖励计划”，用于扩大规模、增加待遇。新的“长江学者奖励计划”将特聘教授名额从每年 100 人增加到 150 人，讲座教授规模适当缩小为 50 人左右。同时将特聘教授奖金由每年 10 万元提高到 20 万元，支持年限由 3 年延长为 5 年；讲座教授奖金由每月 1.5 万元提高到 3 万元，支持年限仍为 3 年。计划决定以后面向全国高校，取消申报名额限制，将把特聘教授人选增量向中西部高校和人文社科领域倾斜，同时，教育部“创新团队发展计划”也将优先支持中西部高校长江学者组建创新团队。

3 月 29 日，教育部办公厅发布《关于加强涉外办学规范管理的通知》，针对涉外办学存在的一些突出问题：社会上的一些机构和个人以提供国外大学文凭、学位等为名非法招生、培训和发放虚假学历文凭、学位证书，项目管理不规范，签订协议不严谨，执行不严格，有个别高校借此向学生收取高额学费或增设名目多收费的问题，提出要严格实施对境外学位证书的认证程序和标准，抵制和纠正擅自增加收费项目或者提高收费标准的做法等加强管理和监管的措施。

4 月 24 日，教育部、外交部、公安部、旅游局发布《关于进一步加强对中小学生出国参加夏（冬）令营等有关活动管理的通知》，对组织中小学生参加出国夏（冬）令营活动的主办单位、各地教育行政部门和学校都提出了加强管理的要求。

4 月 25 日，首届“千人计划”创业大赛正式启动，预计 2013 年 3 月份结束。大赛是在海外高层次人才引进工作小组的指导下，由千人计划创投中心和千人计划专家联谊会共同举办的。希望过大赛，建立起创业项目与投资者、企业家之间合作的平台，让优秀的创业团队通过大赛展示自己的创新技术和商业模式；投资者和企业家可以通过大赛接触和了解最新的科研成果和技术进步，寻找和孵化有价值的项目；通过科技、人才和资本的结合，帮助海外高层次人才归国创新创业。

6 月 28 日，教育部将部分中外合作办学机构和中外合作办学项目（含内地与港澳台地区合作办学机构和内地与港澳台地区合作办学项目）的相关信息予以公布，包括根据原《中外合作办学暂行规定》依法批准设立和举办，经复核通过并补办中外合作办学许可证和中外合作办学项目批准书的中外合作办学机构和项目；和《中外合作办学条例》和《中外合作办学条例实施办法》施行后依法批准设立和举办的中外合作办学机构和项目。

B.15
参考文献

1. 陈昌贵：《人才外流与回归》，湖北教育出版社，1996。
2. 陈潮：《近代留学生》，上海古籍出版社，1998。
3. 陈玲：《中国留学大潮纪实》，海潮出版社，1995。
4. 陈学恂、田正平：《中国近代教育史资料汇编·留学教育》，上海教育出版社，1991。
5. 程希：《当代中国留学生研究》，香港社会科学出版社有限公司，2003。
6. 戴逸：《中国留学教育的光辉道路——建国初期留学生归国记事（代序）》，中国文史出版社，1999。
7. 丁石孙主编《欧美同学会编．上下求索——中国海外学子的风采》，中国青年出版社，2000。
8. 丁晓禾主编《中国百年留学全记录》，珠海出版社，1998。
9. 董守义：《清代留学运动史》，辽宁人民出版社，1985。
10. 郭彬蔚：《海外归国学子大追踪》，中央文献出版社，1999。
11. 胡文仲：《跨文化交际学概论》，［M］．北京，外语教学与研究出版社 2010。
12. 黄晓东、刘中国：《容闳传》，珠海出版社，2003。
13. 黄新宪：《中国留学教育的历史反思》，四川教育出版社，1991。
14. 黄新宪主编《中国留学教育问题》，湖南教育出版社，1995。
15. 景俊海主编《留学归国创业之路》，陕西人民出版社，2001。
16. 国家教育委员会外事司编著：《教育外事工作历史沿革及现行政策》，北京师范大学出版社，1998。
17. 李喜所：《近代中国的留学生》，人民出版社，1987。
18. 李喜所：《留学生与中外文化交流》，天津人民出版社，1992。
19. 李喜所，刘集林等：《近代中国的留美教育》，天津人民出版社，1992

20. 李滔主编《中华留学教育史录（1949年以后）》，高等教育出版社，2000。
21. 刘胜骥：《大陆海外留学面面观》，永业出版社，1992。
22. 刘志强、张学继：《留学史话》，社科文献出版社，2000。
23. 林子勋：《中国留学教育史，1847～1975》，华刚出版公司，1976。
24. 留学丛书编委会编《寄语留学生青年》，中国友谊出版公司，1992。
25. 留学丛书编委会编《无尽的旋律》，中国友谊出版公司，1992。
26. 留学丛书编委会编《中国留学教育史萃》，中国友谊出版公司，1992。
27. 留学丛书编委会编《追求奏鸣曲》，中国友谊出版公司，1992。
28. 麦可思研究院：《2012年中国大学生就业报告》，社会科学文献出版社，2012。
29. 麦可思研究院：《2011年中国大学生就业报告》，社会科学文献出版社，2011。
30. 麦可思研究院：《2010年中国大学生就业报告》，社会科学文献出版社，2010。
31. 闵维方、王永达主编《全国出国留学工作研究会成立十周年纪念文集》，北京大学出版社，2002。
32. 苗丹国：《出国留学六十年——当代中国的出国留学政策与引导在外留学人员回国政策的形成、变革与发展》，中央文献出版社，2010。
33. 苗丹国主编《出国留学工作手册》，北京语言文化大学出版社，2001。
34. 欧美同学会：《中国留学人员联谊会瑞士分会主编．在瑞士的岁月》，华文出版社，2005。
35. 欧美同学会编《欧美同学会会员名录1卷》，科学技术文献出版社，2002。
36. 欧美同学会留苏分会编《学子之路，新中国留苏学生奋斗足迹》，中国青年出版社，2000。
37. 潘晨光等：《中国人才发展报告2006》，社科文献出版社，2007。
38. 逢丹、杨晓京：《中国留学人才安全的现状与政策分析》，载潘晨光主编《中国人才发展报告NO.4.》，社会科学文献出版社，2007。
39. 人事部主编《新中国留学归国学人大词典》，湖北教育出版社，1993。
40. 施诺编《2002年中国出国留学白皮书》，新华出版社，2002。
41. 舒新城：《近代中国留学史》，上海文化出版社，1989。

42. 田正平:《留学生与中国教育近代化》，广东教育出版社，1996。
43. 汪威毅、万晓兰:《WTO 框架下我国的人才回流战略》，北京经济科学出版社，2005。
44. 王辉耀、路江涌:《海归创业企业与民营企业对接合作与对比研究报告》，北京大学出版社，2012。
45. 王辉耀、路江涌:《中国海归创业发展报告（2012)》，社会科学文献出版社，2012。
46. 王辉耀主编《中国海外发展》，东方出版社，2011。
47. 王辉耀主编《人才竞争》，东方出版社，2011。
48. 王辉耀主编《中国模式——海外看中国崛起》，凤凰出版社，2010。
49. 王辉耀主编《建言中国——海外高层次人才看中国》，人民东方出版社，2010。
50. 王辉耀:《国家战略——人才改变世界》，人民出版社，2010。
51. 王辉耀、苗丹国、程希:《中国留学人才发展报告 2009》，机械工业出版社，2009。
52. 王辉耀:《人才战争——全球最稀缺资源争夺战》，中信出版社，2009 。
53. 王辉耀:《开放你的人生》，人民出版社，2008。
54. 王辉耀:《当代中国海归》，中国发展出版社，2007。
55. 王辉耀主编《缤纷海归——百位海归谈事业与人生》，中国发展出版社，2007。
56. 王辉耀主编《魅力学者——10 位海归科教文卫英才》，中国发展出版社，2007。
57. 王辉耀主编《巅峰职业——10 位海归职业经理人》，中国发展出版社，2007。
58. 王辉耀主编《创业英雄——10 位海归创业先锋》，中国发展出版社，2007。
59. 王辉耀主编《叱咤华尔街——10 位海归上市公司领袖》，中国发展出版社，2007。
60. 王辉耀主编《资本推手——10 位海归投资银行家》，中国发展出版社，2007。
61. 王辉耀主编《财富裂变——10 位海归风险投资翘楚》，中国发展出版社，2007。
62. 王辉耀主编《创业中国》，中央编译出版社，2005。

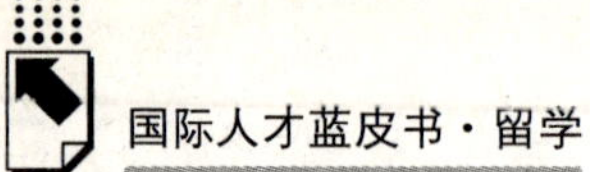

63. 王辉耀:《海归时代》，中央编译出版社，2005。

64. 于富增:《改革开放30年的来华留学生教育》，北京语言大学出版社，2009。

65. 于富增、江波、朱小玉:《教育国际交流与合作史》，海南出版社，2001。

66. 周一良:《中外文化交流史》，河南人民出版社，1989。

67. 王震宇:《归国留学人员留学印象职业流动与工作成就研究》，筑波大学出版社，1997。

68. 吴霓:《中国留学史话》，商务印书馆，1997。

69. 吴前进:《国际关系中的华侨华人和华族》，新华出版社，2003。

70. 徐光兴:《跨文化适应的留学生活，中国留学生的心理健康与援助》，上海辞书出版社，2000。

71. 张双鼓、江波主编《中国百年留学精英传》，百花洲文艺出版社，2002.

72. 中国教育部国际合作与交流司等:《出国留学工作20年》，高等教育出版社，1999。

73. 中国侨联经济科技部编:《走向成功——海归创业谈》，中央编译出版社，2004。

74. 钟叔河:《走向世界，近代知识分子考察西方的历史》，中华书局，1985。

75. 周棉主编《留学生与中国的社会发展》，中国矿业大学出版社，1997。

76. 周棉主编《中国留学生大辞典》，南京大学出版社，1999。

77. Zhang Wenxian, Wang Huiyao and AlonIlon: Entrepreneurial and Business Elites of China: The Chinese Returnees Who Have Shaped Modern China, Emerald Publishing, United Kingdom, 2011。

B.16
后　记

这本蓝皮书在编写的过程中，得到了很多方面的支持、启发、帮助和指导。本书首先需要致谢的包括欧美同学会/中国留学人员联谊会、中组部、教育部、人力资源和社会保障部、统战部、科技部、国务院侨办、国家外专局、中国侨联、中国留学人才基金会，中国留学人员创业服务联盟、中国留学人员回国创业专家指导委员会、中国留学人员与专家服务中心、广州留交会、麦可思数据有限公司和中国与全球化研究中心等单位有关领导和同仁们的指导和帮助。

在本书成书过程中，中国与全球化研究中心郑金连、邹容、任军、徐磊、蒿维、邓莹、赵涓如和苗绿等研究人员都对本书有贡献。特别还要感谢麦可思数据有限公司的王伯庆、郭娇、骆利娟、门垚老师对本书的数据和编辑支持，北京师范大学的田方萌讲师等也做了大量工作，特此感谢。

此外，还要感谢社会科学文献出版社谢寿光社长、邓泳红主任、郭峰编辑对本书的顺利完成所提供的积极支持。还要感谢包括海内外的留学人员、留学回国人员、高校教师对我们调研和座谈等活动的积极参与，感谢各地高校、留学服务部门对留学事业的支持。

由于本书征稿和编辑时间仓促，加之水平能力有限，书中难免出现纰漏。在此，我们衷心欢迎读者、专家批评指正，以便来年做进一步的修正。

真心希望本书能够对中国留学生、家长、相关领域专家和国内有关机构起到切实的帮助作用，为我国留学事业的发展贡献一份力量。

最后，借此机会向学成回国、奋斗在国内创新创业一线的留学人员致谢！

王辉耀

2012 年 8 月 8 日于北京

皮书数据库

中国社会科学院 社会科学文献出版社

首页 数据库检索 学术资源群 我的文献库 皮书全动态 有奖调查 皮书报道 皮书研究 联系我们 读者荐购

报告 图书 搜索报告

权威报告 热点资讯 海量资料

当代中国与世界发展的高端智库平台

皮书数据库 www.pishu.com.cn

皮书数据库是专业的社会科学综合学术资源总库，以大型连续性图书皮书系列为基础，整合国内外其他相关资讯构建而成。包含七大子库，涵盖两百多个主题，囊括了十几年间中国与世界经济社会发展报告，覆盖经济、社会、政治、文化、教育、国际问题等多个领域。

皮书数据库以篇章为基本单位，方便用户对皮书内容的阅读需求。用户可进行全文检索，也可对文献题目、内容提要、作者名称、作者单位、关键字等基本信息进行检索，还可对检索到的篇章再作二次筛选，进行在线阅读或下载阅读。智能多维度导航，可使用户根据自己熟知的分类标准进行分类导航筛选，使查找和检索更高效、便捷。

权威的研究报告，独特的调研数据，前沿的热点资讯，皮书数据库已发展成为国内最具影响力的关于中国与世界现实问题研究的成果库和资讯库。

皮书俱乐部会员服务指南

1. 谁能成为皮书俱乐部会员?

- 皮书作者自动成为皮书俱乐部会员；
- 购买皮书产品（纸质图书、电子书、皮书数据库充值卡）的个人用户。

2. 会员可享受的增值服务：

- 免费获赠该纸质图书的电子书；
- 免费获赠皮书数据库100元充值卡；
- 免费定期获赠皮书电子期刊；
- 优先参与各类皮书学术活动；
- 优先享受皮书产品的最新优惠。

社会科学文献出版社 SOCIAL SCIENCES ACADEMIC PRESS (CHINA) 皮书系列

卡号：5426052804109417

密码：

（本卡为图书内容的一部分，不购书刮卡，视为盗书）

3. 如何享受皮书俱乐部会员服务?

（1）如何免费获得整本电子书?

购买纸质图书后，将购书信息特别是书后附赠的卡号和密码通过邮件形式发送到pishu@188.com，我们将验证您的信息，通过验证并成功注册后即可获得该本皮书的电子书。

（2）如何获赠皮书数据库100元充值卡?

第1步：刮开附赠卡的密码涂层（左下）；

第2步：登录皮书数据库网站（www.pishu.com.cn），注册成为皮书数据库用户，注册时请提供您的真实信息，以便您获得皮书俱乐部会员服务；

第3步：注册成功后登录，点击进入“会员中心”；

第4步：点击“在线充值”，输入正确的卡号和密码即可使用。

皮书俱乐部会员可享受社会科学文献出版社其他相关免费增值服务

您有任何疑问，均可拨打服务电话：010-59367227 QQ:1924151860

欢迎登录社会科学文献出版社官网(www.ssap.com.cn)和中国皮书网（www.pishu.cn）了解更多信息

“皮书”起源于十七八世纪的英国，主要指官方或社会组织正式发表的重要文件或报告，并多以白皮书命名。在中国，“皮书”这一概念被社会广泛接受，并被成功运作、发展成为一种全新的出版形态，则源于中国社会科学院社会科学文献出版社。

皮书是对中国与世界发展状况和热点问题进行年度监测，以专家和学术的视角，针对某一领域或区域现状与发展态势展开分析和预测，具备权威性、前沿性、原创性、实证性、时效性等特点的连续性公开出版物，由一系列权威研究报告组成。皮书系列是社会科学文献出版社编辑出版的蓝皮书、绿皮书、黄皮书等的统称。

皮书系列的作者以中国社会科学院、著名高校、地方社会科学院的研究人员为主，多为国内一流研究机构的权威专家学者，他们的看法和观点代表了学界对中国与世界的现实和未来最高水平的解读与分析。

自20世纪90年代末推出以经济蓝皮书为开端的皮书系列以来，至今已出版皮书近800部，内容涵盖经济、社会、政法、文化传媒、行业、地方发展、国际形势等领域。皮书系列已成为社会科学文献出版社的著名图书品牌和中国社会科学院的知名学术品牌。

皮书系列在数字出版和国际出版方面也是成就斐然。皮书数据库被评为“2008～2009年度数字出版知名品牌”；经济蓝皮书、社会蓝皮书等十几种皮书每年还由国外知名学术出版机构出版英文版、俄文版、韩文版和日文版，面向全球发行。

法律声明

“皮书系列”（含蓝皮书、绿皮书、黄皮书）由社会科学文献出版社最早使用并对外推广，现已成为中国图书市场上流行的品牌，是社会科学文献出版社的品牌图书。社会科学文献出版社拥有该系列图书的专有出版权和网络传播权，其 LOGO（ ）与“经济蓝皮书”、“社会蓝皮书”等皮书名称已在中华人民共和国工商行政管理总局商标局登记注册，社会科学文献出版社合法拥有其商标专用权。

未经社会科学文献出版社的授权和许可，任何复制、模仿或以其他方式侵害“皮书系列”和（ ）、“经济蓝皮书”、“社会蓝皮书”等皮书名称商标专用权的行为均属于侵权行为，社会科学文献出版社将采取法律手段追究其法律责任，维护合法权益。

欢迎社会各界人士对侵犯社会科学文献出版社上述权利的违法行为进行举报。电话：010－59367121，电子邮箱：fawubu@ ssap. cn。

社会科学文献出版社